公路水运工程试验检测考试同步精练

交通工程

(2025 年版)

吴建新　欧光芳　主编

人民交通出版社

北京

内 容 提 要

本书根据2025年度《交通工程》科目考试大纲的相关要求修编而成。全书分为三部分。第一部分为习题及参考答案，共19章。第二部分为典型易错题剖析，针对高频考点、新增考点、易错考点用例题进行了详尽的剖析。第三部分为试验检测师和助理试验检测师模拟试卷及参考答案，供考前练笔使用。

本书可作为公路水运工程试验检测人员考前复习参考资料。

图书在版编目(CIP)数据

公路水运工程试验检测考试同步精练：2025年版. 交通工程 / 吴建新，欧光芳主编. — 北京：人民交通出版社股份有限公司，2025.5. — ISBN 978-7-114-20427-2

Ⅰ. U41-44；U61-44

中国国家版本馆CIP数据核字第20253X4V98号

Gonglu Shuiyun Gongcheng Shiyan Jiance Kaoshi Tongbu Jinglian　Jiaotong Gongcheng

书　　名：	公路水运工程试验检测考试同步精练　交通工程(2025年版)
著 作 者：	吴建新　欧光芳
责任编辑：	朱伟康　师静圆
责任校对：	龙　雪
责任印制：	张　凯
出版发行：	人民交通出版社
地　　址：	(100011)北京市朝阳区安定门外外馆斜街3号
网　　址：	http://www.ccpcl.com.cn
销售电话：	(010)85285857
总 经 销：	人民交通出版社发行部
经　　销：	各地新华书店
印　　刷：	北京市密东印刷有限公司
开　　本：	787×1092　1/16
印　　张：	15.75
字　　数：	375千
版　　次：	2025年5月　第1版
印　　次：	2025年5月　第1次印刷
书　　号：	ISBN 978-7-114-20427-2
定　　价：	70.00元

(有印刷、装订质量问题的图书，由本社负责调换)

前言
PREFACE

随着我国交通建设事业的快速发展,为了加强公路水运建设项目管理,规范施工过程中的试验检测行为,提高试验检测队伍的整体素质和专业技术水平,确保公路水运工程试验检测工作质量,交通部自1998年以来陆续颁布了《公路水运工程试验检测人员资质管理暂行办法》《公路水运工程试验检测管理办法》和《公路水运工程试验检测人员考试办法》等系列规章制度,启动了公路水运工程试验检测人员从业资格管理。2007年,交通部基本建设质量监督总站以省为单位组织了公路水运工程试验检测人员业务考试;2009年以来,交通运输部工程质量监督局会同交通运输部职业资格中心,在全国范围内先后组织了六次公路水运工程试验检测人员统一考试。

2015年6月23日,人力资源社会保障部、交通运输部联合印发了《关于印发〈公路水运工程试验检测专业技术人员职业资格制度规定〉和〈公路水运工程试验检测专业技术人员职业资格考试实施办法〉的通知》(人社部发[2015]59号),标志着公路水运工程试验检测专业技术人员水平评价类国家职业资格制度正式设立。

为满足广大考生的备考需要,我们根据2025年度《交通工程》科目考试大纲及考试用书的相关要求,精心编写了大量练习题,并附有参考答案及详细解析,力求将知识点融入习题中,并通过解析让考生能够举一反三,帮助考生进一步巩固掌握知识点,避免看书过程中的枯燥,提高复习效率。

本书由吴建新(湖南大学)、欧光芳(中机国际工程设计研究院有限责任公司)主编,孙红英(湖南师范大学)参与本书编写。

本书难免有疏漏和不当之处,请各位读者提出宝贵意见和建议,以供修订时参考。

主　编
2025年4月

致考生
TO CANDIDATES

2015年6月23日,人力资源社会保障部、交通运输部联合印发了《关于印发〈公路水运工程试验检测专业技术人员职业资格制度规定〉和〈公路水运工程试验检测专业技术人员职业资格考试实施办法〉的通知》(人社部发〔2015〕59号),标志着公路水运工程试验检测专业技术人员水平评价类国家职业资格制度正式设立。

一、《交通工程》的特点

1. 考试的内容面广

本书第一部分共19章,分别为:交通工程概述、相关检测基础、交通工程质量要求与检测标准、交通工程试验检测抽样方法、交通安全设施环境适应性试验、道路交通标志及反光材料、道路交通标线及材料、护栏、隔离设施、防眩设施、突起路标及轮廓标、交通安全设施工程验收检测、通用检测方法、监控设施、通信设施、收费设施、供配电设施、道路照明设施、隧道机电设施。

2. 涵盖的学科面广

《交通工程》涵盖的学科和技术内容主要有光学、气象学、声学、测量学、电学、力学及现代通信技术、现代交通控制技术、激光技术、计算机软件技术、计算机网络技术、数据加密与信息安全技术、视频技术、图像和语音信号压缩编码技术、监控图像的流媒体处理技术、数据采集与处理技术、网络管理与设计技术、信息显示技术、电源技术、防雷接地技术、遥感和遥测技术等。这就要求助理试验检测师和试验检测师要加强以上学科和技术的理论学习,用相关理论指导检测过程。

3. 检测项目多和检测仪器多

据统计,交通工程中的检测指标达300项之多,只有真实地测取这些客观评价指标,才能准确地评价交通工程的质量;其检测仪器类型达30多种,分别为光度、色度、声音音电学、通信、网络等多方面的测试仪器。这就要求助理试验检测师和试验检测师要熟悉多种仪器的使用方法和试验检测的方法并正确评估检测误差。

交通工程测试的仪器主要有数字式万用表、接地电阻测试仪、绝缘电阻测试仪、耐压测试仪、涂层测厚仪、亮度计、色度计、照度计、温度计、湿度计、测速雷达、轻便磁感风向风速表、光时域反射仪、光源、光功率计、可变光衰减器、PCM 传输分析仪、低速数据测试仪、铷钟(或铯钟)、网络通信分析仪、网络协议分析仪、视频信号发生器、视频测量仪、数字存储示波器、网络电缆通信分析仪、电缆故障测试仪、线缆测试仪、信号发生器、声级计、音频性能分析仪、全站仪等。

4. 标准多且更新快

由于交通工程中新技术、新产品的不断采用和普及,其相关的标准也很多且更新快,如发光二极管(LED)产品标准更新最快的为 2 年。据统计,《交通工程》涉及的国家标准有五十多个,涉及的交通、邮电行业标准也有五十多个。

二、本次修订说明

1. 本次修订是在 2024 版《公路水运工程试验检测人员考试习题精练与解析 交通工程》的基础上,删除了 2025 年度《交通工程》科目考试大纲之外的习题,针对 2022 年后颁发的新规范增删了相关习题,且附有详细解析,并更名为《公路水运工程试验检测考试同步精练 交通工程(2025 年版)》。

值得注意的是,2022 年后颁发的新规范很多,如《道路交通标志和标线 第 2 部分:道路交通标志》(GB 5768.2—2022)、《路面标线涂料》(JT/T 280—2022)、《LED 车道控制标志》(JT/T 597—2022)、《逆反射术语》(JT/T 688—2022)、《防眩板》(GB/T 24718—2023)、《交通技术监控成像补光装置通用技术条件》(GA/T 1202—2022)、《交通信息采集 微波交通流检测器》(GB/T 20609—2023)、《道路交通气象环境 埋入式路面状况检测器》(JT/T 715—2022)、《高速公路 LED 可变信息标志》(GB/T 23828—2023)、《公路用玻璃纤维增强塑料产品 第 1 部分:通则》(GB/T 24721.1—2023)、《公路用玻璃纤维增强塑料产品 第 2 部分:管箱》(GB/T 24721.2—2023)、《公路用玻璃纤维增强塑料产品 第 3 部分:管道》(GB/T 24721.3—2023)、《收费用栏杆》(GB/T 24973—2023)、《道路交通标线质量要求和检测方法》(GB/T 16311—2024)、《突起路标》(GB/T 24725—2024)、《汽车号牌视频自动识别系统》(JT/T 604—2024)、《公路汽车号牌视频自动识别补光装置》(JT/T 1531—2024)、《公路隧道本地控制器》(JT/T 608—2024)、《公路隧道火灾报警系统技术条件》(JT/T 610—2024)等。考生应特别注意,新旧规范的不同点往往是考点,本次修订时特别注意针对新颁规范与旧规范的不同点而增删了相关习题。

2. 为帮助考生应考,第二部分"典型易错题剖析"针对高频考点、新增考点、易错考点,通过例题进行了详尽的剖析。

3. 根据2025年度考试大纲和2022年以来特别是2024年新颁相关规范,精心编写了两套模拟试卷,可供考前练笔用。

4. 为便于对照复习,本书的章节与考试用书的章节及排序相同。

三、考生该如何备考

《交通工程》科目涉及的知识面广、跨学科多、检测项目多、检测仪器多、标准多,且要求记忆的知识点都相对独立、学习记忆难度大,是考试的难点。如何备考复习、有效提高应试成绩是广大考生共同关注的问题。为此,我们提出了以下几点备考建议,仅供参考。

1. 严格按照2025年度考试大纲梳理知识点,同时认真阅读《公路水运工程试验检验专业技术人员职业资格考试用书 交通工程(2025年版)》,切实按考试大纲和考试用书的具体内容和要求进行复习和做题,加强对考试大纲和考试用书的理解和记忆。

2. 紧抓核心考点、高频考点、新增考点、易错考点和与工程实际联系紧密的考点,善于思考和归纳整理。如色度性能和光度性能测试及数据分析判断涉及道路交通标志、交通标志反光膜、道路交通标线、路面标线涂料、防腐粉末涂料及涂层、突起路标、轮廓标、监控设施和收费设施等相关部分,其测试方法基本相同,不同的主要是非发光体和发光体的区别、白昼测试和夜晚测试的区别、入射角和测试角改变的区别及不同材料的色品坐标有效区的区别等。考生应注意弄懂一个题目,推广到一类题目,做到举一反三,则能收到事半功倍的复习效果。

由于本科目考点多,知识点覆盖面广,记忆精准性要求高,因此,考生需要借助考试用书等资料对每一部分所涉及的知识点重新复习、归纳,对每个部分的考试要点进行分析、解读,分类总结,把握每一类问题的一般规律,用不同记忆方法复习,处理好熟悉内容与不熟悉内容。

3. 各章综合题是考生应特别注意的重点。因为考试中综合题的分值为50分,且往往是"7选5"。如能将各章综合题熟悉,通过考试的概率将大大增加。

要特别强调的是,考生在备考复习过程中,一定要以考试大纲和考试用书作为主要复习资料,认真踏实复习,深入理解掌握各个知识点。本辅导书仅作为参考资料。

最后,预祝各位考生顺利过关!

目录

第一部分 习题及参考答案 ……………………………………………………………… 1
- 第一章 交通工程概述 …………………………………………………………… 1
- 第二章 相关检测基础 …………………………………………………………… 4
- 第三章 交通工程质量要求与检测标准 ………………………………………… 13
- 第四章 交通工程试验检测抽样方法 …………………………………………… 15
- 第五章 交通安全设施环境适应性试验 ………………………………………… 18
- 第六章 道路交通标志及反光材料 ……………………………………………… 26
- 第七章 道路交通标线及材料 …………………………………………………… 43
- 第八章 护栏 ……………………………………………………………………… 60
- 第九章 隔离设施 ………………………………………………………………… 73
- 第十章 防眩设施 ………………………………………………………………… 84
- 第十一章 突起路标及轮廓标 …………………………………………………… 91
- 第十二章 交通安全设施工程验收检测 ………………………………………… 106
- 第十三章 通用检测方法 ………………………………………………………… 112
- 第十四章 监控设施 ……………………………………………………………… 128
- 第十五章 通信设施 ……………………………………………………………… 146
- 第十六章 收费设施 ……………………………………………………………… 161
- 第十七章 供配电设施 …………………………………………………………… 175
- 第十八章 道路照明设施 ………………………………………………………… 182
- 第十九章 隧道机电设施 ………………………………………………………… 189

第二部分 典型易错题剖析 ……………………………………………………………… 201

第三部分 模拟试卷及参考答案 ………………………………………………………… 205
- 一、试验检测师模拟试卷 ………………………………………………………… 205
- 二、助理试验检测师模拟试卷 …………………………………………………… 224

第一部分　习题及参考答案

第一章　交通工程概述

复习提示

本章为交通工程定义及研究内容、交通安全概述、交通工程设施、交通安全设施概述、公路机电系统概述的相关习题。

考生一定要以考试大纲和考试用书作为主要复习资料，认真踏实复习，深入理解掌握各个知识点。

需要说明的是，本章习题的解析中相关标准名称通常提及一次，后面习题的解析中相同的标准名称则不再提及。故有些题目只有参考答案而无解析部分。在其后的各章中也是如此。

习题

一、单项选择题

1. 构成现代道路平面线形的三要素是直线、圆曲线和（　　）。
   A. 缓和曲线　　　B. 基本型曲线　　　C. 复合型曲线　　　D. S 型曲线
2. 高速公路的公路服务水平至少应不低于（　　）。
   A. 一级　　　　　B. 二级　　　　　　C. 三级　　　　　　D. 四级
3. 公路监控设施分为（　　）。
   A. A、B 两个等级　　　　　　　　　B. A、B、C 三个等级
   C. A、B、C、D 四个等级　　　　　　D. A、B、C、D、E 五个等级

二、判断题

1. 交通工程学涉及工程、法规、教育、环境、能源、经济诸多领域，故称交通工程学为"6E"科学。　　　　　　　　　　　　　　　　　　　　　　　　　　　　　　　　（　　）
2. 高速公路联网收费系统收费业务由部联网收费中心系统、省联网收费中心系统、收费站

系统、ETC门架系统、收费车道系统以及部密钥管理与服务中心系统、省级在线密钥系统等协同完成。( )

3. 结算业务由部联网收费中心系统、省联网收费中心系统、ETC发行与服务系统、区域/路段中心系统(可选)、银行等协同完成。( )

4. 线形诱导标志用于引导行车方向,提示道路使用者前方线形变化,注意谨慎驾驶。( )

5. 公路服务水平是指驾驶员感受公路交通流运行状况的质量指标,通常用行驶时间、驾驶自由度和交通延误等指标表征。( )

6. 交通特性包含人的交通特性、车辆的交通特性、道路的交通特性。( )

7. 交通流三参数的基本关系为:平均流量 Q(辆/h) = v(区间限速,km/h) × k(平均密度,辆/km)。( )

8. 在对某类反光膜逆反射系数测试多次之后所得结果与该类型反光膜标准规定值之差,称为随机误差。( )

三、多项选择题

1. 通常表征交通流的参数为( )。
   A. 交通量   B. 载货量   C. 车流密度   D. 车速
2. 交通系统的特点为具有( )。
   A. 整体性   B. 相关性   C. 目的性   D. 环境适应性
3. 随机误差的统计规律有( )。
   A. 对称性   B. 有界性   C. 重复性   D. 单峰性
4. 进行测量不确定度评定时,常见的分布函数有( )。
   A. 正态分布   B. t 分布   C. 奇偶分布   D. 均匀分布
5. 公路本质安全的基本安全要素有( )。
   A. 明确性   B. 主动性   C. 宽容性   D. 冗余性

习题参考答案及解析

一、单项选择题

1. A

【解析】现代道路平面线形是由直线、圆曲线和缓和曲线3种线形构成,通常称为平面线形三要素。因此,公路平面线形设计实际是对平面线形三要素的研究,同时结合周围的自然条件对这三要素进行合适的组合,从而保证车辆能在公路上安全、迅速、舒适地行驶。

2. C

【解析】《公路工程技术标准》(JTG B01—2014)3.4.2。

3. C

【解析】《公路工程技术标准》(JTG B01—2014)10.4.2。

二、判断题

1. √

【解析】因工程、法规、教育、环境、能源、经济六个英文名首字母均为E。

2. √

【解析】收费业务须由部、省联网收费中心系统及各收费站及收费车道完成。

3. √

【解析】以上系统共同完成款项结算分配工作。

4. √

【解析】线形诱导标志用于引导车辆驾驶员改变行驶方向,视需要设于易肇事弯道路段、小半径匝道曲线或中央隔离设施及渠化设施的端部。

5. ×

【解析】缺"平均行驶速度"。

6. √

7. ×

【解析】v应为"区间平均车速(km/h)"。

8. √

【解析】随机误差的定义:在重复性条件下,对同一被测量进行无限次测量所得结果与其平均值之差。注意,系统误差为在重复性条件下,对同一被测量进行无限次测量所得结果的平均值与被测量的真值之差。

三、多项选择题

1. ACD
2. ABCD
3. ABD

【解析】因为随机不可能有重复性。

4. ABD

【解析】选项C"奇偶分布"是凑数的。

5. ABCD

第二章 相关检测基础

复习提示

本章涵盖的范围很广,主要包括外观质量及结构尺寸、材料力学、化学试验操作方法、光学、电工电子技术、电气工程、通信工程、软件工程等。本章涉及的规范不多,应以考试大纲和考试用书作为主要复习资料。本章新增了《逆反射术语》(JT/T 688—2022)的相关内容。

习题

一、单项选择题

1. 用显色指数对光源的显色性进行定量的评价,R_a值越大( )。
    A. 光源的显色性越差　　　　　　　　B. 光源的显色性越好
    C. 光源偏红　　　　　　　　　　　　D. 光源偏蓝
2. 人眼中光谱视效率最大的光波长为( )。
    A. 455nm　　　　B. 555nm　　　　C. 655nm　　　　D. 755nm
3. 可见光也是一种电磁波,其波长范围为( )。
    A. 780~2500nm　　　　　　　　　　B. 2500~15000nm
    C. 380~780nm　　　　　　　　　　　D. 120~380nm
4. 安全电压制定依据是通过人体的电流最大值为( )。
    A. 0.03A　　　　B. 0.04A　　　　C. 0.05A　　　　D. 0.06A
5. 粗细和长度相同的一根铜导线和一根铝导线串联在同一电路中,则( )。
    A. 两根导线上的电流一定相等
    B. 两根导线的电阻一定相等
    C. 铜导线上的电流大于铝导线上的电流
    D. 铜导线上的电压降大于铝导线上的电压降
6. 正弦量的三要素为( )。
    A. 最大值、角频率、初相角　　　　　B. 周期、频率、角频率
    C. 最大值、有效值、频率　　　　　　D. 最大值、周期、频率
7. 若三相四线制供电系统的相电压为220V,则线电压为( )。
    A. 220V　　　　B. $220\sqrt{2}$V　　　　C. $220\sqrt{3}$V　　　　D. $380\sqrt{2}$V

8. 聚氯乙烯绝缘聚乙烯护套铝芯电力电缆的型号为( )。
   A. VV   B. VLV   C. ZA-YJV   D. YJV

9. 单位立体角内发射1流明的光通量,其对应量为( )。
   A. 亮度:1 尼特(nt)   B. 光通量:1 流明(lm)
   C. 照度:1 勒克斯(lx)   D. 发光强度:1 坎德拉(cd)

10. 交联聚乙烯绝缘钢带铠装聚乙烯护套铜芯电力电缆型号为( )。
    A. VV   B. VLV   C. ZA-YJV   D. ZB-YJV

11. 色温偏冷的值为( )。
    A. 2500K   B. 3500K   C. 4500K   D. 6500K

12. 某浪涌保护器(SPD)标注为 $I_N = 20kA(8 \sim 20\mu s)$,式中相关项说法正确的是( )。
    A. 8μs 为雷电波头时间   B. 8μs 为雷电波尾时间
    C. 8~20μs 为雷电波头时间   D. 20μs 为雷电波头时间

13. 光源的发光效率的单位为( )。
    A. 无单位   B. lx/W   C. lm/W   D. cd/W

14. 串行通信适用于( )的通信。
    A. 100m 内   B. 500m 内   C. 1000m 内   D. 长距离

15. 交流电流表、电压表指示的数值是( )。
    A. 平均值   B. 最大值   C. 有效值   D. 瞬时值

16. 若用万用表测二极管的正、反向电阻的方法来判断二极管的好坏,好的二极管应为( )。
    A. 正、反向电阻相等   B. 正向电阻大,反向电阻小
    C. 反向电阻比正向电阻大很多倍   D. 正、反向电阻都等于无穷大

17. 当人从黑暗的电影院走入阳光下双眼视觉下降的现象称为( )。
    A. 不适型眩光   B. 光适应型眩光
    C. 失能型眩光   D. 干扰型眩光

18. 表示电能消耗快慢的物理量是( )。
    A. 电动势   B. 电功率   C. 电流   D. 电压

19. 对信号进行传输的是( )。
    A. 信元   B. 信道   C. 信宿   D. 信源

20. 对信号进行编码的是( )。
    A. 发信机   B. 收信机   C. 信源   D. 信元

21. 逆反射体照明几何条件为( )。
    A. 照明角(α)和方位角(ω_s)确定样品的照明情况
    B. 入射角(β)和方位角(ω_s)确定样品的照明情况
    C. 观测角(θ)和方位角(ω_s)确定样品的照明情况
    D. 视角(φ)和方位角(ω_s)确定样品的照明情况

22. 逆反射体观测几何条件为( )。
    A. 观测角(α)和 rho 角(ρ)确定样品的观测情况

B. 入射角(β)和 rho 角(ρ)确定样品的观测情况
C. 照明角(θ)和 rho 角(ρ)确定样品的观测情况
D. 视角(φ)和 rho 角(ρ)确定样品的观测情况

23. 逆反射系数 R_A 为( ),式中:R_I 为发光强度系数;A 为逆反射体的表面积。
    A. $R_A = R_I + A$ B. $R_A = R_I - A$ C. $R_A = R_I \times A$ D. $R_A = R_I / A$

24. 逆反射系数 R_A 的单位通常用为( )。
    A. $cd \cdot lx^{-1} \cdot m^2$
    B. $cd \cdot lx^1 \cdot m^2$
    C. $cd \cdot lx^{-1} \cdot m^2$
    D. $cd \cdot lx^{-1} \cdot m^{-1}$

二、判断题

1. 逆反射体基准轴为从逆反射体中心发出,垂直于逆反射体轴的一条射线。对于路面标线,逆反射体基准轴平行于路面。   (   )
2. 量化脉冲调制是一个模拟信号变成数字信号再在数字信道中传输的过程。   (   )
3. 逆反射体试样几何条件为指定逆反射体中心、逆反射体轴和基准轴,确立逆反射体的坐标,说明逆反射体位置和角定向。   (   )
4. 光源的色温用摄氏度(℃)表示。   (   )
5. 防直击雷装置包括接闪器、引下线和接地体。   (   )
6. 用色温的概念完全可以描述连续光谱光源的颜色特性。   (   )
7. 人眼对不同波长的可见光具有不同的视觉灵敏度。   (   )
8. 辐射功率相等时,波长 555nm 的黄绿光比波长 650nm 的红光的光通量大 10 倍。
                                                                        (   )
9. 某点在给定方向的亮度因数等于该方向的亮度与相同条件下全反射或漫反射的漫射体的亮度之比。   (   )
10. 在光波分复用系统中是以波长来表述其通路的,如 $\lambda_1 \sim \lambda_8$ 即为 8 通路。各通路间的频率间隔一般有 50GHz、100GHz、200GHz 等。随着间隔的不同,标称中心频率和标称中心波长也不同。   (   )
11. 5G 面向 2020 年以后的人类信息社会,其基本特征为:高速率(峰值速率大于 20Gb/s),低时延(网络时延从 4G 的 50ms 减少到 1ms),海量设备连接(满足 1000 亿量级的连接数),低功耗(基站更节能,终端更省电)。   (   )
12. 入射光方向变化较大时,反射光仍从接近入射光的反方向返回称逆反射。   (   )
13. 软件通常被分成应用软件和高级软件两大类。   (   )
14. 应用场景下的 5G 关键性能指标主要包括用户体验速率、连接数密度、端到端时延、流量密度、移动性、用户峰值速率、平均频谱效率和能量效率。   (   )
15. 电流产生的条件是必须具有能够自由移动的电荷。   (   )
16. 串联电路中,流过各电阻上的电流是处处相等的。   (   )
17. 正弦电压 $u(t) = 100\sqrt{2}\sin(314t + 60°)V$,则该正弦电压的频率为 0.02s。   (   )
18. 通常将 36V 的电压称为安全电压。如果在潮湿的场所,安全电压的规定要低一些,通

常是24V和12V。（　　）

19.光波分复用(WDM)技术是在一根光纤中同时传输多个波长光信号的一项技术,其基本原理是在发送端将不同波长的光信号组合起来(复用),并耦合到光缆线路上同一根光纤中进行传输,在接收端再将组合波长的光信号分离(解复用),进行处理后恢复出原来的信号。
（　　）

20.反光膜是一种已制成薄膜可直接应用的逆反射材料。（　　）

21.透光膜是一种能让背面的入射光均匀透射的反光膜。（　　）

三、多项选择题

1.下图为逆反射器样品测试图,其中 α、β_1、β_2、ε 四个角组成CIE角度计系统,其分别为(　　)。

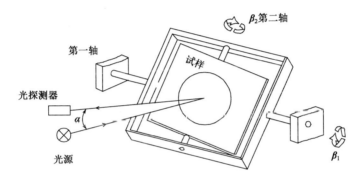

A. α 为照明轴与观测轴之间的夹角,称观测角
B. β_1 为照明轴与包含逆反射体轴和第一轴的平面之间的夹角,称入射角分量
C. β_2 为观测半平面与逆反射体轴之间的夹角,称入射角分量
D. ε 为从逆反射体轴上的观察点逆时针测量,在垂直于逆反射体轴的平面上,从观测半平面到基准轴的夹角,称旋转角

2.描述光源光色的参数有(　　)。
A.显色指数 R_a　　B.色温　　C.相关色温　　D.色差

3.彩色光的基本参数有(　　)。
A.明亮度　　B.色差　　C.饱和度　　D.色调

4.下面哪组满足光的三基色(　　)。
A.红、绿、蓝　　　　　　　　B.红、绿、黄
C.红、黄、蓝　　　　　　　　D.黄、青、紫

5.眩光产生的后果主要归结为(　　)。
A.不适型眩光　　　　　　　　B.眼底型眩光
C.失能型眩光　　　　　　　　D.光适应型眩光

6.下列说法正确的是(　　)。
A.短导线的电阻比长导线的电阻小
B.粗导线的电阻比细导线的电阻小

C. 铜导线的电阻比铁导线的电阻小

D. 同种材料长度相等,粗导线的电阻比细导线的电阻小

7. 电流表测量的正确使用方法是(　　)。

A. 电流表应与被测电路并联

B. 电流表应与被测电路串联

C. 测量时,先把量程置于最大挡位,再根据被测电流值从大到小转到合适挡位

D. 测量时,先把量程置于最小挡位,再根据被测电流值从小到大转到合适挡位

8. 一般并行传输的位数有(　　)。

A. 4 位　　　　　B. 8 位　　　　　C. 16 位　　　　　D. 64 位

9. 时分复用技术的应用十分广泛,通常实际使用的主要有(　　)。

A. PC　　　　　B. PDH　　　　　C. SDH　　　　　D. ATM

10. 公路系统电源接地形式之一的 TN 系统电源(配电变压器)的中性点直接接地(通常应在低压配电柜处接地),而电气设备(Ⅰ类)外露可导电部分的保护接地是通过保护接地导体(PE 导体)连接到电源中性点(N 点),利用 N 点的系统接地装置而接地。按照中性导体(N 导体)和 PE 导体的分合配置,TN 系统又可分为以下形式(　　)。

A. TN-S 系统　　　　　　　　　　B. TN-C 系统

C. TN-C-S 系统　　　　　　　　　D. TN-S-C 系统

11. 钢构件防腐层涂层测厚仪包括(　　)。

A. 磁性测厚仪　　B. 电涡流测厚仪　　C. 千分尺　　　　D. 游标卡尺

12. 检测误差按表现形式分为(　　)。

A. 系统误差　　　B. 环境误差　　　C. 粗大误差　　　D. 随机误差

习题参考答案及解析

一、单项选择题

1. B

【解析】R_a 为 100 时显色性最好,碘钨灯可达 95,而汞灯只有 30。

2. B

3. C

【解析】人眼可接收的可见光波长为 380~780nm。

4. C

【解析】如果通过人体的电流在 0.05A 以上,就会有生命危险。一般来说,接触 36V 以下的电压时,通过人体的电流不超过 0.05A,因此将 36V 的电压称为安全电压。

5. A

【解析】串联电路电流相同。

6. A

【解析】有了最大值、角频率、初相角,才能确定一个正弦量。

7. C

【解析】$U_1 = \sqrt{3} U_p$。

8. B

【解析】VV 为聚氯乙烯绝缘聚乙烯护套铜芯电力电缆,ZA-YJV 为交联聚乙烯绝缘聚乙烯护套 A 类阻燃铜芯电力电缆,YJV 交联聚乙烯绝缘聚氯乙烯护套铜芯电力电缆。

9. D

【解析】依定义,发光强度为单位立体角内发射的光通量。

10. A

【解析】VLV 为聚氯乙烯绝缘聚乙烯护套铝芯电力电缆,ZA-YJV(ZB-YJV)为交联聚乙烯绝缘聚乙烯护套 A(B)类阻燃铜芯电力电缆。

11. D 【解析】色温值低,光色偏红(偏暖);色温值高,光色偏蓝(偏冷)。

12. A

【解析】额定工作保护电流为 20kA 时,8μs 为雷电波头时间,20μs 为雷电波尾时间。

13. C

【解析】发光效率定义为光源发出的总光通量与该光源消耗的电功率比值。

14. D

【解析】并行(多根线同时传输)通信不适用于长距离通信。

15. C

【解析】在实际测量中,交流电表指示数均为有效值。

16. C

【解析】二极管具有单向导电性。

17. B

【解析】眩光分为不适型眩光、光适应型眩光、失能型眩光三种。光适应型眩光为人从黑暗处走入阳光下双眼视觉下降的现象。

18. B

【解析】电动势、电流、电压都不能表示电能的消耗速率。

19. B

【解析】信道是信源与信宿的通道。

20. A

【解析】发信机将信源产生的信息编码后变成信号,通过信道发给收信机。

21. B

【解析】《逆反射术语》(JT/T 688—2022)4.30。

22. A

【解析】《逆反射术语》(JT/T 688—2022)4.31。

23. D

【解析】《逆反射术语》(JT/T 688—2022)3.6。

24．D

【解析】《逆反射术语》(JT/T 688—2022)3.7。

二、判断题

1．√

【解析】《逆反射术语》(JT/T 688—2022)4.5。

2．√

【解析】量化脉冲调制就是把一个时间连续、取值连续的模拟信号变换成时间离散、取值离散的数字信号后再在数字信道中传输的过程。

3．√

【解析】《逆反射术语》(JT/T 688—2022)4.29。

4．×

【解析】本题故意用摄氏度(℃)混淆绝对温度(K)。

5．√

【解析】三者构成防直击雷系统。

6．√

7．√

8．√

9．×

【解析】"漫反射"应为"全透射"。

10．√

11．√

12．√

13．×

【解析】软件通常被分成应用软件和系统软件两大类,软件系统的最内层是系统软件,应用软件是用户按其需要自行编写的专用程序。

14．√

15．×

【解析】或"导体两端存在电压"。

16．√

【解析】串联电路中流过各元件的电流相等,各元件上电压不等;并联电路中流过各元件的电流不相等,而各元件上电压相等。

17．×

【解析】频率 $f=\omega/(2\pi)=314/(2\pi)=50Hz$;0.02s 为其周期。

18．√

【解析】电击所引起的伤害程度与通过人体电流的大小有关。如果通过人体的电流在 0.05A 以上,就会有生命危险。一般来说,接触 36V 以下的电压时,通过人体的电流不超过 0.05A,因此将 36V 的电压称为安全电压。如果在潮湿的场所,安全电压的规定要低一些,通常是24V和12V。

19. √

【解析】如下图。

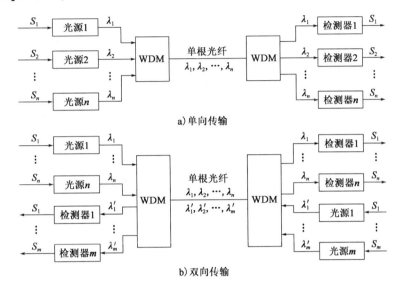

a) 单向传输

b) 双向传输

20. √

【解析】《逆反射术语》(JT/T 688—2022)5.1。

21. √

【解析】《逆反射术语》(JT/T 688—2022)5.2。

三、多项选择题

1. ABCD

【解析】《逆反射术语》(JT/T 688—2022)4.32。

2. ABC

3. ACD

4. AD

5. ACD

6. CD

【解析】如是同种材料,选项A、B两种说法成立;若是不同材料,则不一定正确。

7. BC

【解析】选项A的测法电流表会损坏(内阻小,短路电流大);选项D的测法也可能会损坏电流表。

8. BCD

【解析】4位基本不用。

9. BCD

【解析】时分复用是将提供给整个信道传输信息的时间划分为若干时隙,并将这些时隙分配给每一个信号源使用,每一路信号在自己的时隙内独占信道进行数据传输。时分复用技术的应用十分广泛,如 PDH、SDH、ATM 等。其缺点是当某信号源没有数据传输时,它所对应的信道会出现空闲,而其他繁忙的信道无法占用这个空闲的信道,因此会降低线路利用率。

10. ABC

【解析】如下图。

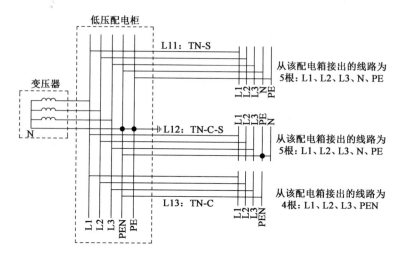

11. AB

【解析】防腐层涂层测厚仪有磁性测厚仪(适用于测钢构件防腐层)、电涡流测厚仪、超声波测厚仪。

12. ACD

【解析】注意"按表现形式分"。

第三章 交通工程质量要求与检测标准

习题

一、单项选择题

1. JT/T×××—××××为（ ）。
   A. 交通运输行业强制性行业标准　　B. 交通运输行业推荐性行业标准
   C. 交通运输行业推荐性标准　　　　D. 交通运输行业强制性标准
2. 在结构上，标准一般由规范性要素和资料要素组成。规范性要素又可分为一般要素和（ ）。
   A. 技术要素　　B. 附属要素　　C. 补充要素　　D. 概述要素

二、判断题

1. 质量不仅指产品的质量，也指过程和体系的质量。　　　　　　　　　　（　）
2. 产品质量是指产品"反映实体满足明确和隐含需要的能力和特性的总和"。（　）
3. 标准体系的基本结构可分为基础标准、服务标准、技术标准、产品标准四类。（　）

三、多项选择题

1. 质量概念可以分为（ ）。
   A. 符合性质量概念　　　　B. 适用性的质量概念
   C. 效益性质量概念　　　　D. 广义质量概念
2. 标准包含的要义为（ ）。
   A. 获得最佳秩序　　　　　B. 各方协商一致
   C. 重复性的事物　　　　　D. 公认的权威机构批准发布

习题参考答案及解析

一、单项选择题

1. C

2. A

【解析】 标准一般由规范性要素和资料要素组成。规范性要素可分为一般要素和技术要素,资料要素又可分为概述要素和补充要素。

二、判断题

1. √
2. √
3. ×

【解析】 共五类,漏掉了"相关标准"。

三、多项选择题

1. ABD
2. ABCD

第四章 交通工程试验检测抽样方法

复习提示

本章为公路交通安全设施质量检验抽样方法的相关内容,引用的标准为《公路交通安全设施质量检验抽样方法》(JT/T 495—2014)。

习题

一、单项选择题

1. 在验收型抽样中,抽样方案通常用( )。
   A. 一次抽样方案　　B. 二次抽样方案　　C. 三次抽样方案　　D. 多次抽样方案
2. 在验收型检验中,为破坏性或检测时间较长的检验项目而规定的样本大小称为( )。
   A. 一般样本数　　B. 特殊样本数　　C. 孤立样本数　　D. 随机样本数
3. 采用《计数抽样检验程序　第1部分:按接收质量限(AQL)检索的逐批检验抽样计划》(GB/T 2828.1—2012)检验时,转移规则的具体批次要求为( )。
   A. 大于5批　　B. 大于10批　　C. 大于15批　　D. 大于20批

二、判断题

1. 通常每个检验批应由同型号、同等级、同种类(尺寸、特性、成分等),且生产工艺、条件和时间基本相同的单位产品组成。 (　)
2. 工厂验收在供货方检验合格的批中抽样,工地抽验在工厂验收合格的批中抽样,监督抽查可在任何时间、地点对产品进行抽样。 (　)
3. 监督检验等级代表了监督检验的严格程度,分第一监督检验等级和第二监督检验等级。 (　)
4. 交通标志产品出厂检测项目有结构尺寸、外观质量、标志板面色度性能、反光型标志板面光度性能、标志板抗冲击性能。 (　)
5. 抽样时根据批量大小、接收质量限等因素决定样本大小和判定数组。 (　)
6. 在对某类反光膜逆反射系数测试多次之后,所得结果与该类型反光膜标准规定值之差,称为随机误差。 (　)

三、多项选择题

1. 验收型检验使用的标准为( )。
   A.《计数抽样检验程序 按极限质量 LQ 检索的孤立批检验》(GB/T 15239—1994)
   B.《计数抽样检验程序 第 1 部分:按接收质量限(AQI)检索的逐批检验抽样计划》(GB/T 2828.1—2008)
   C.《计数抽样检验程序 第 1 部分:按接收质量限(AQI)检索的逐批检验抽样计划》(GB/T 2828.1—2012)
   D.《计数抽样检验程序 第 2 部分:按极限质量水平(LQ)检索的孤立批检验抽样方案》(GB/T 2828.2—2008)

2. 组批原则为通常每个检验批产品应( )。
   A. 同型号
   B. 同种类(尺寸、特性、成分等)
   C. 同等级
   D. 生产工艺、条件和时间基本相同

四、综合题

1. 某工地到货 DB2 类热浸镀锌波形钢护栏板共 1180 块,按 GB/T 2828 抽样检验(该类产品前 5 批质量较稳定)。试回答下列问题。
   (1) 接收质量限 AQL 为( )。
   　A. 1.0　　　　B. 2.0　　　　C. 3.0　　　　D. 4.0
   (2) 检验水平为( )。
   　A. Ⅰ　　　　B. Ⅱ　　　　C. Ⅲ　　　　D. Ⅳ
   (3) 抽样方案为( )。
   　A. 一次抽样方案　B. 二次抽样方案　C. 三次抽样方案　D. 四次抽样方案
   (4) 样本数为( )。
   　A. 32　　　　B. 50　　　　C. 80　　　　D. 125
   (5) 若不合格品数为 2(一块为板厚不达标,一块为定尺长度不达标),则该批产品为( )。
   　A. 合格
   　B. 可降级使用
   　C. 不合格
   　D. 需进行第二次抽样检测

习题参考答案及解析

一、单项选择题

1. A
   【解析】《公路交通安全设施质量检验抽样方法》(JT/T 495—2014)。
2. B

【解析】《公路交通安全设施质量检验抽样方法》(JT/T 495—2014)。

3. B

【解析】《公路交通安全设施质量检验抽样方法》(JT/T 495—2014)5.1.2.5。

二、判断题

1. √
2. √

【解析】《公路交通安全设施质量检验抽样方法》(JT/T 495—2014)4.3。

3. √

【解析】《公路交通安全设施质量检验抽样方法》(JT/T 495—2014)3.38。

4. ×

【解析】交通标志产品出厂检测项目有结构尺寸、外观质量、标志板面色度性能、反光型标志板面光度性能、钢构件防腐层质量(标志板抗冲击性能为旧标准规定的出厂检测项目)。《道路交通标志板及支撑件》(GB/T 23827—2021)7.1。

5. ×

【解析】漏掉"检验严格程度"。

6. √

【解析】随机误差的定义:在重复性条件下,对同一被测量进行无限次测量所得结果与其平均值之差。注意,系统误差为在重复性条件下,对同一被测量进行无限次测量所得结果的平均值与被测量的真值之差。

三、多项选择题

1. CD

【解析】选项 A:交通设施不用此标准;选项 B:标准颁布年限不对。

2. ABCD

四、综合题

1. (1) D (2) A (3) A (4) A (5) A

【解析】(1) AQL≤4.0。《公路交通安全设施质量检验抽样方法》(JT/T 495—2014)。

(2)《公路交通安全设施质量检验抽样方法》(JT/T 495—2014)。工厂验收,一般检验水平为Ⅱ;工地抽检,一般检验水平为Ⅰ。直接采用正常检验,因该类产品前5批质量较稳定。

(3) 先按一次抽样检验,当样品中不合格数 $A \leqslant A_c$ 时,判定该批次合格,予以接收;当样品中的不合格数 $A \geqslant R_e$ 时,判定该批次不合格,拒绝接收。当样品中的不合格数在 A_c、R_e 之间时,需要进行第二次抽样。

(4)《公路交通安全设施质量检验抽样方法》(JT/T 495—2014)表1。

(5)《公路交通安全设施质量检验抽样方法》(JT/T 495—2014)。$A=2$,查表1,[3,4],$A<A_c$;又查附表 A.1,其中特殊合格判定数 A_s 对板厚和定尺长度无要求。故该批产品判定为合格。

第五章　交通安全设施环境适应性试验

复习提示

本章习题内容为盐雾试验、温湿度试验、耐候性试验、防腐质量检验等相关习题,引用的标准有《低温试验箱技术条件》(GB/T 10589—2008)、《高低温试验箱技术条件》(GB/T 10592—2008)、《电工电子产品环境试验　第2部分:试验方法　试验A:低温》(GB/T 2423.1—2008)、《湿热试验箱技术条件》(GB/T 10586—2006)、《环境试验　第2部分:试验方法　试验Cab:恒定湿热试验》(GB/T 2423.3—2016)、《人造气氛腐蚀试验　盐雾试验》(GB/T 10125—2021)、《盐雾试验箱技术条件》(GB/T 10587—2006)、《塑料　实验室光源暴露试验方法　第2部分:氙弧灯》(GB/T 16422.2—2014)、《公路交通工程钢构件防腐技术条件》(GB/T 18226—2015)、《公路用防腐蚀粉末涂料及涂层》(JT/T 600.1~600.4—2004)等。

习题

一、单项选择题

1. 中性盐雾试验溶液的pH值应调整至使盐雾箱收集的喷雾溶液的pH值在25℃±2℃时处于(　　)之间。
   A. 5.5~6.2　　　B. 6.5~7.2　　　C. 7.5~8.2　　　D. 8.5~9.2

2. 盐雾试验推荐的试验周期为(　　)。
   A. 2h、6h、24h、48h、96h、168h、240h、480h、720h、1008h
   B. 2h、6h、24h、48h、96h、144h、168h、240h、480h、720h、1000h
   C. 2h、6h、24h、48h、72h、96h、144h、168h、240h、480h、720h、1000h
   D. 2h、6h、24h、48h、72h、96h、144h、168h、240h、480h、720h、1008h

3. 根据《色漆和清漆　划格试验》(GB/T 9286—2021),漆膜的划格试验中,重复性限 r 是指在重复性条件下(同一操作者在同一实验室,在短时间内对同一试样进行测试),使用本试验方法得到的两个单一试验结果之间的绝对差值低于该限值时,可预期其置信度为95%。对于本测试方法,r 为(　　)。
   A. 1级　　　　B. 2级　　　　C. 3级　　　　D. 4级

4. 中性盐雾试验溶液的pH值应调整至使盐雾箱收集的喷雾溶液在25℃±2℃时处于6.5~7.2之间,测量pH值用(　　)。

A. 精密 pH 试纸　　　B. 离子 pH 计　　　C. 电位 pH 计　　　D. 光谱 pH 计

5. 盐雾试验中,氯化钠中的铜、镍、铅等重金属总含量应低于(　　)(质量分数)。
　　A. 0.001%　　　B. 0.002%　　　C. 0.003%　　　D. 0.005%

6. 根据《色漆和清漆　划格试验》(GB/T 9286—2021),漆膜的划格试验中,再现性限 R 是指在再现性条件下(指由不同的操作者在不同的实验室,对同一试样进行测试的条件),使用本试验方法得到的两个单一试验结果之间的绝对差值低于该限值时,可预期其置信度为 95%。对于本测试方法, R 为(　　)。
　　A. 1 级　　　B. 2 级　　　C. 3 级　　　D. 4 级

7. 涂层附着性能区分为(　　)。
　　A. 0~4 级　　　B. 1~5 级　　　C. 0~5 级　　　D. 1~6 级

8. 涂层测试用测厚仪(磁性、非磁性)的要求为(　　)。
　　A. 最大测量范围不小于 1200μm,示值误差不大于 ±5μm
　　B. 最大测量范围不小于 1500μm,示值误差不大于 ±5μm
　　C. 最大测量范围不小于 1800μm,示值误差不大于 ±5μm
　　D. 最大测量范围不小于 2000μm,示值误差不大于 ±5μm

9. 防腐涂层厚度检测所用仪器一般是(　　)。
　　A. 微波测厚仪　　　　　　　　B. 多普勒测厚仪
　　C. 超声波测厚仪　　　　　　　D. 射线测厚仪

10. 涂层测厚仪检测前要校准,校准方法为(　　)。
　　A. 仪器自动校准　　　　　　　B. 通过自检程序校准
　　C. 激光校准　　　　　　　　　D. 用探头测量校准试块校准

11. 钢管、钢板、钢带的热塑性粉末涂料单涂涂层厚度为(　　)mm。
　　A. 0.28~0.70　　　B. 0.33~0.75　　　C. 0.38~0.80　　　D. 0.43~0.85

12. 钢管、钢板、钢带的热塑性粉末涂料双涂涂层厚度为(　　)mm。
　　A. 0.15~0.50　　　B. 0.20~0.55　　　C. 0.25~0.60　　　D. 0.30~0.65

13. φ1.8~4.0mm 钢丝的热塑性粉末涂料单涂涂层厚度为(　　)mm。
　　A. 0.20~0.70　　　B. 0.25~0.75　　　C. 0.30~0.80　　　D. 0.35~0.85

14. φ4.0~5.0mm 钢丝的热塑性粉末涂料双涂涂层厚度为(　　)mm。
　　A. 0.10~0.55　　　B. 0.15~0.60　　　C. 0.20~0.65　　　D. 0.25~0.70

15. 钢以外其他基材的热塑性粉末涂料单涂涂层厚度为(　　)mm。
　　A. 0.28~0.70　　　B. 0.33~0.75　　　C. 0.38~0.80　　　D. 0.43~0.85

16. 钢以外其他基材的热塑性粉末涂料双涂涂层厚度为(　　)mm。
　　A. 0.15~0.50　　　B. 0.20~0.55　　　C. 0.25~0.60　　　D. 0.30~0.65

17. 热固性粉末涂料单涂涂层厚度为(　　)mm。
　　A. 0.066~0.140　　　B. 0.071~0.145　　　C. 0.076~0.150　　　D. 0.081~0.155

18. 热固性粉末涂料双涂涂层厚度为(　　)mm。
　　A. 0.066~0.110　　　B. 0.071~0.115　　　C. 0.076~0.120　　　D. 0.081~0.125

19. 热塑性粉末涂料涂层附着性能一般不低于(　　)。

A.0 级   B.1 级   C.2 级   D.3 级

20.热固性粉末涂料涂层附着性能不低于（　　）。

A.0 级   B.1 级   C.2 级   D.3 级

二、判断题

1.超声雾化法不容易控制盐雾沉降率。（　　）

2.盐雾试验是考核产品或材料的抗盐雾腐蚀能力的重要手段。（　　）

3.热塑性粉末涂料涂层附着性能一般不低于 2 级。（　　）

4.对于钢铁基底镀锌构件，当需要对其镀锌层厚度进行仲裁检验时，不能用磁感应测厚仪测试镀锌层厚度，而应采用六次甲基四胺法。（　　）

5.中性盐雾试验溶液的 pH 值应调整至使盐雾箱收集的喷雾溶液的 pH 值在 25℃±2℃时处于 6.5~7.2 之间。（　　）

6.《人造气氛腐蚀试验　盐雾试验》（GB/T 10125—2021）中，溶液配制所用氯化钠中的铜、镍、铅等重金属总含量更改为低于 0.005%（质量分数）。（　　）

7.《人造气氛腐蚀试验　盐雾试验》（GB/T 10125—2021）更改了盐雾箱内放置钢参比试样的数量和对盐雾箱验证方法的要求。（　　）

8.粉末涂料是一种含有 100% 固体成分，以粉末形态涂装的涂料。（　　）

9.粉末涂料依固化成膜过程，可分为热塑性粉末涂料和热固性粉末涂料两大类。（　　）

10.用作热塑性粉末涂料的合成树脂主要有聚氯乙烯、聚乙烯、聚丙烯、聚酰胺、聚碳酸酯-聚苯乙烯、含氟树脂、热塑性聚酯等。（　　）

11.热固性粉末涂料在固化剂作用下经一定温度烘烤成为不能熔融的固体。（　　）

12.双涂为基底为钢质，底层经镀锌处理后再涂装有机防腐蚀涂层的防护类型。（　　）

13.钢管、钢板、钢带热塑性粉末涂料单涂涂层厚度为 0.38~0.80mm。（　　）

14.热固性粉末涂料单涂涂层厚度为 0.076~0.150mm；双涂涂层厚度为 0.076~0.120mm。（　　）

三、多项选择题

1.一般盐雾试验的试验设备和仪器有（　　）。

A.盐雾试验机   B.温度测量仪器

C.万能材料试验机   D.盐雾沉降量测量仪器

2.常见的盐雾试验喷雾方法有（　　）。

A.空气喷雾法   B.气压喷射法   C.气压喷塔法   D.超声雾化法

3.交通安全设施的中性盐雾试验时间分类为（　　）。

A.120h 的有反光膜、交通标志及支撑件轮廓标

B.144h 的有突起路标

C.168h 的有波形梁钢护栏等其他交通安全设施钢构件金属涂层

D.200h 的有隔离栅镀锌层、金属防眩板

4. 老化试验分为( )。
   A. 温度老化   B. 阳光辐照老化
   C. 加载老化   D. 盐雾老化
5. 人工加速老化试验条件和时间为( )。
   A. 光照和雨淋,18h
   B. 冷冻(-20℃±2℃),2h
   C. 浸水(20℃±2℃),2h
   D. 一个循环周期22h,总试验时间为27周期
6. 涂膜机械性能的检测项目包括( )。
   A. 附着力   B. 冲击强度   C. 硬度   D. 光泽
7. 涂膜特殊性能的检测项目主要包括( )。
   A. 耐候性   B. 耐酸碱性   C. 耐油性   D. 耐溶剂性
8. 热塑性粉末涂料是以热塑性合成树脂作为成膜物,它的特性是( )。
   A. 合成树脂随温度升高而变化,以致熔融
   B. 经冷却后变得坚硬
   C. 这种过程可以反复进行多次
   D. 粉体成膜过程无交联反应发生
9. 热塑性合成树脂的特点是( )。
   A. 通常分子量较高   B. 有较好的耐化学性
   C. 有较好的柔韧性   D. 有较好的弯曲性
10. 用作热塑性粉末涂料的合成树脂主要有( )。
    A. 聚氯乙烯、聚乙烯   B. 聚丙烯、聚酰胺
    C. 聚碳酸酯、聚苯乙烯   D. 含氟树脂、热塑性聚酯
11. 热固性粉末涂料以热固性合成树脂为成膜物,它的特性是( )。
    A. 用某些较低聚合度含活性官能团的预聚体树脂
    B. 在固化剂存在下经一定温度的烘烤交联反应固化
    C. 成为不能溶解或熔融质地坚硬的最终产物
    D. 当温度再升高时,产品只能分解不能软化,成膜过程属于化学交联变化
12. 热固性合成树脂主要有( )。
    A. 聚酯树脂   B. 环氧树脂   C. 丙烯酸树脂   D. 聚氨酯树脂
13. 中性盐雾试验中pH值的测定要点有( )。
    A. 温度25℃±2℃   B. pH值在6.5~7.2之间
    C. 用电位pH计测量   D. 用精度≤0.3的精密pH试纸测量

四、综合题

1. 试回答下列防腐涂层厚度检测的问题。
(1) 钢铁基底的防腐涂层厚度检测所用仪器一般是( )。
   A. 磁感应测厚仪   B. 磁吸力测厚仪

C. 超声波测厚仪　　　　　　　　　D. 电涡流测厚仪

(2)测厚仪必须是经计量检定合格且在有效期内可正常使用的仪器,其有效期为(　　)。
A. 6个月　　　B. 1年　　　C. 18个月　　　D. 2年

(3)涂层测厚仪检测前应校准,校准方法为(　　)。
A. 仪器自动校准　　　　　　　　B. 和其他相同仪器互校准
C. 激光校准　　　　　　　　　　D. 用探头测量校准试块校准

(4)常用的测厚仪及其测厚范围为(　　)。
A. 磁性涂层测厚仪(1200μm)　　　B. 电涡流涂层测厚仪(3000μm)
C. 超声波测厚仪(50000μm)　　　　D. 红外测厚仪(200000μm)

(5)根据《隔离栅　第1部分:通则》(GB/T 26941.1—2011)规定,涂塑层厚度可使用磁性测厚仪进行检测,对于电焊网隔离栅产品,能使用磁性测厚仪测试其涂塑层厚度的零配件为(　　)。
A. 型钢　　　B. 网片边框　　　C. 斜撑　　　D. 钢丝

2. 根据《人造气氛腐蚀试验　盐雾试验》(GB/T 10125—2021)回答下列问题。

(1)中性盐雾试验适用于(　　)。
A. 金属及其合金　　　　　　　　B. 金属覆盖层(阳极性或阴极性)
C. 转化膜　　　　　　　　　　　D. 金属基体上的有机覆盖层

(2)关于盐雾试验及试验溶液,下列说法正确的是(　　)。
A. 中性盐雾试验(NSS);试验溶液:5%氯化钠中性溶液
B. 乙酸盐雾试验(AASS);试验溶液:冰乙酸的5%氯化钠酸性溶液
C. 铜加速乙酸盐雾试验(CASS);试验溶液:氯化铜和冰乙酸的5%氯化钠酸性溶液
D. 盐酸盐雾试验(CASS);试验溶液:盐酸的5%氯化钠酸性溶液

(3)关于中性盐雾试验溶液,下列说法正确的是(　　)。
A. 温度为25℃±2℃
B. pH值在6.5~7.2之间
C. 用电位pH计测量pH值
D. pH值的测量应采用适用于弱缓冲氯化钠溶液(溶于去离子水)的电极

(4)关于喷雾装置及压缩空气,下列说法正确的是(　　)。
A. 喷雾装置由一个压缩空气供给器、一个盐水槽和一个或多个喷雾器组成
B. 供应到喷雾器的压缩空气应通过过滤器
C. 喷雾压力应控制在70~170kPa范围内
D. 压力值通常为98kPa±10kPa,可根据使用的箱体和喷雾器的类型而改变

(5)关于中性盐雾试验条件,下列说法正确的是(　　)。
A. 温度为35℃±2℃
B. 80cm²的水平面积的平均沉降率为1.5mL/h±0.5mL/h
C. 氯化钠溶液(收集溶液)的浓度为50g/L±5g/L
D. pH值(收集溶液)为6.5~7.2

习题参考答案及解析

一、单项选择题

1. B

【解析】《人造气氛腐蚀试验 盐雾试验》(GB/T 10125—2021)5.2.2。

2. A

【解析】《人造气氛腐蚀试验 盐雾试验》(GB/T 10125—2021)11.1。

3. A

【解析】《色漆和清漆 划格试验》(GB/T 9286—2021)11.1。

4. C

【解析】《人造气氛腐蚀试验 盐雾试验》(GB/T 10125—2021)5.2.2。

5. D

【解析】《人造气氛腐蚀试验 盐雾试验》(GB/T 10125—2021)5.1.2。

6. B

【解析】《色漆和清漆 划格试验》(GB/T 9286—2021)11.2。

7. A
8. A
9. C
10. D

【解析】涂层测厚仪检测前,必须用探头测量校准试块自校,否则误差大,主要是受温度影响。

| 11. C | 12. C | 13. C | 14. B | 15. C |
| 16. C | 17. C | 18. C | 19. C | 20. A |

二、判断题

1. ×

【解析】超声雾化法很容易控制盐雾沉降率,超声波频率越高,所产生的盐雾越细,盐雾沉降率就越低。可以通过调节超声波频率来达到控制盐雾沉降率的目的。

2. √

【解析】盐雾试验是考核产品或材料抗盐雾腐蚀能力的重要手段。试验结果的科学性、合理性至关重要。影响盐雾试验结果稳定性和一致性的因素很多,要提高盐雾试验结果的有效性,试验技术是关键。

3. √

4. √

【解析】由于存在锌铁合金层,磁感应测厚仪、磁吸力测厚仪存在一定的测量误差。仲裁检验时应采用六次甲基四胺法。

5. √

【解析】《人造气氛腐蚀试验　盐雾试验》(GB/T 10125—2021)5.2.2。

6. √

【解析】《人造气氛腐蚀试验　盐雾试验》(GB/T 10125—2021)5.1.2。

7. ×

【解析】《人造气氛腐蚀试验　盐雾试验》(GB/T 10125—2021)7.3。

8. √
9. √
10. √
11. √
12. √
13. √
14. √

三、多项选择题

1. ABD
2. BCD
3. ABCD

【解析】本题按交通安全设施的相关规范规定的中性盐雾试验时间而整理。

4. ABC
5. ABCD
6. ABCD　　　7. ABCD　　　8. ABCD　　　9. ABCD　　　10. ABCD
11. ABCD
12. ABCD
13. ABC

【解析】《人造气氛腐蚀试验　盐雾试验》(GB/T 10125—2021)5.2.2。

四、综合题

1. (1) ABC　　(2) B　　(3) BD　　(4) ABC　　(5) ABC

【解析】(1)磁感应测厚仪、磁吸力测厚仪均属于磁性测厚仪,电涡流测厚仪只适合测铜铝等良导体的防腐涂层厚度。

(2)有效期为1年。

(3)涂层测厚仪检测前必须用探头测量校准试块自校。

(5)被测表面的曲率对测试结果有很大影响,钢丝表面的曲率过大,无法测量或结果不准。见《磁性基体上非磁性覆盖层　覆盖层厚度测量　磁性法》(GB/T 4956—2003)。

2. (1) ABCD　　(2) ABC　　(3) ABCD　　(4) ABCD　　(5) ABCD

【解析】(1)《人造气氛腐蚀试验　盐雾试验》(GB/T 10125—2021)1。

(2)《人造气氛腐蚀试验　盐雾试验》(GB/T 10125—2021)4。
(3)《人造气氛腐蚀试验　盐雾试验》(GB/T 10125—2021)5.2.2。
(4)《人造气氛腐蚀试验　盐雾试验》(GB/T 10125—2021)6.4。
(5)《人造气氛腐蚀试验　盐雾试验》(GB/T 10125—2021)10.1。

第六章　道路交通标志及反光材料

复习提示

本章引用的标准有《道路交通标志和标线　第2部分：道路交通标志》（GB 5768.2—2022）、《LED主动发光道路交通标志》（GB/T 31446—2015）、《道路交通标志板及支撑件》（GB/T 23827—2021）、《公路沿线设施塑料制品耐候性要求及测试方法》（GB/T 22040—2008）、《公路交通工程钢构件防腐技术条件》（GB/T 18226—2015）、《公路交通安全设施质量检验抽样方法》（JT/T 495—2014）、《安全色》（GB 2893—2008）、《公路交通安全设施设计规范》（JTG D81—2017）、《公路交通安全设施设计细则》（JTG/T D81—2017）和《道路交通反光膜》（GB/T 18833—2012）。其中，《公路沿线设施塑料制品耐候性要求及测试方法》（GB/T 22040—2008）、《公路交通安全设施质量检验抽样方法》（JT/T 495—2014）、《安全色》（GB 2893—2008）、《逆反射体光度性能测量方法》（JT/T 690—2022）、《逆反射材料色度性能测试方法　第1部分：逆反射体夜间色》（JT/T 692.1—2022）、《逆反射材料色度性能测试方法　第2部分：荧光反光膜和荧光反光标记材料昼间色》（JT/T 692.2—2022）中的相关条款在第七章至第十二章中还将被引用。

习题

一、单项选择题

1. 《道路交通标志和标线　第2部分：道路交通标志》（GB 5768.2—2022）增加了交通事故管理区的警告标志底色，即（　　）。
   A. 粉红色　　　　B. 蓝色　　　　　C. 荧光粉红色　　　D. 荧光黄绿色
2. 标志板表面应无明显凹痕或变形，板面平面度不应大于（　　）。
   A. 3mm/m　　　　B. 5mm/m　　　　C. 7mm/m　　　　　D. 9mm/m
3. 反光标志板粘贴面膜无法避免接缝时，接缝应为上搭下，重叠部分不小于（　　）。
   A. 5mm　　　　　B. 6mm　　　　　C. 8mm　　　　　　D. 10mm
4. 单一热浸镀锌处理时，标志底板、立柱、横梁等大型构件的镀锌量不低于（　　）。
   A. 350g/m²　　　B. 500g/m²　　　C. 600g/m²　　　　D. 800g/m²
5. 涂料对标志底板的附着性能应达到（　　）。
   A. 一级以上　　　B. 二级以上　　　C. 三级以上　　　　D. 四级以上

6. 标志板与立柱的连接可采用抱箍夹紧式或( )。
   A. 铆钉铆固式　　B. 螺栓连接式　　C. 钢带捆扎式　　D. 环氧粘接式

7. 标志板(除逆反射外)缺陷应在白天的条件下目测或用四倍放大镜检查,环境照度应大于( )。
   A. 100lx　　B. 150lx　　C. 200lx　　D. 250lx

8. 标志照明在夜间的视认距离为( )以上。
   A. 100m　　B. 150m　　C. 200m　　D. 250m

9. 根据《道路交通标志和标线　第2部分:道路交通标志》(GB 5768.2—2022)规定,按照交通标志的使用规则,请指出下列哪种形状的标志属于禁令标志( )。
   A. 矩形　　B. 正八边形　　C. 正等边三角形　　D. 叉形

10. 路上方标志的板面宜面向来车俯仰角为( )。
    A. 0°~5°　　B. 0°~10°　　C. 0°~15°　　D. 0°~20°

11. 标志照明用光源在标志面上的照度应均匀,最大照度与最小照度之比应小于( )。
    A. 3　　B. 4　　C. 5　　D. 6

12. 路侧标志应与道路中线垂直,或与垂直方向成( )角度。
    A. 0°~5°　　B. 0°~10°　　C. 0°~15°　　D. 0°~20°

13. 标志板面上油墨与反光膜的附着牢度应大于或等于( )。
    A. 90%　　B. 92%　　C. 94%　　D. 95%

14. 交通安全设施产品的测试准备内容包括试样的制备和( )。
    A. 测试标准　　B. 测试环境条件
    C. 测试仪器　　D. 测试技术规程

15. 为了保证测试环境条件,要求试样测试前在测试环境中放置( )。
    A. 8h　　B. 12h　　C. 24h　　D. 48h

16. 标志结构上可采用可拆卸式防松防盗螺母,其平均防松力矩不宜小于( )。
    A. 150N·m　　B. 180N·m　　C. 200N·m　　D. 240N·m

17. 对镀锌层厚度进行仲裁检验时应采用( )。
    A. 磁性测厚仪测厚法　　B. 电涡流测厚仪测厚法
    C. 超声波测厚仪测厚法　　D. 氯化锑测厚法

18. 标志板下缘至路面净空高度允许误差为( )。
    A. -50mm　　B. +50mm　　C. +100mm　　D. +150mm

19. 测试标志板面色度性能时制取的单色标志板面试样尺寸为( )。
    A. 100mm×100mm　　B. 150mm×100mm
    C. 150mm×150mm　　D. 200mm×150mm

20. 测试标志板面色度性能的仪器是( )。
    A. 色谱分析仪　　B. 色彩色差计
    C. 分光计　　D. 色温计

21. 金属材料的延伸率试验值和断后伸长率试验值修约至( )。
    A. 0.1%　　B. 0.5%　　C. 1%　　D. 5%

22. 标志板面油墨与反光膜的附着性能试验试样尺寸为( )。
    A. 不小于 100mm×200mm   B. 不小于 150mm×250mm
    C. 不小于 150mm×300mm   D. 不小于 200mm×300mm

23. 采用铝合金板制作标志底板时,厚度不宜小于( )。
    A. 1.0mm   B. 1.5mm   C. 2.0mm   D. 2.5mm

24. 对每批交通标志产品进行随机抽样,应至少抽取( )。
    A. 3 个   B. 4 个   C. 5 个   D. 6 个

25. 按抽样及判定方法,交通标志产品的每项试验应至少检测次数为( )。
    A. 2   B. 3   C. 4   D. 5

26. 抱箍、紧固件等小型构件,其镀锌量不低于( )。
    A. 150g/m²   B. 250g/m²   C. 350g/m²   D. 450g/m²

27. 大型标志板或用于沿海及多风地区的标志板,宜采用牌号为( )的铝合金板材。
    A. 3001-O 或 3101-O   B. 3004-O 或 3104-O
    C. 5A02-O 或 5052-O   D. 5A02-O 或 5052-O

28. 标志板面普通材料色黑色的亮度因数要求( )。
    A. ≤0.03   B. ≤0.05   C. ≤0.07   D. ≤0.09

29. 黄色与黑色相间条纹表示( )。
    A. 禁止与提示消防设备、设施位置的安全信号
    B. 危险位置的安全信号
    C. 指令的安全标记,传递必须遵守规定的信息
    D. 安全环境的安全标记

30. 发光标志的动态视认距离应不小于( )。
    A. 110m   B. 160m   C. 210m   D. 260m

31. 反光膜的表层一般选用( )。
    A. 透光性良好的普通玻璃   B. 透光性良好的钢化玻璃
    C. 透光性良好的去铅玻璃   D. 透光性良好的树脂薄膜

32. 微棱镜型反光膜结构中,其棱镜( )。
    A. 没有空气层   B. 有 1 个空气层
    C. 有 2 个空气层   D. 有 3 个空气层

33. 逆反射系数的单位为( )。
    A. $cd \cdot lx^{-1} \cdot m^{-2}$ B. $cd \cdot lm^{-1}/m^{-2}$
    C. $cd \cdot lm^{-2}/m^2$ D. $cd \cdot lx^{-2}/m^{-2}$

34. 透镜埋入式玻璃珠型结构通常用于制作( )。
    A. 工程级反光膜   B. 高强级反光膜
    C. 超强级反光膜   D. 大角度反光膜

35. 可用于永久性交通标志的反光膜类型为( )。
    A. Ⅰ~Ⅱ类反光膜   B. Ⅰ~Ⅲ类反光膜
    C. Ⅰ~Ⅳ类反光膜   D. Ⅰ~Ⅴ类反光膜

36. 逆反射系数为( )。
   A. R_A = 发光强度系数/试样表面面积   B. R_A = 发光强度/试样表面面积
   C. R_A = 发光亮度系数/试样表面面积   D. R_A = 发光亮度/试样表面面积

37. 发光强度系数的单位为( )。
   A. $cd \cdot lx^{-1}$ B. $cd \cdot lx^{-2}$ C. $lm \cdot lx^{-1}$ D. $lm \cdot lx^{-2}$

38. 反光膜如不具备旋转均匀性时,制造商应( )。
   A. 沿其逆反射系数值较大方向做出基准标记
   B. 沿其逆反射系数值较小方向做出基准标记
   C. 沿其逆反射系数值平均值方向做出基准标记
   D. 沿其逆反射系数值最大值方向做出基准标记

39. 在Ⅰ类逆反射系数R_A值表中,最小逆反射系数值要求最低的颜色为( )。
   A. 绿色   B. 白色   C. 棕色   D. 蓝色

40. 在Ⅰ类逆反射系数R_A值表中,最小逆反射系数值要求最高的颜色为( )。
   A. 绿色   B. 白色   C. 棕色   D. 蓝色

41. 白色在色品图的( )。
   A. 右下   B. 左下   C. 中间   D. 左上

42. 反光膜背胶在附着性能试验5min后的剥离长度不应大于( )。
   A. 5mm   B. 10mm   C. 15mm   D. 20mm

43. 反光膜收缩性能试验后,任何一边的尺寸在10min内,其收缩不应超过( )。
   A. 0.5mm   B. 0.8mm   C. 1.0mm   D. 1.5mm

44. 反光膜收缩性能试验后,任何一边的尺寸在24h内,其收缩不应超过( )。
   A. 2.5mm   B. 3.0mm   C. 3.2mm   D. 3.5mm

45. Ⅰ类和Ⅱ类反光膜的抗拉荷载值不应小于( )。
   A. 16N   B. 20N   C. 24N   D. 28N

46. 耐候性能试验后反光膜光度色度指标的测试角为( )。
   A. 观测角为0.1°,入射角为 -4°、15°和30°
   B. 观测角为0.2°,入射角为 -4°、15°和30°
   C. 观测角为0.5°,入射角为 -4°、15°和30°
   D. 观测角为1.0°,入射角为 -4°、15°和30°

47. 耐候性能试验后,Ⅳ反光膜逆反射系数R_A值不应低于( )。
   A. 规范值的50%   B. 规范值的65%
   C. 规范值的80%   D. 规范值的90%

48. 反光膜耐弯曲性能的试样尺寸为( )。
   A. 150mm × 70mm   B. 150mm × 150mm
   C. 230mm × 70mm   D. 230mm × 150mm

49. 反光膜收缩性能的试样尺寸为( )。
   A. 100mm × 100mm   B. 150mm × 150mm
   C. 200mm × 200mm   D. 230mm × 230mm

50. 反光膜收缩性能试验时,测其试样尺寸变化的时间在防粘纸去除后( )。
    A.5min 和 12h   B.10min 和 12h   C.10min 和 24h   D.30min 和 48h
51. 反光膜防粘纸可剥离性能的试样尺寸为( )。
    A.10mm×100mm   B.15mm×100mm
    C.20mm×150mm   D.25mm×150mm
52. 反光膜防粘纸可剥离性能试验时的环境温度与时间为( )。
    A.60℃±2℃的空间里放置2h   B.65℃±2℃的空间里放置2h
    C.65℃±2℃的空间里放置2h   D.70℃±2℃的空间里放置4h
53. 反光膜耐盐雾腐蚀性能试验时,箱内温度保持在( )。
    A.25℃±2℃   B.30℃±2℃   C.35℃±2℃   D.40℃±2℃
54. 反光膜耐盐雾腐蚀性能试验时,试样在盐雾空间连续暴露时间为( )。
    A.72h   B.96h   C.120h   D.144h
55. 反光膜耐高低温性能试验,低温时的温度和持续时间为( )。
    A.-25℃±3℃,保持48h   B.-30℃±3℃,保持48h
    C.-35℃±3℃,保持72h   D.-40℃±3℃,保持72h

二、判断题

1. 标志板面普通材料色红色的亮度因数要求≥0.07。 ( )
2. 耐候性能试验时,合成树脂类板材的标志底板自然暴露时间为两年、人工加速老化试验时间为1200h。 ( )
3. 标志板下缘至路面净空高度用经纬仪、全站仪或尺测量,每块板测3点。 ( )
4. 标志板面普通材料色白色的亮度因数要求≥0.75。 ( )
5. 标志板立柱的竖直度允许偏差为3mm/m。 ( )
6. 标志板基础顶面平整度允许偏差为4mm。 ( )
7. 标志基础尺寸允许偏差为(+100mm,-50mm)。 ( )
8. 为保证视认性,同一地点需要设置两个以上标志时,可安装在1个支撑结构(支撑)上,但最多不应超过4个。 ( )
9. 标志底板、滑槽、立柱、横梁、法兰盘等大型构件,其镀锌量不低于600g/m²。 ( )
10. 采用单一热浸镀锌处理时,标志底板、滑槽、立柱、横梁、法兰盘等大型构件,其镀锌量不低于600g/m²。 ( )
11. 标志板面普通材料色黑色的亮度因数要求≥0.03。 ( )
12. 太阳能供电组合式发光标志由底板、主动发光单元、壳体、逆反射材料、驱动控制电路、太阳电池组件、蓄电池组、充放电控制电路等组成。 ( )
13. 反光膜的基层多为树脂有机化合物制成的薄膜。 ( )
14. 透镜埋入型是将玻璃珠直接埋入透明树脂里。 ( )
15. 密封胶囊型的反光层是直接涂在玻璃珠上的。 ( )
16. 微棱镜型反光膜没有光线的折射。 ( )
17. 微棱镜型反光膜所有光线都从微棱镜的3个面反射出去。 ( )

18. 微棱镜型反光膜结构中,其棱镜上面和下面都有一个空气层。（ ）
19. Ⅱ类反光膜通常为透镜埋入式玻璃珠型结构,称超工程级反光膜。（ ）
20. Ⅳ类反光膜通常为微棱镜型结构,称超强级反光膜,使用寿命一般为10年。（ ）
21. 参考轴为起始于参考中心,垂直于被测试样反射面的直线。（ ）
22. 照明轴为连接参考中心和光源中心的直线。（ ）
23. 观测角 α 为照明轴与观测轴之间的夹角。（ ）
24. 逆反射系数为平面逆反射表面上的发光强度系数 R 除以它的表面面积的商。（ ）
25. 发光强度系数 R 为逆反射体在观察方向的发光强度 I 除以投向逆反射体且落在垂直于入射光方向的平面内的光照度 $E_\perp$ 的商。（ ）
26. 反光膜的光度性能以逆反射系数表述。（ ）
27. 在Ⅰ类逆反射系数 R_A 值表中,最小逆反射系数值要求最低的颜色为白色。（ ）
28. 反光膜白天的色度性能指标有色品坐标和亮度因数。（ ）
29. 反光膜夜间的色度性能指标有色品坐标。（ ）
30. 反光膜背胶附着性能试验后,在5min后的剥离长度不应大于20mm。（ ）
31. Ⅰ类和Ⅱ类反光膜的抗拉荷载值不应小于24N。（ ）
32. 逆反射体的基准轴为从逆反射体中心发出,垂直于逆反射体轴的一条射线。（ ）
33. 用于高等级道路时,道路交通标志板材料宜采用牌号为5A02 O、5052-O 或相近性能的其他牌号的铝合金板材。（ ）
34. 《道路交通标志板及支撑件》(GB/T 23827—2021)相比于2009年版,增加了型式检验和出厂检验项目表。（ ）
35. 耐候性能试验后,Ⅰ类反光膜逆反射系数 R_A 值不应低于规范值的80%。（ ）
36. 标志的外部照明光源的显色指数 R_a 不应低于80。（ ）

三、多项选择题

1. 道路交通反光膜逆反射系数为(   )。
   A. R_A = 发光强度系数/试样表面面积　　B. R_A = 发光强度/试样表面面积
   C. R_A = 发光亮度系数/试样表面面积　　D. R_A = 发光亮度/试样表面面积
2. 标志照明应满足以下(   )要求。
   A. 采用白色光源
   B. 保证工作正常、稳定
   C. 内部照明标志应根据板面大小、所受风力等进行结构设计
   D. 夜间具有150m以上的视认距离
3. 外部照明标志的照明光源不应造成眩目,且应满足以下(   )要求。
   A. 光源的显色指数 R_a 不应低于80
   B. 照度应均匀,最大照度与最小照度之比应小于4
   C. 如果闪烁,闪烁频率宜为50～60次/min
   D. 在夜间具有150m以上的视认距离
4. 反光膜产品用于人工加速老化试验的试验箱,其监控的参数包括(   )。

A. 湿度　　　　B. 温度　　　　C. 辐照度　　　　D. 时间

5. 标志板耐盐雾腐蚀性能试验的要点有(　　)。
   A. 将氯化钠和蒸馏水配制成5%±0.1%的盐溶液,盐雾箱内温度保持在35℃±2℃
   B. 将150mm×150mm的试样放入箱内,其受试面与垂直方向成30°,相邻两试样水平间距不少于75mm
   C. 试样在盐雾箱内连续暴露168h
   D. 取出试样,用流动水轻轻洗,再用蒸馏水漂洗,于标准环境条件下恢复2h检查试样

6. 同块标志板的底板和板面所用材料不具有相容性,其损坏因素有(　　)。
   A. 热膨胀系数　　B. 电化学作用　　C. 恒定磁场作用　　D. 静电作用

7. 反光型标志板粘贴面膜无法避免接缝时,应(　　)。
   A. 使用面膜产品的最大宽度进行拼接
   B. 应为上搭下
   C. 重叠部分不应小于5mm
   D. 距标志板边缘5cm之内,不得有贯通的拼接缝

8. 标志板样品需要经历的环境试验有(　　)。
   A. 耐盐雾腐蚀性能试验　　　　B. 耐高低温性能试验
   C. 耐候性能试验　　　　　　　D. 耐酸雨试验

9. 交通标志结构尺寸的测试有(　　)。
   A. 外形尺寸　　B. 铆接间距　　C. 板厚、壁厚　　D. 孔径

10. 交通标志中,金属材料的材料性能测试所测试的量值主要有(　　)。
    A. 屈服强度　　B. 伸长率　　C. 抗拉强度　　D. 疲劳强度

11. 需检测的标志板面(非反光型)色度性能指标有(　　)。
    A. 色品坐标　　B. 亮度因数　　C. 反射系数　　D. 眩光系数

12. 标志板耐高低温性能试验的温度控制为(　　)。
    A. 低温-30℃±3℃,该温度下保持48h　　B. 低温-40℃±3℃,该温度下保持72h
    C. 高温60℃±3℃,该温度下保持48h　　D. 高温70℃±3℃,该温度下保持24h

13. 人工加速老化试验要点有(　　)。
    A. 试样的尺寸取65mm×100mm
    B. 试样的尺寸取65mm×142mm
    C. 按照《塑料　实验室光源暴露试验方法　第2部分:氙弧灯》(GB/T 16422.2—1999)的规定进行试验
    D. 合成树脂类板材须经过1200h试验

14. 标志板面与标志底板的附着性能试验试样尺寸为(　　)。
    A. 反光膜试样150mm×25mm　　　　B. 反光膜试样200mm×25mm
    C. 标志底板试样150mm×50mm　　　D. 标志底板试样200mm×50mm

15. 标志板面油墨与反光膜的附着性能试验要点有(　　)。
    A. 用丝网印刷的方法
    B. 面积不小于200mm×200mm

C. 面积不小于 200mm×300mm

D. 按照《凹版塑料油墨检验方法 附着牢度检验》(GB/T 13217.7—2009)的规定进行测试

16. 标志板耐盐雾腐蚀性能试验溶液为( )。

A. 化学纯的氯化钠溶于蒸馏水

B. 分析纯的氯化钠溶于蒸馏水

C. 配制成质量比为 5%±0.1% 的盐溶液

D. 配制成质量比为 10%±0.1% 的盐溶液

17. 标志板耐盐雾腐蚀性能试验箱内温度和试样为( )。

A. 保持 35℃±2℃   B. 保持 40℃±2℃

C. 150mm×150mm 的试样   D. 200mm×200mm 的试样

18. LED 主动发光道路交通标志按环境温度适用等级分为( )。

A. A 级：-20~+55℃   B. B 级：-40~+50℃

C. C 级：-55~+45℃   D. D 级：-65~+40℃

19. 发光道路交通标志电气强度试验要求为( )。

A. 电源接线端子与机壳之间施加频率 50Hz、1500V 正弦交流电

B. 历时 1min

C. 应无火花、闪络和击穿现象

D. 漏电电流不大于 5mA

20. 反光膜的反射层有( )。

A. 微小玻璃珠层   B. 微棱镜层

C. 金属反光镀层   D. 微小玻璃柱层

21. 密封胶囊型反光膜的特点是( )。

A. 反光层直接涂在玻璃珠上

B. 反光层直接涂在面层上

C. 比透镜埋入型产品有更高的反光亮度

D. 空气层解决了膜结构内、外的温差问题

22. 公路交通用反光膜一般是由( )等多层不同的物质组成的膜结构物体。

A. 表层   B. 功能层   C. 承载层   D. 胶黏层

23. 反光膜在白天表现的各种颜色为( )。

A. 逆反射色   B. 昼间色   C. 表面色   D. 色温

24. Ⅰ 类反光膜的特点是( )。

A. 被称为工程级反光膜   B. 使用寿命一般为 7 年

C. 通常为透镜埋入式玻璃珠型结构   D. 用于永久性交通标志和作业区设施

25. Ⅴ 类反光膜的特点是( )。

A. 被称为大角度反光膜

B. 使用寿命一般为 10 年

C. 通常为微棱镜型结构

D.用于永久性交通标志、作业区设施和轮廓标

26. Ⅰ类反光膜逆反射系数 R_A 值表中观测角有( )。
   A.0.2°　　　B.0.5°　　　C.1°　　　D.1.5°

27. Ⅰ类反光膜逆反射系数 R_A 值表中每个观测角对应的入射角有( )。
   A.-4°　　　B.1°　　　C.15°　　　D.30°

28. 反光膜抗冲击性能试验后,在受到冲击的表面以外,不应出现( )。
   A.裂缝　　　B.层间脱离　　　C.老化　　　D.破碎

29. 反光膜耐弯曲性能试验后,表面不应( )。
   A.裂缝　　　B.剥落　　　C.层间分离　　　D.断裂

30. 自然暴露或人工加速老化试验后,反光膜应无明显的( )。
   A.裂缝、皱折　　　　　　B.刻痕、凹陷
   C.气泡、侵蚀、剥离　　　D.粉化或变形

31. 反光膜性能试验中,试样是150mm×150mm的试验为( )。
   A.抗冲击性能　　B.光度性能　　C.色度性能　　D.耐高低温性能

32. 反光膜性能试验中,试样是25mm×150mm的试验为( )。
   A.耐盐雾腐蚀性能　　　　B.抗拉荷载
   C.耐溶剂性能　　　　　　D.耐候性能

33. 反光膜耐溶剂性能试验中将试样分别浸没在( )。
   A.汽油中10min　B.汽油中20min　C.乙醇中1min　D.乙醇中10min

34. 反光膜耐盐雾腐蚀性能试验中盐溶液及温度条件为( )。
   A.5.0%±0.1%(质量比)的盐溶液且在盐雾试验箱内连续雾化
   B.5.0%±0.1%(体积比)的盐溶液且在盐雾试验箱内连续雾化
   C.箱内温度保持35℃±2℃
   D.箱内温度保持50℃±2℃

35. 反光膜自然暴露试验要点包括( )。
   A.试样尺寸不小于150mm×150mm
   B.安装在至少高于地面0.8m的暴晒架面上
   C.试样面朝正南方,与水平面成当地的纬度角或45°±1°
   D.试样开始暴晒后,每个月做1次表面检查,半年后,每3个月检查1次

36. 反光膜要求做的机械性能试验有( )。
   A.抗冲击性能　　B.耐弯曲性能　　C.抗拉荷载　　D.抗剪荷载

四、综合题

1. 根据《道路交通标志板及支撑件》(GB/T 23827—2021)回答下列问题。
(1)道路交通标志板按光学特性分为( )。
   A.非逆反射式　　B.逆反射式　　C.照明式　　D.发光式
(2)标志底板材料可采用( )。
   A.铝合金板　　　　　　　B.铝合金挤压型材

C. 钢板 D. 合成树脂类板材

(3) 同一块标志板上，标志底板和标志板面所采用的各种材料应具有相容性，材料相互之间不应有（   ）。

A. 电化学作用 B. 不同的热膨胀系数
C. 其他化学反应 D. 电磁反应

(4) 标志板面为反光膜时，拼接应符合以下（   ）要求。

A. 当粘贴面膜无法避免接缝时，应按面膜相同的基准标记方向拼接
B. 拼接分为搭接和平接；搭接时宜为水平接缝，且应为上搭下；平接时宜为垂直接缝，接缝间隙不应超过1mm
C. 玻璃珠型反光膜重叠部分不小于5mm，微棱镜型反光膜重叠部分不应小于30mm
D. 距标志板边缘5cm之内，不应有贯通的拼接缝

(5) 标志板出厂检验项目有（   ）。

A. 外观质量 B. 钢构件防腐层质量
C. 标志板面色度性能 D. 标志板面光度性能

2. 试回答LED主动发光道路交通标志性能检验项目的问题。

(1) 发光道路交通标志型式检验的项目有（   ）。

A. 材料要求、基本要求、外观质量、色度性能、调光功能
B. 视认性能、绝缘电阻、电气强度、安全接地、电源适应性
C. 电气指标要求、结构稳定性、耐低温性能、耐高温性能、耐湿热性能
D. 耐机械振动性能、耐盐雾腐蚀性能、耐候性能、防护等级、可靠性

(2) 发光道路交通标志出厂检验不做的检验项目有（   ）。

A. 电气强度、结构稳定性 B. 耐机械振动性能、耐盐雾腐蚀性能
C. 耐候性能 D. 可靠性

(3) 发光道路交通标志出厂检验必做的检验项目有（   ）。

A. 材料要求、基本要求、外观质量 B. 色度性能、调光功能、视认性能
C. 绝缘电阻、安全接地 D. 电源适应性、电气指标要求

(4) 发光道路交通标志出厂检验选做的检验项目有（   ）。

A. 耐低温性能 B. 耐高温性能 C. 耐湿热性能 D. 防护等级

(5) 正常批量生产时，发光标志型式检验的周期为（   ）。

A. 半年一次 B. 每年一次 C. 两年一次 D. 三年一次

3. 拟对某批Ⅲ类白色反光膜做耐候性能试验，请回答相关问题。

(1) 自然暴露或人工加速老化后，反光膜应无明显的（   ）。

A. 裂缝、皱折 B. 刻痕、凹陷
C. 气泡、侵蚀、剥离 D. 粉化或变形

(2) 耐候性能试验后，反光膜任何一边出现的收缩均不得超过（   ）。

A. 0.5mm B. 0.6mm C. 0.8mm D. 1.0mm

(3) 耐候性能试验后，逆反射系数、色品坐标及亮度因数的测试角为（   ）。

A. 观测角为0.1°，入射角为－4°、15°和30°

B. 观测角为 0.2°,入射角为 −4°、15°和 30°

C. 观测角为 0.5°,入射角为 −4°、15°和 30°

D. 观测角为 1.0°,入射角为 −4°、15°和 30°

(4)试验前,反光膜的逆反射系数 $R_A = 210\text{cd} \cdot \text{lx}^{-1} \cdot \text{m}^{-2}$(观测角 0.2°、入射角 15°),试验后的 R'_A(观测角 0.2°、入射角 15°)应为(　　)才合格。

  A. $105\text{cd} \cdot \text{lx}^{-1} \cdot \text{m}^{-2}$ B. $137\text{cd} \cdot \text{lx}^{-1} \cdot \text{m}^{-2}$

  C. $168\text{cd} \cdot \text{lx}^{-1} \cdot \text{m}^{-2}$ D. $189\text{cd} \cdot \text{lx}^{-1} \cdot \text{m}^{-2}$

(5)测得色品坐标 $X = 0.285$,$Y = 0.320$;亮度因数为 0.28,该膜是否合格(　　)。

注:有效白色区域的四个角点坐标为 $P_1(0.350,0.360)$,$P_2(0.305,0.315)$,$P_3(0.295,0.325)$,$P_4(0.340,0.370)$。

  A. 色品坐标不合格   B. 色品坐标合格

  C. 亮度因数不合格   D. 亮度因数合格

4. 试回答反光膜耐候性能试验的问题。

(1)耐候性能试验的试验时间为(　　)。

  A. Ⅰ类自然暴露 24 个月;人工加速老化 1200h

  B. Ⅲ类自然暴露 36 个月;人工加速老化 1800h

  C. Ⅴ类自然暴露 36 个月;人工加速老化 1800h

  D. Ⅵ、Ⅶ类自然暴露 45 个月;人工加速老化 3000h

(2)自然暴露试验的要点是(　　)。

  A. 将尺寸不小于 150mm×250mm 的试样安装在至少高于地面 0.8m 的暴晒架面上

  B. 试样面朝正南方,与水平面成当地的纬度角或 45°±1°

  C. 试样开始后,每个月做 1 次表面检查,半年后,每 3 个月检查 1 次,直至达到规定的暴晒期限

  D. 以自然暴露试验为仲裁试验

(3)人工加速老化试验的光源和试验箱内环境为(　　)。

  A. 氙弧灯   B. 高压汞灯

  C. 黑板温度选择 65℃±3℃   D. 相对湿度选择 50%±5%

(4)老化试验箱的辐照功率为(　　)。

  A. 光谱波长 290~800nm 之间的辐照度为 550W/m²

  B. 光谱波长 800~1330nm 之间的辐照度为 700W/m²±50W/m²

  C. 在光谱波长 290~1870nm 之间的总辐照度不超过 850W/m²±70W/m²

  D. 在光谱波长 290~2450nm 之间的总辐照度不超过 1000W/m²±100W/m²

(5)试验过程为(　　)。

  A. 采用连续光照,周期性喷水,喷水周期为 120min,其中 18min 喷水、102min 不喷水

  B. 采用连续光照,周期性喷水,喷水周期为 120min,其中 28min 喷水、92min 不喷水

  C. 采用连续光照,周期性喷水,喷水周期为 240min,其中 40min 喷水、200min 不喷水

  D. 采用连续光照,周期性喷水,喷水周期为 240min,其中 60min 喷水、180min 不喷水

5. 根据《道路交通标志和标线　第 2 部分:道路交通标志》(GB 5768.2—2022)回答下列

标志的问题。

(1)道路交通标志应符合以下( )原则。
　　A.满足道路使用者需求　　　　　　　　B.引起道路使用者关注
　　C.传递明确、简洁的含义　　　　　　　D.获得道路使用者的遵从
(2)道路交通标志的颜色有( )。
　　A.红色、蓝色、绿色、白色　　　　　　B.黄色、荧光黄色、荧光黄绿色
　　C.棕色、橙色、荧光橙色　　　　　　　D.粉红色、荧光粉红色、黑色
(3)有路缘石的道路,路侧标志下边缘距路缘石顶面的高度符合以下( )要求。
　　A. 一般为 150～250cm
　　B. 小型车比例较大的道路不宜小于120cm
　　C. 路侧有行人时应不小于210cm
　　D. 有非机动车时应不小于230cm
(4)标志外部照明将光源安装于其外部下前方或其他适当位置照亮标志面,要求如下( )。
　　A.照明光源的显色指数 R_a 不应低于80
　　B.标志面上的照度应均匀,最大照度与最小照度之比应小于4
　　C.在夜间具有150m以上的视认距离
　　D.外部照明光源不应造成眩目
(5)除另有规定外,标志安装时板面垂直于行车方向,视实际情况调整其水平或俯仰角度( )。
　　A.标志安装应避免标志板面对驾驶人造成的眩光
　　B.禁令标志、指示标志与垂直于行车水平方向成0°～10°或30°～45°
　　C.其他标志与垂直于行车水平方向成0°～10°
　　D.路上方标志的板面宜面向来车俯仰0°～15°

习题参考答案及解析

一、单项选择题

1. C
【解析】《道路交通标志和标线 第2部分:道路交通标志》(GB 5768.2—2022)4.3.1。
2. C
3. A
4. C
5. A
6. C
7. B

【解析】《道路交通标志板及支撑件》(GB 23827—2021)6.3.2。

8. B

【解析】《道路交通标志和标线 第2部分：道路交通标志》(GB 5768.2—2022)4.8.16。

9. B

【解析】GB 5768.2—2022 中4.4。正八边形：用于禁令标志中的停车让行标志；倒等边三角形：用于禁令标志中的减速让行标志；圆形：用于禁令标志和指示标志；正等边三角形：用于警告标志；叉形：用于"叉形符号"警告标志；矩形（长方形和正方形）：用于指路标志、旅游区标志、告示标志和辅助标志，以及部分禁令标志、指示标志和警告标志等。

10. C

【解析】《道路交通标志和标线 第2部分：道路交通标志》(GB 5768.2—2022)4.8.9。

11. B

【解析】《道路交通标志和标线 第2部分：道路交通标志》(GB 5768.2—2022)4.8.16。

12. B

【解析】《道路交通标志和标线 第2部分：道路交通标志》(GB 5768.2—2022)4.8.9。

13. D

14. B

15. C

16. C

【解析】《公路交通安全设施设计细则》(JTG/T D81—2017)4.5.5。

17. D

18. C

【解析】《公路工程质量检验评定标准 第一册 土建工程》(JTG F80/1—2017)11.2.2。

19. C

20. B

21. B

22. D

23. B

24. A

【解析】《道路交通标志板及支撑件》(GB/T 23827—2021)7.2.1。

25. B

26. C

27. B

【解析】《道路交通标志板及支撑件》(GB/T 23827—2021)5.4.1。

28. A

【解析】《道路交通标志板及支撑件》(GB/T 23827—2021)5.5。此新规中，除对黑色的亮度因数有要求外，对其他颜色的亮度因数不作要求。

29. B

30. C

31. D	32. C	33. A	34. A	35. D
36. A	37. A	38. A	39. C	40. B
41. C	42. D	43. B	44. C	45. C
46. B	47. C	48. C	49. D	50. C
51. D	52. D	53. C	54. C	55. D

二、判断题

1. ×

【解析】《道路交通标志板及支撑件》(GB/T 23827—2021)5.5。新规范仅对黑色亮度因数要求小于0.03外,对其他颜色的亮度因数均不作要求。

2. √

【解析】《道路交通标志板及支撑件》(GB/T 23827—2021)6.11。

3. ×

【解析】每块板测2点。《公路工程质量检验评定标准 第一册 土建工程》(JTG F80/1—2017)11.2.2。

4. ×

【解析】《道路交通标志板及支撑件》(GB/T 23827—2021)5.5。新规范仅对黑色亮度因数要求小于0.03,对其他颜色的亮度因数均不作要求。

5. √

【解析】《公路工程质量检验评定标准 第一册 土建工程》(JTG F80/1—2017)11.2.2。

6. √

【解析】《公路工程质量检验评定标准 第一册 土建工程》(JTG F80/1—2017)11.2.2。

7. √

【解析】《公路工程质量检验评定标准 第一册 土建工程》(JTG F80/1—2017)11.2.2。

8. √
9. √
10. √
11. ×

【解析】应为≤0.03。

12. √
13. √
14. √
15. √

16. √	17. √	18. √	19. √	20. √

21. √
22. √
23. √
24. √

25. √

【解析】《道路交通反光膜》(GB/T 18833—2012)3.12。

26. √

27. ×

【解析】应为棕色。

28. √

29. √

30. √

31. √

32. √

【解析】《道路交通反光膜》(GB/T 18833—2012)3.5。

33. √

【解析】《道路交通标志板及支撑件》(GB/T 23827—2021)5.4.1。

34. √

【解析】《道路交通标志板及支撑件》(GB/T 23827—2021)7.1.1。

35. ×

【解析】R_A值不应低于规范值的50%。《道路交通反光膜》(GB/T 18833—2012)5.14。

36. √

【解析】《道路交通标志和标线 第2部分：道路交通标志》(GB 5768.2—2022)4.8.16。

三、多项选择题

1. A

【解析】《道路交通反光膜》(GB/T 18833—2012)3.13。

2. ABCD

【解析】《道路交通标志和标线 第2部分：道路交通标志》(GB 5768.2—2022)4.8.16。

3. ABCD

【解析】《道路交通标志和标线 第2部分：道路交通标志》(GB 5768.2—2022)4.8.16。

4. ABCD

【解析】《道路交通反光膜》(GB/T 18833—2012)6.15.3。

5. ABD

【解析】试样在盐雾箱内连续暴露120h。《道路交通标志板及支撑件》(GB/T 23827—2021)6.9。

6. ABD

【解析】恒定磁场不会在金属表面形成感应电势，故不对所用材料的相容性产生影响。

7. ABCD

8. ABC

9. ABC

10. ABC

11. AB	12. BD	13. BCD	14. BD	15. ACD
16. AC	17. AC	18. ABC	19. ABCD	20. ABC

21. ABCD

22. ABCD

【解析】公路交通用反光膜一般是由表层(保护膜)、反射层(功能层)、基层(承载层)、胶黏层和底层(保护层)等多层不同的物质组成的膜结构物体。

23. BC

【解析】《道路交通反光膜》(GB/T 18833—2012)5.4.1。

24. ABCD

【解析】《道路交通反光膜》(GB/T 18833—2012)4.2。

25. ABCD

26. ABC	27. ACD	28. ABD	29. ABCD	30. ABCD

31. ABCD

32. BC

33. AC

34. AC

35. BCD

【解析】不小于 150mm×250mm。

36. ABC

【解析】《道路交通反光膜》(GB/T 18833—2012)5.5~5.10。

四、综合题

1.(1)BCD	(2)ABCD	(3)ABC	(4)ABCD	(5)ABCD

【解析】(1)《道路交通标志板及支撑件》(GB/T 23827—2021)4。

(2)《道路交通标志板及支撑件》(GB/T 23827—2021)5.1.4。

(3)《道路交通标志板及支撑件》(GB/T 23827—2021)5.2.1。

(4)《道路交通标志板及支撑件》(GB/T 23827—2021)5.2.4。

(5)《道路交通标志板及支撑件》(GB/T 23827—2021)7.1.1。

2.(1)ABCD	(2)ABCD	(3)ABCD	(4)ABCD	(5)B
3.(1)ABCD	(2)C	(3)B	(4)CD	(5)AD

【解析】(1)~(3)《道路交通反光膜》(GB/T 18833—2012)5.14。

(4)查《道路交通反光膜》(GB/T 18833—2012)表10得,Ⅲ类膜试验后的最小逆反射系数为试验前的80%,故 $R'_A \geq 80\% \times R_A = 168(\text{cd} \cdot \text{lx}^{-1} \cdot \text{m}^{-2})$。

(5)因 $X=0.285 \leq X_3=0.295$(白色标点的 $X_{\min}$),故色品坐标不合格;又查表亮度因数标准值为≥0.27,实测值0.28大于标准值,故亮度因数合格。见《道路交通反光膜》(GB/T 18833—2012)表8。

4.(1)ABC	(2)ABCD	(3)ACD	(4)AD	(5)A

【解析】《道路交通反光膜》(GB/T 18833—2012)6.15。

5.(1)ABCD (2)ABCD (3)ABCD (4)ABCD (5)ABCD

【解析】(1)《道路交通标志和标线 第2部分:道路交通标志》(GB 5768.2—2022)4.1.2。

(2)《道路交通标志和标线 第2部分:道路交通标志》(GB 5768.2—2022)4.3.1。

(3)《道路交通标志和标线 第2部分:道路交通标志》(GB 5768.2—2022)4.8.11。

(4)《道路交通标志和标线 第2部分:道路交通标志》(GB 5768.2—2022)4.8.16。

(5)《道路交通标志和标线 第2部分:道路交通标志》(GB 5768.2—2022)4.8.9。

第七章 道路交通标线及材料

复习提示

本章引用的标准有《道路交通标志和标线 第3部分：道路交通标线》（GB 5768.3—2009）、《道路交通标线质量要求和检测方法》（GB/T 16311—2024）、《路面标线涂料》（JT/T 280—2022）、《路面防滑涂料》（JT/T 712—2008）、《路面标线用玻璃珠》（GB/T 24722—2020）。

习题

一、单项选择题

1. 虚线标线的闪现率在(　　)时效果最好。
   A. 2.0~2.2 次/s 之间 B. 2.4~2.6 次/s 之间
   C. 2.8~3.0 次/s 之间 D. 3.0~3.2 次/s 之间

2. 热熔型涂料标线中内含玻璃珠质量与标线材料质量百分比应不低于(　　)。
   A. 20%　　　B. 30%　　　C. 40%　　　D. 50%

3. 热熔型涂料标线中总有机物质量与标线材料质量百分比应不低于(　　)。
   A. 5%　　　B. 9%　　　C. 15%　　　D. 19%

4. 热熔型涂料标线重金属铅、镉、铬、汞、砷、锑含量均应(　　)。
   A. ≤50mg/kg　　B. ≤100mg/kg　　C. ≤150mg/kg　　D. ≤200mg/kg

5. 标线的宽度允许误差为(　　)。
   A. 0~2mm　　　B. 0~4mm　　　C. 0~5mm　　　D. 0~8mm

6. 正常使用期间的黄色反光标线的逆反射亮度系数不应低于(　　)。
   A. 50mcd·m^{-2}·lx^{-1}　　　B. 60mcd·m^{-2}·lx^{-1}
   C. 70mcd·m^{-2}·lx^{-1}　　　D. 80mcd·m^{-2}·lx^{-1}

7. 新施划的非雨夜Ⅳ级白色反光标线的逆反射亮度系数不应低于(　　)。
   A. 150mcd·m^{-2}·lx^{-1}　　　B. 300mcd·m^{-2}·lx^{-1}
   C. 450mcd·m^{-2}·lx^{-1}　　　D. 600mcd·m^{-2}·lx^{-1}

8. 新施划的非雨夜Ⅳ级黄色反光标线的逆反射亮度系数不应低于(　　)。
   A. 100mcd·m^{-2}·lx^{-1}　　　B. 200mcd·m^{-2}·lx^{-1}

C. 350mcd·m^{-2}·lx^{-1} D. 400mcd·m^{-2}·lx^{-1}

9. 热熔型路面标线涂料施划于路面时,物理冷却固化时间一般为(   )。
   A. 1min 内   B. 1.5min 内   C. 2min 内   D. 3min 内

10. 热熔突起振动标线的突起部分高度为(   )。
    A. 1~5mm   B. 2~6mm   C. 3~7mm   D. 4~8mm

11. 热熔型路面标线涂料熔料温度一般在(   )。
    A. 200℃以上   B. 230℃以上   C. 250℃以上   D. 280℃以上

12. 标线湿膜涂层厚度检测仪器为(   )。
    A. 涂层测厚仪   B. 湿膜厚度梳规
    C. 标线厚度测量块   D. 塞规

13. 标线色度性能亮度因数、色品坐标检测仪器为(   )。
    A. 分光计   B. 色彩色差计   C. 色卡   D. 光谱分析仪

14. 反光型、突起型双组分路面标线涂料中预混玻璃珠含量(质量百分比)应(   )。
    A. ≥20%   B. ≥25%   C. ≥30%   D. ≥35%

15. 潮汐车道线由(   )组成。
    A. 两条白色虚线并列   B. 两条黄色虚线并列
    C. 两条橙色虚线并列   D. 两条蓝色虚线并列

16. 下列为横向警告标线的是(   )。
    A. 路面(车行道)宽度渐变段标线   B. 接近障碍物标线
    C. 铁路平交道口标线   D. 减速标线

17. 双组分路面标线涂料是一种(   )。
    A. 化学反应型路面标线涂料   B. 生物化学反应型路面标线涂料
    C. 物理反应型路面标线涂料   D. 原子反应型路面标线涂料

18. 双组分路面标线涂料不粘胎干燥时间小于(   )。
    A. 20min   B. 25min   C. 30min   D. 35min

19. 水性路面标线涂料不粘胎干燥时间小于(   )。
    A. 15min   B. 20min   C. 25min   D. 30min

20. 水性路面标线涂料干膜厚度一般控制在(   )之间。
    A. 0.2~0.5mm   B. 0.2~0.8mm   C. 0.2~1.0mm   D. 0.2~1.5mm

21. 中折射率玻璃珠,其折射率为(   )。
    A. $1.40 \leq RI < 1.90$ B. $1.50 \leq RI < 1.90$
    C. $1.60 \leq RI < 1.90$ D. $1.70 \leq RI < 1.90$

22. 1号玻璃珠最大粒径为(   )。
    A. 700μm   B. 750μm   C. 800μm   D. 850μm

23. 3号玻璃珠最大粒径为(   )。
    A. 212μm   B. 245μm   C. 289μm   D. 312μm

24. 玻璃珠成圆率不小于(   )。
    A. 70%   B. 75%   C. 80%   D. 85%

25. 粒径在850~600μm范围内玻璃珠的成圆率不应小于(　　)。
    A.65%　　　　B.70%　　　　C.75%　　　　D.80%
26. 玻璃珠的密度范围应在(　　)之间。
    A.2.0~3.9g/cm³　　　　　　　　B.2.4~4.6g/cm³
    C.2.8~4.7g/cm³　　　　　　　　D.3.2~5.1g/cm³
27. 玻璃珠耐水性要求中,对3号玻璃珠,中和所用0.01mol/L盐酸应在(　　)以下。
    A.5mL　　　　B.10mL　　　　C.15mL　　　　D.20mL
28. 玻璃珠中磁性颗粒的含量不得大于(　　)。
    A.0.1%　　　　B.0.2%　　　　C.0.3%　　　　D.0.5%
29. 溶剂型路面标线涂料中填料占涂料总质量的(　　)。
    A.30%~40%　　B.40%~50%　　C.50%~60%　　D.60%~70%
30. 增加涂料流动性的涂料助剂为(　　)。
    A.分散剂　　　B.防沉剂　　　C.流平剂　　　D.增塑剂
31. 成膜过程为化学变化过程的涂料是(　　)。
    A.热熔型涂料　B.溶剂型涂料　C.水性涂料　　D.双组分涂料
32. 测试遮盖率的仪器是(　　)。
    A.色彩色差计　B.色度因数仪　C.色品坐标仪　D.光谱分析仪
33. 测试耐碱性不用的仪器是(　　)。
    A.量杯　　　　B.烧杯　　　　C.天平　　　　D.电子秒表
34. 根据《路面标线用玻璃珠》(GB/T 24722—2020),以下不属于路面标线用玻璃珠技术要求的是(　　)。
    A.粒径分布　　B.色度性能　　C.耐水性　　　D.折射率
35. 折射率为1.20<RI<1.50的玻璃珠是(　　)。
    A.低折射率玻璃珠　　　　　　　B.中折射率玻璃珠
    C.高折射率玻璃珠　　　　　　　D.折射率不合格玻璃珠
36. 反光型、突起型热熔型路面标线涂料中,预混玻璃珠含量(质量百分比)应(　　)。
    A.≥20%　　　B.≥25%　　　C.≥30%　　　D.≥35%
37. 反光型水性路面标线涂料中,预混玻璃珠含量(质量百分比)应(　　)。
    A.≥20%　　　B.≥25%　　　C.≥30%　　　D.≥35%

二、判断题

1. 非雨夜Ⅰ级白色反光标线初始逆反射亮度系数应大于150mcd·m⁻²·lx⁻¹。(　　)
2. 《道路交通标线质量要求和检测方法》(GB/T 16311—2024)适用于道路上施划交通标线的质量要求和检测。(　　)
3. 标线材料色定义术路面标线涂料形成道路交通标线涂层后,其上撒布面撒玻璃珠后标线材料表面的普通色。(　　)
4. 逆反射色为在夜间条件下,即采用A光源照射时,从接近入射光方向所观测到的逆反

射光的颜色。 ( )
5. 已成型标线的干膜厚度应按《道路交通标线质量要求和检测方法》(GB/T 16311—2024)附录 A 或使用符合要求的标线厚度测量仪、数显卡尺进行测量。 ( )
6.《路面标线涂料》(JT/T 280—2022)增加了橙色、灰色、绿色、红色、蓝色、紫色、棕色涂料颜色。 ( )
7. 雨夜黄色反光标线连续降雨时,初始逆反射亮度系数应大于 $75\mathrm{mcd}\cdot\mathrm{m}^{-2}\cdot\mathrm{lx}^{-1}$。 ( )
8. 道路交通标线虚线的实线段和间隔的长度与车辆行驶速度直接相关。 ( )
9. 标线虚线的闪现率在 2.8~3.0 次/s 之间时效果最好。 ( )
10. 有突起型效果的标线涂料是热熔型和水性涂料。 ( )
11.《路面标线涂料》(JT/T 280—2022)增加了溶剂型、水性路面标线涂料"人工加速耐候性"技术要求。 ( )
12. 普通热熔型路面标线涂料按施工方式划分,包括刮涂型、喷涂型和甩涂型三种。 ( )
13. 热熔普通型路面标线涂料按施工方式划分,包括刮涂型、喷涂型和甩涂型三种。 ( )
14. 纵向标线的线宽最大值可达 30cm。 ( )
15. 标线表面的抗滑性能一般应不低于所在路段路面的抗滑性能。 ( )
16. 5m 长标线的长度允许误差为 ±25mm。 ( )
17. 白色立面反光标志干燥时初始逆反射亮度系数应大于 $400\mathrm{mcd}\cdot\mathrm{m}^{-2}\cdot\mathrm{lx}^{-1}$。 ( )
18. 黄色立面反光标志干燥时初始逆反射亮度系数应大于 $350\mathrm{mcd}\cdot\mathrm{m}^{-2}\cdot\mathrm{lx}^{-1}$。 ( )
19. 通常情况下双组分反光型道路交通标线在其施工时面撒玻璃珠。 ( )
20. 热熔型路面标线的干膜厚度为 0.7~2.5mm。 ( )
21. 热熔型路面标线涂料施划于路面时由于物理冷却固化,一般 3min 内即可通车。 ( )
22. 热熔型路面标线涂料熔料温度一般在 200℃ 以上。 ( )
23. 车辆行驶方向可随交通管理需要进行变化的车道称为潮汐车道。 ( )
24. 可变导向车道线用于指示导向方向随需要可变的导向车道的位置。 ( )
25. 路面(车行道)宽度渐变段标线用以警告车辆驾驶员路宽或车道数变化,应谨慎行驶,并禁止超车,标线颜色为白色。 ( )
26. 热熔型标线涂料通常使用的热塑性树脂有松香树脂和 C9 石油树脂等。 ( )
27. 双组分路面标线涂料主剂的成膜物质包括环氧树脂、聚氨酯树脂和 MMA(PMMA)型树脂等几种类型。 ( )
28. 双组分路面标线涂料不粘胎干燥时间小于 35min。 ( )
29. 水性路面标线涂料固体含量高、挥发性有机化合物(VOC)含量低、对玻璃珠有很好的附着力、反光效果好、涂膜耐磨和抗滑性能好、重涂简单、施工效率高。 ( )
30. 水性路面标线涂料不粘胎干燥时间小于 5min。 ( )
31. 遮盖力为使得路面标线涂料所涂覆物体表面不再能透过涂膜而显露出来的能力。 ( )
32. 遮盖率为路面标线涂料在相同条件下,分别涂覆于亮度因数不超过 5% 的黑色底板上

和亮度因数不低于80%的白色底板上的遮盖力之比。（　　）
33. 遮盖力用亮度因数来描述，遮盖力与亮度因数成反比。（　　）
34. 玻璃珠防水涂层试验要求所有玻璃珠应通过漏斗而无停滞现象。（　　）
35. 玻璃珠中磁性颗粒的含量不得大于0.1%。（　　）
36. 玻璃珠可分为面撒玻璃珠和预混玻璃珠两种。（　　）
37. 玻璃珠折射率通常用浸液法和二次彩虹法测试，试验结果有异议时，以二次彩虹法试验结果为准。（　　）
38. 外观要求玻璃珠应为无色松散球状，清洁无明显杂物。在显微镜或投影仪下，玻璃珠应为无色透明的球体，光洁圆整，玻璃珠内无明显气泡或杂质。（　　）
39. 有缺陷的玻璃珠如椭圆形珠和杂质等的质量应小于玻璃珠总质量的20%。（　　）
40. 玻璃珠成圆率不小于80%。（　　）
41. 玻璃珠的密度应在2.4～4.3g/cm³的范围内。（　　）
42. 根据《路面标线用玻璃珠》(GB/T 24722—2020)规定，1号、2号玻璃珠成圆率不小于80%，其中1号玻璃珠粒径在850～600μm范围内玻璃珠的成圆率不应小于75%。（　　）

三、多项选择题

1. 《路面标线涂料》(JT/T 280—2022)更改的热熔型路面标线涂料技术要求为流动度和(　　)。
   A. 软化点　　　　　　　　B. 不粘胎干燥时间
   C. 抗压强度　　　　　　　D. 加热稳定性
2. 《路面标线涂料》(JT/T 280—2022)更改的溶剂型路面标线涂料技术要求为(　　)。
   A. 黏度　　　　　　　　　B. 不粘胎干燥时间
   C. 耐磨性　　　　　　　　D. 抗压强度
3. 标线按材料类型分为溶剂型涂料标线、热熔型涂料标线和(　　)。
   A. 水性涂料标线　　　　　B. 双组分涂料标线
   C. 预成形标线带标线　　　D. 其他材料标线
4. 标线按功能分为反光标线、突起(振动)标线和(　　)。
   A. 抗裂标线　　　　　　　B. 抗滑标线
   C. 自排水标线　　　　　　D. 其他功能标线
5. 水性涂料标线厚度(DF)测量范围为(　　)。
   A. 0.2mm≤DF≤1.8mm　　B. 0.2mm≤DF≤2.0mm
   C. 0.3mm≤WF≤2.0mm　　D. 0.3mm≤WF≤2.5mm
6. 标线湿膜厚度测试方法为(　　)。
   A. 将厚度0.3mm以上，面积为300mm×500mm且光亮平整的金属片放置在路面将要划制标线的始端或终端处
   B. 划线机划过后，立即将湿膜厚度梳规垂直插入涂在金属片上的标线湿膜中
   C. 稳定地保持3s，然后垂直提出，观察涂料覆盖湿膜厚度梳规齿格的位置并读出相应数值

D. 在涂层的四角距涂层边缘 20mm 处读出四个数,取其算术平均值作为 1 个数据

7. 标线湿膜厚度测试方法为( )。
   A. 将厚度 0.3mm 以上,面积为 300mm×500mm 且光亮平整的金属片放置在路面将要划制标线的始端或终端处
   B. 划线机划过后,把已覆盖有标线涂料的金属片取出
   C. 等待 5~10min 后,用分度值不大于 0.01mm 的游标卡尺测量金属片上四角距涂层边缘 20mm 处四点的厚度
   D. 减去已测量的金属片厚度即为涂层干膜厚度,取其算术平均值,测得 1 个数据

8. 测量突起(振动)标线的突起高度的要求有( )。
   A. 测量块的厚度为 15m
   B. 测量块的槽口深度为 9mm
   C. 将标线厚度测量块紧靠在标线侧边
   D. 用塞尺测量标线厚度测量块槽口与标线之间的间隙,并求出标线突起高度

9. 标线厚度最小值超过 0.5mm 的标线类型有( )。
   A. 热熔反光型和热熔普通型涂料标线 B. 热熔突起振动标线
   C. 双组分涂料标线 D. 预成形标线带标线

10. 热熔标线施划按施工方式可分为( )。
    A. 热熔刮涂 B. 热熔喷涂 C. 热熔甩涂 D. 热熔滚涂

11. 《路面标线涂料》(JT/T 280—2022)在溶剂型涂料性能要求遮盖率 Z 为( )。
    A. 白色 >95% B. 黄色 >80% C. 绿色 >55% D. 红色 >35%

12. 双组分涂料标线按其施工方式划分为( )。
    A. 喷涂型 B. 刮涂型 C. 滚涂型 D. 甩涂型

13. 水性普通型路面标线涂料的施工方式为( )。
    A. 低压有气喷涂 B. 高压无气喷涂 C. 刮涂 D. 滚涂

14. 标线干膜涂层厚度检测采用( )。
    A. 涂层测厚仪 B. 塞规
    C. 标线厚度测量块 D. 百分尺

15. 《路面标线涂料》(JT/T 280—2022)增加的双组分路面标线涂料技术要求为( )。
    A. 凝胶时间 B. 遮盖率 C. 总有机物含量 D. 耐热变形性

16. 道路交通标线按标线用途可分为非反光标线、反光标线和( )。
    A. 突起振动标线 B. 防滑标线 C. 雨夜标线 D. 其他标线

17. 立面标记用以提醒驾驶员注意车行道或近旁有高出路面的构造物,( )。
    A. 一般应涂至距路面 2.5m 以上的高度 B. 标线为黄黑相间的倾斜线条
    C. 斜线倾角为 45°,线宽均为 15cm D. 设置时应把向下倾斜的一边朝向车行道

18. 标线亮度因数为( )。
    A. 黄色 ≥0.27 B. 橙色 ≥0.14 C. 红色 ≥0.07 D. 蓝色 ≥0.10

19. 《路面标线涂料》(JT/T 280—2022)增加的热熔型路面标线涂料技术要求为( )。
    A. 原材料 B. 耐热变形性 C. 总有机物含量 D. 耐酸性

20. 热熔型路面标线涂料的特点为(　　)。
   A. 常温下呈固体粉末状态　　　　　　B. 施工时加热至 180～220℃
   C. 3min 内冷却凝固成固体附着于路面　D. 以热塑性树脂为主要成膜物质

21. 热熔型路面标线涂料通常使用的热塑性树脂有(　　)。
   A. 松香树脂　　　B. C5 石油树脂　　　C. C9 石油树脂　　　D. 氯丁树脂

22. 双组分路面标线涂料的特点为(　　)。
   A. 是一种化学反应型路面标线涂料
   B. 由主剂(A 组分)和固化剂(B 组分)组成
   C. 主剂常温下为液态
   D. 干膜厚度一般控制在 0.4～1.5mm 之间

23. 根据《路面标线用玻璃珠》(GB/T 24722—2020)规定,以下关于 1 号低折射率玻璃珠的说法,正确的有(　　)。

   A. 宜用作双组分、水性、热熔型路面标线涂料的面撒玻璃珠
   B. 使用折射率 1.5 的标准浸液,观测结果如右图所示,此玻璃珠折射率小于 1.5
   C. 测得玻璃珠成圆率为 75%,成圆率结论为不合格
   D. 玻璃珠的密度为 2.5g/cm³,密度指标结论为合格

24. 1 号玻璃珠粒径 S 分布及所占质量百分比正确的有(　　)。
   A. $S<106\mu m$,含量为 0%～5%
   B. $106\mu m<S<300\mu m$,含量为 10%～40%
   C. $300\mu m<S<600\mu m$,含量为 30%～75%
   D. $600\mu m<S<850\mu m$,含量为 15%～30%

25. 水性路面标线涂料是一种新型的环保涂料,其优点为(　　)。
   A. 固体含量高、VOC 含量低　　　B. 对玻璃珠有很好的附着力
   C. 涂膜耐磨和抗滑性能好　　　　D. 重涂简单、施工效率高

26. 水性路面标线涂料的特点为(　　)。
   A. 施工成本介于溶剂型涂料和热熔型涂料之间
   B. 采用喷涂方式施工
   C. 不粘胎干燥时间小于 15min
   D. 干膜厚度一般控制在 0.2～0.5mm 之间

27. 遮盖率(Z)为(　　)。
   A. 涂覆于亮度因数不超过 5% 的黑色底板上的路面标线涂料的遮盖力 C_L
   B. 涂覆于亮度因数不低于 80% 的白色底板上的路面标线涂料的遮盖力 C_H

C. $Z = C_L/C_H$

D. $Z = C_H/C_L$

28. 标线涂料增加颜色有(　　)。
    A. 橙色、灰色　　　B. 红色、蓝色　　　C. 绿色、紫色　　　D. 棕色、黑色

29. 根据《路面标线用玻璃珠》(GB/T 24722—2020)规定,2号玻璃珠粒径S分布及所占质量百分比正确的有(　　)。

    A. $S > 600\mu m$,含量为0%

    B. $300\mu m < S \leq 600\mu m$,含量为50%~90%

    C. $150\mu m < S \leq 300\mu m$,含量为5%~50%

    D. $S \leq 150\mu m$,含量为0%~5%

30. 用浸液法测试玻璃珠折射率时,常用的20℃时液体的折射率分别为(　　)。

    A. 凡士林油1.470　　　　　　　　B. 柏木油1.510

    C. 溴苯1.560　　　　　　　　　　D. 二碘甲烷1.655

31. 标线用玻璃珠的技术要求有(　　)。

    A. 外观要求、粒径分布　　　　　　B. 成圆率、密度

    C. 折射率、耐水性　　　　　　　　D. 磁性颗粒含量和防水涂层要求

32. 玻璃珠成圆率技术要求为(　　)。

    A. 玻璃珠成圆率不小于70%

    B. 有缺陷的玻璃珠质量应小于玻璃珠总质量的20%

    C. 玻璃珠成圆率不小于80%

    D. 粒径在850~600μm范围内玻璃珠的成圆率不应小于70%

33. 玻璃珠的折射率分为(　　)玻璃珠。
    A. 低折射率　　　B. 中折射率　　　C. 高折射率　　　D. 超高折射率

34. 玻璃珠耐水性要求为(　　)。

    A. 在沸腾的水浴中加热后,玻璃珠表面不应呈现发雾现象

    B. 1号和2号玻璃珠,中和所用0.01mol/L盐酸应在10mL以下

    C. 2号玻璃珠,中和所用0.01mol/L盐酸应在12mL以下

    D. 3号玻璃珠,中和所用0.01mol/L盐酸应在15mL以下

35. 各种典型的涂料助剂有(　　)。

    A. 防沉剂、润湿剂、分散剂　　　　B. 消泡剂、催干剂、流平剂

    C. 增塑剂、杀菌防腐剂　　　　　　D. 紫外线吸收剂、防结皮剂

四、综合题

1. 试回答下列道路交通标线工程质量检验评定问题。

(1)《公路工程质量检验评定标准　第一册　土建工程》(JTG F80/1—2017)中,交通标线应符合的基本要求为(　　)。

　　A. 交通标线施划前路面应清洁、干燥、无起灰

　　B. 交通标线涂料应符合现行《路面标线涂料》(JT/T 280)和《路面标线用玻璃珠》

（GB/T 24722）的规定

  C. 交通标线的颜色形状和位置应符合现行《道路交通标志和标线》（GB 5768）的规定并满足设计要求

  D. 反光标线玻璃珠应撒布均匀，施划后标线无起泡、剥落现象

（2）标线实测项目有标线线段长度、标线宽度、标线厚度、标线横向偏移和（　　）。

  A. 标线纵向间距　　　　　　　　B. 标线逆反射亮度系数

  C. 标线脱落面积　　　　　　　　D. 抗滑值（BPN）

（3）标线实测项目的关键项目有（　　）。

  A. 标线厚度　　　　　　　　　　B. 抗滑值（BPN）

  C. 标线逆反射亮度系数　　　　　　D. 标线脱落面积

（4）《公路工程质量检验评定标准　第一册　土建工程》（JTG F80/1—2017）新增的检测项目为（　　）。

  A. 标线厚度　　　　　　　　　　B. 抗滑值（BPN）

  C. 标线逆反射亮度系数　　　　　　D. 标线脱落面积

（5）标线厚度的测试仪器和频率为（　　）。

  A. 标线厚度测试仪　　　　　　　　B. 卡尺

  C. 每 1km 测 3 处，每处测 6 点　　　D. 每 1km 测 3 处，每处测 9 点

2. 根据《道路交通标线质量要求和检测方法》（GB/T 16311—2024），回答试验取样相关问题。

（1）热熔型涂料标线内含玻璃珠、热熔型涂料标线总有机物含量、热熔型涂料标线重金属含量试验取样方法为（　　）。

  A. 纵向标线测量范围不大于 10km 时，以整个测量范围为一个检测单位，在标线的起点、终点及中间位置，选取三个 100m 为核查区域；测量范围大于 10km 时，取每 10km 为一个检测单位，选取三个 100m 为核查区域（该条简称：2024 标线新规 6.1.1.a）

  B. 横向标线及其他标线以每 1500m² 标线面积为一个检测单位，从每个检测单位中选取三个有代表性的图形、字符或人行横道线为核查区域（该条简称：2024 标线新规 6.1.1.b）

  C. 在每个核查区域内的车道中心线、车道分界线、车道边缘线等位置，以随机方式选取 1 个测试点取样，采用钻芯取样机取样（试样直径 5~15cm）或手工方法取样一组

  D. 钻芯取样每个检测单位共取样六组，每组取样数量应满足测试需要

（2）外形尺寸检测取样方法为（　　）。

  A. 2024 标线新规 6.1.1.a

  B. 2024 标线新规 6.1.1.b

  C. 在每个核查区域内的车道中心线、车道分界线，以随机方式选取 3 个测试点取样，每个测试点取得 6 个数据

  D. 在每个核查区域内的车道中心线、车道分界线，以随机方式选取 3 个测试点取样，每个测试点取得 3 个数据

（3）标线厚度试验取样方法为（　　）。

A.2024 标线新规 6.1.1.a

B.2024 标线新规 6.1.1.b

C.在每个核查区域内的车道中心线、车道分界线、车道边缘线等位置,以随机方式选取 3 个测试点取样,每个测试点测得 6 个数据

D.在每个核查区域内的车道中心线、车道分界线、车道边缘线等位置,以随机方式选取 3 个测试点取样,每个测试点测得 3 个数据

(4)标线光度性能试验取样方法为(　　)。

A.2024 标线新规 6.1.1.a

B.2024 标线新规 6.1.1.b

C.在每个核查区域内的车道中心线、车道分界线、车道边缘线等位置,以随机方式选取 3 个测试点取样,每个测试点测得 6 个数据

D.在每个核查区域内的车道中心线、车道分界线、车道边缘线等位置,以随机方式选取 3 个测试点取样,每个测试点测得 9 个数据

(5)标线抗滑性能试验取样方法为(　　)。

A.2024 标线新规 6.1.1.a

B.2024 标线新规 6.1.1.b

C.在每个核查区域内的车道中心线、车道分界线、车道边缘线等位置,以随机方式选取 3 个测试点取样,每个测试点测得 3 个数据

D.在每个核查区域内的车道中心线、车道分界线、车道边缘线等位置,以随机方式选取 3 个测试点取样,每个测试点测得 6 个数据

3.根据《道路交通标线质量要求和检测方法》(GB/T 16311—2024),回答标线光度性能实测相关问题。

(1)标线光度性能实测时待测标线选择为(　　)。

A.应沿行车方向,双车道路面中心线、车道分界线、车道边缘线等进行测试

B.双车道路面中心

C.车道分界线

D.车道边缘线

(2)Ⅰ型标线初始逆反射亮度系数实测时测试样品选择和条件为(　　)。

A.应在标线施划 48h 后、7d 内进行,去除标线表面多余的玻璃珠之后测试

B.测试环境温度应在 10~40℃范围内,相对湿度应不大于 85%

C.便携式标线逆反射测量仪,观测角为 1.05°、入射角为 88.76°条件测试

D.Ⅰ型反光标线逆反射亮度系数的测试应在标线表面干燥状态下进行

(3)Ⅱ型反光标线逆反射亮度系数潮湿条件下测试步骤为(　　)。

A.打开便携式逆反射标线测量仪开关,预热 10min

B.在 3~5s 内将 3L 洁净水均匀倾倒在标线待测试区域

C.停止洒水后 45s 测量逆反射亮度系数

D.每个测试点测得 9 个数据,取算术平均值作为测试结果

(4)Ⅱ型反光标线逆反射亮度系数连续降雨条件下测试步骤为(　　)。

A.将人工连续降雨模拟喷淋装置置于标线表面,确保降雨区域和测试区域一致

B.连续降雨环境箱尺寸(长×宽×高)为 610mm×400mm×810mm

C.打开人工连续降雨模拟喷淋装置,使雨水完全浸润湿透测试标线

D.保持连续降雨的状态,开始测量,每隔 10s,记录测量数据,连续 6 次

(5)Ⅱ型反光标线逆反射亮度系数连续降雨条件下测试步骤为(　　)。

A.测得逆反射系数无明显增大或减小趋势时,即认为逆反射亮度系数达到稳定

B.若 2min 之内没有达到稳定状态,测试失效

C.待达到稳定状态后,开始记录测量数据,每隔 10s 连续记录 6 次数据

D.注意便携式逆反射标线测量仪测试前应预热 10min 之上

4.试回答下列反光标线逆反射亮度系数实测检验评定问题。

(1)逆反射亮度系数实测按标线用途可分为(　　)。

　　A.非雨夜反光标线　　　　　　　　B.雨夜反光标线

　　C.非立面反光标线　　　　　　　　D.立面反光标线

(2)非雨夜反光标线分级为(　　)。

　　A.甲、乙、丙、丁　　　　　　　　B.1、2、3、4、5

　　C.Ⅰ、Ⅱ、Ⅲ、Ⅳ　　　　　　　　D.A、B、C、D、E

(3)非雨夜白色反光标线最高级别的逆反射亮度系数为(　　)。

　　A.≥175mcd·m^{-2}·lx^{-1}　　　　　　B.≥225mcd·m^{-2}·lx^{-1}

　　C.≥450mcd·m^{-2}·lx^{-1}　　　　　　D.≥650mcd·m^{-2}·lx^{-1}

(4)雨夜反光标线逆反射亮度系数的检测环境为(　　)。

　　A.室内标准环境　　B.干燥　　　　C.潮湿　　　　D.连续降雨

(5)标线逆反射亮度系数的测试仪器和频率为(　　)。

　　A.标线逆反射测试仪　　　　　　　B.干湿表面逆反射标线测试仪

　　C.每 1km 测 3 处,每处测 6 点　　　D.每 1km 测 3 处,每处测 9 点

5.根据《路面标线涂料》(JT/T 280—2022),回答下列水性路面标线涂料检测的问题。

(1)水性路面标线涂料类型为(　　)。

　　A.普通型　　　B.反光型　　　C.突起型　　　D.二次加热型

(2)其预混玻璃珠含量为(　　)。

　　A.普通型含量应不低于 25%　　　　B.反光型含量应不低于 30%

　　C.突起型含量应不低于 30%　　　　D.二次加热型含量应不低于 35%

(3)其有害物质限量要求为(　　)。

　　A.VOC(挥发性有机化合物)含量≤50g/kg

　　B.铅(Pb)和镉(Cd)含量均≤100g/kg

　　C.铬(Cd)和汞(Hg)含量均≤100g/kg

　　D.砷(As)和锑(Sb)含量均≤100g/kg

(4)其施工成型方法有(　　)。

　　A.喷涂　　　　B.刮涂　　　　C.甩涂　　　　D.滚涂

(5)其色度性能试验方法为(　　)。

A. 用300μm的湿膜涂布器涂布于200mm×150mm×5mm水泥石棉板长边中心处,涂成一条与水泥石棉板短边平行、宽度为80mm的带状涂层
　　B. 冷却至室温取出放置24h
　　C. 用D_{65}光源45°/0°色度计测定其色品坐标和亮度因数
　　D. 取其算术平均值为测试结果

6. 试回答玻璃珠产品的分类和用途的问题。
（1）根据玻璃珠与路面标线涂料的结合方式不同,玻璃珠可分为(　　)。
　　A. 面撒玻璃珠　　　　　　　　　　B. 预混玻璃珠
　　C. 嵌入玻璃珠　　　　　　　　　　D. 底层玻璃珠
（2）玻璃珠根据其折射率不同分为低、中、高三种,其中,中折射率玻璃珠的折射率为(　　)。
　　A. $1.40 \leqslant RI < 1.90$　　　　　　　　B. $1.50 \leqslant RI < 1.90$
　　C. $1.60 \leqslant RI < 1.90$　　　　　　　　D. $1.70 \leqslant RI < 1.90$
（3）玻璃珠根据粒径分布不同分为三个型号。2号玻璃珠最大粒径为(　　)。
　　A. 500μm　　　　B. 550μm　　　　C. 600μm　　　　D. 650μm
（4）2号玻璃珠宜用作(　　)。
　　A. 溶剂型标线涂料的预混玻璃珠　　B. 热熔型标线涂料的预混玻璃珠
　　C. 双组分标线涂料的预混玻璃珠　　D. 水性标线涂料的预混玻璃珠
（5）3号玻璃珠宜用作(　　)。
　　A. 溶剂型标线涂料的面撒玻璃珠　　B. 热熔型标线涂料的面撒玻璃珠
　　C. 双组分标线涂料的面撒玻璃珠　　D. 水性标线涂料的面撒玻璃珠

习题参考答案及解析

一、单项选择题

1. C
2. B
　　【解析】《道路交通标线质量要求和检测方法》(GB/T 16311—2024)5.3.1。
3. D
　　【解析】《道路交通标线质量要求和检测方法》(GB/T 16311—2024)5.4。
4. B
　　【解析】《道路交通标线质量要求和检测方法》(GB/T 16311—2024)5.5。
5. C
　　【解析】《道路交通标线质量要求和检测方法》(GB/T 16311—2024)5.6.1。
6. A
7. C

【解析】《公路工程质量检验评定标准 第一册 土建工程》(JTG F80/1—2017)11.3.2。

8. B

【解析】《公路工程质量检验评定标准 第一册 土建工程》(JTG F80/1—2017)11.3.2。

9. D
10. C
11. A
12. B
13. B
14. C

【解析】《路面标线涂料》(JT/T 280—2022)4。

15. B

【解析】《道路交通标志和标线 第3部分:道路交通标线》(GB 5768.3—2009)4.4。

16. D

【解析】《道路交通标志和标线 第3部分:道路交通标线》(GB 5768.3—2009)6.1。

17. A

【解析】双组分涂料由主剂和固化剂组成。主剂为环氧、聚氨酯等树脂。双组分涂料与其他标线涂料最本质的区别在于其为化学反应固化,而非物理固化。

18. D
19. A
20. A

| 21. D | 22. D | 23. A | 24. C | 25. B |
| 26. B | 27. C | 28. A | 29. A | 30. C |

31. D
32. A
33. C
34. B

【解析】《路面标线用玻璃珠》(GB/T 24722—2020)5。

35. D

【解析】《路面标线用玻璃珠》(GB/T 24722—2020)4.1.2。

36. C

【解析】《路面标线涂料》(JT/T 280—2022)4。

37. C

【解析】《路面标线涂料》(JT/T 280—2022)4。

二、判断题

1. √

【解析】《公路工程质量检验评定标准 第一册 土建工程》(JTG F80/1—2017)11.3.2。

2. ×

【解析】应为"新施划交通标线"。《道路交通标线质量要求和检测方法》(GB/T 16311—2024)1。

3. √

【解析】《道路交通标线质量要求和检测方法》(GB/T 16311—2024)3.1。

4. √

【解析】《道路交通标线质量要求和检测方法》(GB/T 16311—2024)3.2。

5. ×

【解析】《道路交通标线质量要求和检测方法》(GB/T 16311—2024)6.7.2.2。

6. ×

【解析】漏掉黑色涂料颜色。《路面标线涂料》(JT/T 280—2022)5.1.5.2。

7. √

【解析】《公路工程质量检验评定标准 第一册 土建工程》(JTG F80/1—2017)11.3.2。

8. √

9. √

10. ×

【解析】热熔型和双组分。《路面标线涂料》(JT/T 280—2022)4。

11. √

【解析】《路面标线涂料》(JT/T 280—2022)5.1.5.5。

12. ×

【解析】《路面标线涂料》(JT/T 280—2022)删去了普通热熔型路面标线涂料。

13. ×

【解析】《路面标线涂料》(JT/T 280—2022)中删去了热熔普通型路面标线涂料。

14. √

15. √

16. √

17. √

【解析】《公路工程质量检验评定标准 第一册 土建工程》(JTG F80/1—2017)11.3.2。

18. √

【解析】《公路工程质量检验评定标准 第一册 土建工程》(JTG F80/1—2017)11.3.2。

19. √

20. √

21. √

22. √

23. √

【解析】《道路交通标志和标线 第3部分:道路交通标线》(GB 5768.3—2009)4.4。

24. √

【解析】《道路交通标志和标线 第3部分:道路交通标线》(GB 5768.3—2009)4.8.4。

25. ×

【解析】标线颜色为黄色。《道路交通标志和标线 第3部分:道路交通标线》(GB 5768.3—2009)6.2。

26. √
27. √
28. ×

【解析】《路面标线涂料》(JT/T 280—2022)5.4 中改为 60min。

29. √
30. ×

【解析】应为 15min。

31. √
32. √
33. ×

【解析】成正比。

34. √
35. √
36. √
37. ×

【解析】以浸液法试验结果为准。《路面标线用玻璃珠》(GB/T 24722—2020)6.7。

38. √
39. √
40. √
41. √
42. ×

【解析】粒径在 850～600μm 范围内的 1 号玻璃珠的成圆率不应小于 70%。《路面标线用玻璃珠》(GB/T 24722—2020)5.2.1。

三、多项选择题

1. ABCD

【解析】《路面标线涂料》(JT/T 280—2022)5.2。

2. ABC

【解析】《路面标线涂料》(JT/T 280—2022)5.3。

3. ABCD

【解析】《道路交通标线质量要求和检测方法》(GB/T 16311—2024)4.1。

4. ABCD

【解析】《道路交通标线质量要求和检测方法》(GB/T 16311—2024)4.2。

5. AD

【解析】《道路交通标线质量要求和检测方法》(GB/T 16311—2024)5.7。

6. ABCD

【解析】《道路交通标线质量要求和检测方法》(GB/T 16311—2024)6.7.1。

7. ABCD

【解析】《道路交通标线质量要求和检测方法》(GB/T 16311—2024)6.7.2。

8. ABCD

【解析】《道路交通标线质量要求和检测方法》(GB/T 16311—2024)A.3。

9. AB

10. ABC

11. AB

【解析】《路面标线涂料》(JT/T 280—2022)5.3。

12. ABCD

【解析】《路面标线涂料》(JT/T 280—2022)5.1.4。

13. ABCD

【解析】《路面标线涂料》(JT/T 280—2022)5.1.4。

14. ABC

15. AB

【解析】《路面标线涂料》(JT/T 280—2022)5.4。

16. ABCD

17. ABCD

【解析】《道路交通标志和标线 第3部分:道路交通标线》(GB 5768.3—2009)6.6。

18. ABC

【解析】蓝色 >0.05。《路面标线涂料》(JT/T 280—2022)5.1.5.2。

19. ABC

【解析】《路面标线涂料》(JT/T 280—2022)5.2。

20. ABCD

21. ABC

22. ABC

【解析】干膜厚度应控制在 0.4~2.5mm 之间。

23. ACD

【解析】选项 B:玻璃珠折射率等于1.5;选项 C:1号折射率玻璃珠成圆率不小于80%;选项 D:密度要求为 2.4~4.6g/cm³。

24. ABCD

【解析】《路面标线用玻璃珠》(GB/T 24722—2020)4.1.3。

25. ABCD

26. ABCD

27. ABC

28. ABCD

【解析】《路面标线涂料》(JT/T 280—2022)5.1.5.2。

29. ABCD

【解析】《路面标线用玻璃珠》(GB/T 24722—2020)4.1.3。

30. ABC

【解析】二碘甲烷1.755。《路面标线用玻璃珠》(GB/T 24722—2020)6.7。

31. ABD
32. BCD
33. ABC
34. ABD
35. ABCD

四、综合题

1. (1) ABCD   (2) ABD   (3) AC   (4) B   (5) ABC

【解析】《公路工程质量检验评定标准 第一册 土建工程》(JTG F80/1—2017)11.3。

2. (1) ABC   (2) ABD   (3) ABC   (4) ABD   (5) ABC

【解析】(1)取样三组。《道路交通标线质量要求和检测方法》(GB/T 16311—2024) 6.1.1。

(2)《道路交通标线质量要求和检测方法》(GB/T 16311—2024)6.1.2。

(3)《道路交通标线质量要求和检测方法》(GB/T 16311—2024)6.1.3。

(4)《道路交通标线质量要求和检测方法》(GB/T 16311—2024)6.1.5。

(5)《道路交通标线质量要求和检测方法》(GB/T 16311—2024)6.1.6。

3. (1) ABCD   (2) BCD   (3) ABCD   (4) ABCD   (5) ACD

【解析】(1)《道路交通标线质量要求和检测方法》(GB/T 16311—2024)6.9.1。

(2)48h后、30d内进行。《道路交通标线质量要求和检测方法》(GB/T 16311—2024) 6.9.4。

(3)《道路交通标线质量要求和检测方法》(GB/T 16311—2024)6.9.5.4。

(4)《道路交通标线质量要求和检测方法》(GB/T 16311—2024)6.9.5.5。

(5)5min之内。《道路交通标线质量要求和检测方法》(GB/T 16311—2024)6.9.5.5。

4. (1) ABD   (2) C   (3) C   (4) BCD   (5) AD

【解析】(5)《公路工程质量检验评定标准 第一册 土建工程》(JTG F80/1—2017) 11.3.2。

5. (1) AB   (2) B   (3) BCD   (4) ABCD   (5) ABCD

【解析】(1)《路面标线涂料》(JT/T 280—2022)4。

(2)普通型预混玻璃珠含量为0。《路面标线涂料》(JT/T 280—2022)4。

(3)选项A：VOC含量≤100g/kg。《路面标线涂料》(JT/T 280—2022)5.1.3。

(4)《路面标线涂料》(JT/T 280—2022)5.1.4。

(5)《路面标线涂料》(JT/T 280—2022)6.1.9。

6. (1) AB   (2) D   (3) C   (4) BCD   (5) A

【解析】(5)《路面标线用玻璃珠》(GB/T 24722—2020)。

第八章 护 栏

复习提示

本章引用的标准有《波形梁钢护栏》(GB/T 31439.1、31439.2—2015)、《公路交通安全设施设计细则》(JTG/T D81—2017)、《公路交通安全设施设计规范》(JTG D81—2017)、《公路交通工程钢构件防腐技术条件》(GB/T 18226—2015)。

习题

一、单项选择题

1. 路侧的波形梁护栏和混凝土护栏的防护等级为( )。
   A. B、A、SB、SA、SS 五级
   B. C、B、A、SB、SA、SS 六级
   C. C、B、A、SB、SA、SS、HB 七级
   D. C、B、A、SB、SA、SS、HB、HA 八级

2. 公路安全护栏是一种( )。
   A. 横向吸能结构
   B. 纵向吸能结构
   C. 剪切吸能结构
   D. 转矩吸能结构

3. 刚性护栏、半刚性护栏和柔性护栏的划分依据为( )。
   A. 碰撞后的变形程度
   B. 纵向受力情况
   C. 横向受力情况
   D. 转矩受力情况

4. 下列选项中,不属于高速公路路侧波形梁钢护栏的构件为( )。
   A. 立柱
   B. 连接螺栓
   C. 横隔梁
   D. 托架

5. 无防阻块只有托架的安全护栏防护等级为( )。
   A. A
   B. Am
   C. B
   D. SS

6. 立柱尺寸为 $\phi 114mm \times 4.5mm$ 的安全护栏防护等级为( )。
   A. A
   B. Am
   C. B
   D. SS

7. 立柱尺寸为 $\phi 140mm \times 4.5mm$ 的安全护栏防护等级为( )。
   A. A、Am
   B. SA、SAm
   C. SB、SBm
   D. SS

8. 防阻块尺寸最小为 $196mm \times 178mm \times 200mm \times 4.5mm$ 的护栏防护等级为( )。
   A. A
   B. Am
   C. B
   D. SS

9. 使用两波形梁板($310mm \times 85mm \times 3mm$)的安全护栏防护等级为( )。

A. B　　　　　　B. A　　　　　　C. Am　　　　　　D. SBm

10. 使用大型防阻块(350mm×200mm×290mm×4.5mm)的护栏防护等级为( )。
　　A. SB　　　　　B. SA　　　　　C. SBm　　　　　D. SS

11. 与规格为 300mm×200mm×290mm×4.5mm 的防阻块配套使用的钢管立柱为( )。
　　A. φ114mm×4.5mm　　　　　　　B. φ140mm×4.5mm
　　C. φ130mm×130mm×6mm　　　　D. φ100mm×6mm

12. 与规格为 310mm×85mm×3mm 的两波形梁板配套使用的钢管立柱为( )。
　　A. φ114mm×4.5mm　　　　　　　B. φ140mm×4.5mm
　　C. φ130mm×130mm×6mm　　　　D. φ100mm×6mm

13. 三波形梁板的加工采用连续辊压成型,其加工原材料为( )宽的薄钢板。
　　A. 700mm　　　　B. 750mm　　　　C. 800mm　　　　D. 850mm

14. 波形梁板端面切口应垂直,其垂直度公差不得超过( )。
　　A. 10′　　　　　B. 20′　　　　　C. 30′　　　　　D. 50′

15. 4320mm 长的波形梁板的长度允许误差为( )。
　　A. ±1mm　　　　B. ±2mm　　　　C. ±3mm　　　　D. ±5mm

16. 波形梁板端部两排螺孔的中心距允许误差为( )。
　　A. ±0.5mm　　　B. ±0.8mm　　　C. ±1mm　　　　D. ±1.2mm

17. φ114mm 立柱的直径允许误差为( )。
　　A. ±1.04mm　　　B. ±1.14mm　　　C. ±1.24mm　　　D. ±1.34mm

18. 4.5mm 壁厚立柱的壁厚允许误差为( )。
　　A. +0.25mm, -0.15mm　　　　　B. +0.5mm, -0.15mm
　　C. +0.5mm, -0.25mm　　　　　D. +0.5mm, -0.35mm

19. 端头基底金属厚度为 3mm 或 4mm,其厚度的允许偏差为( )。
　　A. 板厚的负公差为 -0.18mm,正公差 0.18~0.5mm
　　B. 板厚的负公差为 -0.1mm,正公差 0.18~0.3mm
　　C. 板厚的负公差为 -0.05mm,正公差 0.18~0.25mm
　　D. 板厚的负公差为 0mm,正公差 0.18~0.2mm

20. 波形梁板、立柱、端头、防阻块、托架等所用基底金属材质为碳素结构钢,其力学性能及化学成分指标应不低于( )牌号钢的要求。
　　A. Q195　　　　　B. Q215　　　　　C. Q235　　　　　D. Q255

21. 波形梁钢护栏的连接螺栓、螺母等用材为碳素结构钢,其抗拉强度不小于( )。
　　A. 275MPa　　　　B. 325MPa　　　　C. 375MPa　　　　D. 425MPa

22. 公称直径 16mm、8.8S 级高强度拼接螺栓连接副抗拉荷载不小于( )。
　　A. 113kN　　　　B. 133kN　　　　C. 153kN　　　　D. 173kN

23. 波形梁护栏外观质量允许有不大于公称厚度( )的轻微凹坑、凸起、压痕、擦伤。
　　A. 3%　　　　　B. 5%　　　　　C. 10%　　　　　D. 15%

24. 表面缺陷允许用修磨方法清理,其整形深度不大于公称厚度的( )。

A. 3% B. 5% C. 10% D. 15%

25. 紧固件、防阻块、托架三点法试验单面最低锌附着量为（　　）。
A. 225g/m² B. 275g/m² C. 325g/m² D. 375g/m²

26. 波形梁板、立柱、端头三点法试验单面平均锌附着量为（　　）。
A. 500g/m² B. 550g/m² C. 600g/m² D. 650g/m²

27. 波形梁板、立柱、端头三点法试验单面最低锌附着量为（　　）。
A. 325g/m² B. 375g/m² C. 425g/m² D. 475g/m²

28. 紧固件、防阻块、托架三点法试验单面平均锌附着量为（　　）。
A. 300g/m² B. 350g/m² C. 400g/m² D. 450g/m²

29. 要求热浸镀锌防腐试样经硫酸铜溶液浸蚀（　　）应不变红。
A. 3次 B. 4次 C. 5次 D. 6次

30. 热浸镀锌防腐试样锌层耐中性盐雾试验后，允许出现腐蚀处为（　　）。
A. 基体钢材的切割边缘 B. 波形梁表面
C. 波形梁背面 D. 防阻块背面

31. 三波形梁板的弯曲度不得大于（　　）。
A. 0.5mm/m B. 1.0mm/m C. 1.5mm/m D. 2.0mm/m

32. 三波形梁板总弯曲度不得大于其定尺长度的（　　）。
A. 0.05% B. 0.10% C. 0.15% D. 0.20%

33. 两波形梁钢护栏 G-F 钢管立柱尺寸（mm）为（　　）。
A. φ114×4.5 B. φ130×4.5 C. φ140×3.5 D. φ140×4.5

34. 波形梁 BB03 调节板尺寸（mm）为（　　）。
A. 4320×310×85×3(4) B. 3820×310×85×3(4)
C. 3320×310×85×3(4) D. 2820×310×85×3(4)

35. 三波形梁板 RTB03-2（钢管立柱或 H 型钢立柱用板）尺寸（mm）为（　　）。
A. 4320×506×85×3(4) B. 3320×506×85×3(4)
C. 2320×506×85×3(4) D. 1520×506×85×3(4)

36. 波形梁标准板 DB01 尺寸（mm）为（　　）。
A. 4320×310×85×3(4) B. 3820×310×85×3(4)
C. 3320×310×85×3(4) D. 2820×310×85×3(4)

二、判断题

1. 跨越大型饮用水源一级保护区和高速铁路的桥梁以及特大悬索桥、斜拉桥等缆索承重桥梁的护栏防护等级宜采用七（HB）级。（　　）

2. 三波形梁钢护栏由三波形梁板、过渡板、立柱、防阻块、横隔梁、端头、拼接螺栓、连接螺栓、加强横梁组成。（　　）

3. B级安全护栏无防阻块，只有托架。（　　）

4. B级安全护栏的立柱尺寸最小为φ114mm×4.5mm。（　　）

5. A、Am级安全护栏的立柱尺寸最小为φ140mm×4.5mm。（　　）

6. A 级安全护栏的防阻块尺寸最小为 196mm×178mm×200mm×4.5mm。（   ）
7. Am 级组合型安全护栏无防阻块,只有横隔梁。（   ）
8. 波形梁钢护栏由波形梁板、立柱、端头、紧固件、防阻块等构件组成。（   ）
9. 护栏端头可分为地锚式和圆头式两种。（   ）
10. 加强横梁由横梁、T 形立柱、套管组成,用于加强护栏结构的上部,起增强护栏整体防护能力作用。（   ）
11. 圆头式端头有 R-160、R-250、R-350（单位为 mm）三种规格。（   ）
12. 规格为 196mm×178mm×200mm×4.5mm 的防阻块用于与 φ140mm 钢管立柱配套使用。（   ）
13. 托架的规格为 300mm×70mm×4.5mm,用于与 φ114mm 钢管立柱配套使用。（   ）
14. 波形梁钢护栏产品的质量要求包括外形尺寸与允许偏差、材料要求、加工要求、外观质量及防腐处理。（   ）
15. 波形梁板的直线度每米不得大于 2.5mm。（   ）
16. 波形梁板的总直线度不得大于波形梁板定尺长度的 0.15%。（   ）
17. 波形梁板端面切口应垂直,其垂直度公差不得超过 30′。（   ）
18. 4320mm 长的波形梁板的长度允许误差为 ±5mm。（   ）
19. φ114mm 立柱的直径允许误差为 ±1.14mm。（   ）
20. 圆头式端头板厚的允许偏差为:负公差为 0mm,正公差为 0.18～0.22mm。（   ）
21. 波形梁板、立柱、端头、防阻块、托架等所用基底金属材质为碳素结构钢,其力学性能及化学成分指标应不低于 Q235 牌号钢的要求。（   ）
22. 连接螺栓、螺母、垫圈、横梁垫片等所用基底金属材质为碳素结构钢,其抗拉强度不小于 475MPa。（   ）
23. 公称直径 16mm、8.8S 级的高强度拼接螺栓连接副抗拉荷载不小于 133kN。（   ）
24. 波形梁板一般宜采用连续辊压成型。（   ）
25. 变截面波形梁板采用液压冷弯成型时,每块波形梁板应一次压制完成。（   ）
26. 波形梁板上的螺栓孔应定位正确,每一端部的所有拼接螺孔应一次冲孔完成。（   ）
27. 护栏的所有构件均应进行金属防腐处理,一般宜采用热浸镀锌方法。（   ）
28. 波形梁钢护栏连接螺栓须进行螺栓终拧扭矩测试,其允许误差值为 ±10%。（   ）
29. 中央分隔带混凝土护栏的防护等级为 Am、SBm、SAm。（   ）
30. 横隔梁用于连接中央分隔带立柱与两侧的护栏。（   ）
31. 镀锌构件的锌层应与基底金属结合牢固,经锤击试验镀锌层不剥离、不凸起。（   ）
32. 三波形梁板的弯曲度不得大于 1.5mm/m。（   ）
33. 三波形梁板的总弯曲度不得大于三波形梁板定尺长度的 0.15%。（   ）
34. 三波形梁钢护栏立柱宜采用方管立柱或 H 型钢立柱。（   ）
35. 方管立柱的弯曲度每米不得大于 2mm。（   ）
36. 方管立柱的总弯曲度不得大于立柱定尺长度的 0.2%。（   ）
37. 方管立柱的壁厚防腐处理前为 4mm。（   ）
38. 方管立柱端面切口应垂直,其垂直度公差不得超过 1°。（   ）

39. 三波形梁板两侧螺孔之间中心轴距（D 值）的允许偏差为 ±1mm。（ ）
40. 三波形梁板等构件热浸镀铝所用的铝应为特一级、特二级、一级铝锭。（ ）
41. 护栏板、立柱、垫板、过渡板、端头单面平均铝层质量为 120g/m²。（ ）
42. 在做波形梁钢护栏原材料力学性能试验时，如果钢材试样没有明显的屈服点，应取规定塑性延伸强度 $R_{p0.5}$ 为参考屈服强度，并在试验报告中注明。（ ）
43. 两波形梁钢护栏由波形梁板、端头、拼接螺栓、连接螺栓、防阻块、托架、横隔梁等构件组成。（ ）

三、多项选择题

1. 公路安全护栏是（   ）。
   A. 横向吸能结构
   B. 通过自体变形吸收碰撞能量
   C. 通过车辆爬高吸收碰撞能量
   D. 改变车辆行驶方向，阻止车辆越出路外或进入对向车道

2. 两波形梁板截面可分为（   ）。
   A. DB01~DB03　　B. DB01~DB05　　C. BB01~BB03　　D. BB01~BB05

3. 护栏端头、防撞垫的防护等级与防护速度对应正确的有（   ）。
   A. 一级，60km/h　　　　　　　　B. 二级，80km/h
   C. 三级，100km/h　　　　　　　D. 三级，120km/h

4. 缆索护栏主要包括（   ）等构件。
   A. 端部结构　　　　　　　　　B. 索体及索端锚具
   C. 中间立柱、托架　　　　　　D. 地下基础

5. 三波形梁护栏立柱宜采用（   ）。
   A. 钢管立柱　　B. 方管立柱　　C. H 型钢立柱　　D. 槽钢立柱

6. 以 10t 重车碰撞速度为 80km/h 为碰撞条件的护栏防护等级有（   ）。
   A. SA、SAm　　B. SB、SBm　　C. A、Am　　D. SS

7. 10t 重车作碰撞动力源的护栏防护等级有（   ）。
   A. B　　B. SB、SBm　　C. A、Am　　D. SA、SAm

8. 防撞性能相同的护栏防护等级有（   ）。
   A. SA 和 SAm　　B. SB 和 SBm　　C. A 和 Am　　D. B 和 SS

9. 立柱尺寸为 $\phi140mm \times 4.5mm$ 的护栏防护等级有（   ）。
   A. A　　B. Am 分设型　　C. Am 组合型　　D. SBm

10. 无防阻块的护栏防护等级有（   ）。
    A. A　　B. Am 分设型　　C. Am 组合型　　D. B

11. 有方形立柱（$\phi130mm \times 130mm \times 6mm$）的护栏防护等级有（   ）。
    A. SB　　B. SA　　C. SS　　D. SBm 和 SAm

12. 既可配方形立柱又可配圆形立柱的护栏防护等级有（   ）。
    A. SB　　B. SA　　C. SS　　D. SBm 和 SAm

13. 使用两波形梁板(310mm×85mm×4mm)的护栏防护等级有(   )。
    A. B   B. A   C. Am 分设型   D. Am 组合型
14. 使用小型防阻块(196mm×178mm×200mm×4.5mm)的护栏防护等级有(   )。
    A. Am 分设型   B. Am 组合型   C. A   D. SB
15. 使用中型防阻块(300mm×200mm×290mm×4.5mm)的护栏防护等级有(   )。
    A. SB   B. SA   C. SBm   D. SAm
16. 护栏钢管立柱的规格及代号为(   )。
    A. φ100mm×4.5mm,G-R   B. φ114mm×4.5mm,G-T
    C. φ140mm×4.5mm,G-F   D. φ140mm×4.5mm,G-H
17. 波形梁钢护栏组成构件有(   )。
    A. 波形梁板   B. 立柱、端头   C. 紧固件   D. 防阻块等
18. 圆头式端头的规格和代号有(   )。
    A. R-160,D-Ⅰ   B. R-250,D-Ⅱ   C. R-350,D-Ⅲ   D. R-450,D-Ⅳ
19. 三波形梁板 506mm×85mm×4mm 单独配钢管立柱(φ130mm×130mm×6mm)对应的防护等级为(   )。
    A. SB   B. SA   C. SBm   D. SAm
20. 波形梁立柱尺寸有(   )。
    A. φ114mm×4.5mm   B. φ140mm×4.5mm
    C. φ130mm×130mm×6mm   D. φ100mm×6mm
21. 三波形梁板(506mm×85mm×4mm)配钢管立柱(φ130mm×130mm×6mm 和 φ102mm×4.5mm)对应的防护等级为(   )。
    A. SB   B. SA   C. SAm   D. SS
22. 规格为 300mm×200mm×290mm×4.5mm 的防阻块对应的防护等级为(   )。
    A. SB   B. SA   C. SAm   D. SBm
23. 三波形梁钢护栏的组成构件有(   )。
    A. 三波形梁板   B. 立柱、防阻块
    C. 三波形梁垫板   D. 端头、紧固件
24. 波形梁钢护栏紧固件用于(   )。
    A. 板与板的拼接   B. 防阻块与立柱的连接
    C. 防阻块与板的连接   D. 端头与板的连接
25. 波形梁护栏热浸镀锌的锌锭应为(   )。
    A. Zn99.95   B. Zn99.99   C. Zn99.995   D. Zn99.999
26. 缆索护栏主要构件包括(   )。
    A. 端部结构   B. 索体及索端锚具
    C. 中间立柱、托架   D. 地下基础
27. 波形梁板形位公差应符合(   )。
    A. 波形梁板的弯曲度每米不得大于 1.5mm
    B. 总弯曲度不得大于波形梁板定尺长度的 0.15%

C. 波形梁板端面切口应垂直,其垂直度公差不得超过30′
D. 圆管的圆度应小于5%

28. 波形梁板截面可分为(　　)。
A. DB 类-1　　　B. DB 类-2　　　C. BB 类-1　　　D. BB 类-2

四、综合题

1. 试回答波形梁护栏的相关问题。
(1)三波形梁钢护栏的组成构件有三波形梁板、立柱、过渡板、加强横梁、连接螺栓及(　　)。
A. 三波形梁背板　　B. 端头　　C. 防阻块　　D. 横隔梁

(2)三波形梁钢护栏中配方管立柱的板型有(　　)。
A. RTB01-1　　B. RTB01-2　　C. RTB02-1　　D. RTB02-2

(3)三波形梁钢护栏中配钢管立柱或 H 型钢立柱的板型有(　　)。
A. RTB01-1　　B. RTB01-2　　C. RTB02-1　　D. RTB02-2

(4)波形梁护栏的材料要求为(　　)。
A. 波形梁板、立柱、端头、防阻块、托架、横隔梁、加强板等所用基底金属材质应为 Q235 牌号碳素结构钢
B. 连接螺栓、螺母、垫圈、横梁垫片等所用基底金属材质为碳素结构钢,其力学性能的主要考核指标为抗拉强度不小于 355MPa
C. 拼接螺栓连接副应为高强度拼接螺栓,其螺栓、螺母垫圈应选用优质碳素结构钢或合金结构钢
D. 高强度拼接螺栓连接副螺杆公称直径为 16mm,拼接螺栓连接副的整体抗拉荷载不小于 133kN

(5)波形梁护栏的防腐处理要求为(　　)。
A. 护栏的所有构件均应进行防腐处理,其防腐层要求应符合现行 GB/T 18226 的规定
B. 对于圆管立柱产品,其内壁防腐质量要求可略低于外壁防腐质量要求
C. 采用热浸镀锌时,镀层的平均厚度与最小厚度之差应不小于平均厚度的25%,最大厚度与平均厚度之差应不小于平均厚度的40%
D. 采用热浸镀锌铝合金时,镀层的平均厚度与最小厚度之差应不小于平均厚度的20%,最大厚度与平均厚度之差应不小于平均厚度的30%

2. 试回答波形梁钢护栏工程质量检验评定标准的问题。
(1)波形梁钢护栏工程质量检验评定基本要求为(　　)。
A. 波形梁钢护栏产品应符合现行《波形梁钢护栏》(GB/T 31439)的规定
B. 护栏立柱、波形梁、防阻块及托架的安装应符合设计和施工的要求
C. 为保证护栏的整体强度,路肩和中央分隔带的土基压实度不应小于设计值的90%
D. 波形梁护栏的端头处理及与桥梁护栏过渡段的处理应满足设计要求

(2)波形梁钢护栏工程质量检验评定实测项目有立柱竖直度、立柱埋置深度和(　　)。
A. 波形梁板基底金属厚度、立柱基底金属壁厚

B. 横梁中心高度、立柱中距
C. 镀(涂)层厚度
D. 螺栓终拧扭矩

(3)波形梁钢护栏工程质量检验评定实测关键项目有(　　)。
　　A. 波形梁板基底金属厚度　　　　　B. 立柱基底金属壁厚
　　C. 横梁中心高度　　　　　　　　　D. 镀(涂)层厚度

(4)波形梁钢护栏工程质量检验评定检测仪器有(　　)。
　　A. 千分尺　　　　　　　　　　　　B. 涂层测厚仪
　　C. 垂线、直尺　　　　　　　　　　D. 扭力扳手

(5)波形梁钢护栏工程质量检验评定外观鉴定项目有(　　)。
　　A. 护栏各构件表面应无漏镀、露铁、擦痕
　　B. 护栏线形应无凹凸、起伏现象
　　C. 梁板搭接正确,垫圈齐备,螺栓紧固,防阻块等安装到位
　　D. 梁板和立柱不得现场焊割和钻孔,立柱及柱帽安装牢固

3.试回答波形梁护栏技术检验的相关问题。

(1)波形梁钢护栏的型式检验项目有外观质量、外形尺寸、材料要求、防腐层厚度、防腐层附着量及(　　)。
　　A. 防腐层均匀性　　　　　　　　　B. 防腐层附着性
　　C. 耐盐雾性能　　　　　　　　　　D. 耐候性能

(2)波形梁钢护栏的出厂检验项目中必检项目有外观质量、外形尺寸、防腐层厚度及(　　)。
　　A. 防腐层附着量　　　　　　　　　B. 防腐层均匀性
　　C. 防腐层附着性　　　　　　　　　D. 耐盐雾性能

(3)型式检验的样品应在生产线终端随机抽取(　　)。
　　A. 3 件　　　　B. 4 件　　　　C. 5 件　　　　D. 6 件

(4)型式检验为每年进行 1 次,如有下列(　　)情况之一时,也应进行型式检验。
　　A. 正式生产过程中如原材料、半成品、工艺有较大改变,可能影响产品性能时
　　B. 产品停产后准备恢复生产时
　　C. 出厂检验结果与上次型式检验有较大差异时
　　D. 订货方提出型式检验时

(5)型式检验判定规则为(　　)。
　　A 如有任一项指标不符合 GB/T 31439.1—2015 的要求,则需重新抽取双倍试样,对该项指标进行复验
　　B. 复验结果仍然不合格时,则判定该次型式检验为不合格
　　C. 复验结果仍然不合格(仅一项)时,则需重新抽取 4 倍试样,对该项指标进行再复验
　　D. 再复验结果仍然不合格时,则判定该次型式检验为不合格

4.某工地到货 DB2 类热浸镀锌波形钢护栏板共 6800 块,试回答下列相关问题。

(1)按 GB/T 2828.1 抽样检验(该类产品前 5 批质量稳定),接收质量限 AQL 为(　　)。

A. 1.0   B. 2.0   C. 3.0   D. 4.0

（2）在对波形梁板做抗拉强度等力学性能试验时，一般在原材卷板上截取，根据《钢及钢产品 力学性能试验取样位置及试验制备》(GB/T 2975—2018)规定，试样制备应满足的要求有(　　)。

A. 在钢板宽度 1/4 处切取   B. 试样不能锤击校平

C. 试样不能气割切取   D. 试样尺寸用机加工方法

（3）根据《公路交通工程钢构件防腐技术条件》(GB/T 18226—2015)规定，板状钢构件的焊接部位、连接件的镀锌构件耐盐雾腐蚀性能时间为(　　)。

A. 120h   B. 144h   C. 168h   D. 200h

（4）进行波形梁钢护栏板原材料力学性能试验时，如果试验未出现明显的屈服点，应采用(　　)作为屈服强度检测结果。

A. 规定塑性延伸强度($R_{p0.2}$)   B. 抗拉强度(R_m)

C. 规定残余延伸强度(R_r)   D. 规定总延伸强度(R_t)

（5）镀锌层厚度合格判定涉及(　　)相关技术指标。

A. 平均镀锌层厚度   B. 最小镀锌层厚度

C. 镀层均匀性   D. 测试结果中数值小于 84μm 的个数

习题参考答案及解析

一、单项选择题

1. D

【解析】原为 B、A、SB、SA、SS 五级。《公路交通安全设施设计规范》(JTG D81—2017) 6.2 和 6.3。

2. B

3. A

4. C

【解析】路侧波形梁钢护栏的构件立柱和连接螺栓是必需的，横隔梁和托架二者须排除 1 个，托架(连接立柱和两波形梁板)也是必需的，故横隔梁不属于高速公路路侧波形梁钢护栏的构件。

5. C

6. C	7. A	8. A	9. A	10. D
11. C	12. A	13. B	14. C	15. D
16. C	17. B	18. C	19. D	20. C
21. C	22. B	23. C	24. C	25. B
26. C	27. C	28. B	29. C	30. A
31. C				

32. C
33. D

【解析】《波形梁钢护栏 第1部分:两波形梁钢护栏》(GB/T 31439.1—2015)3.2.3.1。

34. C

【解析】《波形梁钢护栏 第1部分:两波形梁钢护栏》(GB/T 31439.1—2015)3.2.2。

35. C

【解析】《波形梁钢护栏 第2部分:三波形梁钢护栏》(GB/T 31439.2—2015)3.3.1。

36. A

【解析】《波形梁钢护栏 第1部分:两波形梁钢护栏》(GB/T 31439.1—2015)3.2.2。

二、判断题

1. ×

【解析】宜采用八(HA)级。《公路交通安全设施设计规范》(JTG D81—2017)6.3.2。

2. ×

【解析】漏掉"三波形梁背板"。《波形梁钢护栏 第2部分:三波形梁钢护栏》(GB/T 31439.2—2015)3.2。

3. √
4. √
5. √
6. √
7. √
8. √
9. √
10. √

【解析】《波形梁钢护栏 第2部分:三波形梁钢护栏》(GB/T 31439.2—2015)3.3.10。

11. √
12. √
13. √
14. √
15. ×

【解析】应不大于1.5mm。

16. √   17. √   18. √   19. √   20. √

21. √
22. ×

【解析】应不小于375MPa。

23. √
24. √
25. √

26. √

27. √

28. √

【解析】《公路工程质量检验评定标准 第一册 土建工程》(JTG F80/1—2017)11.4.2。

29. ×

【解析】应为 Am、SBm、SAm、SSm、HBm、HAm。《公路交通安全设施设计细则》(JTG/T D81—2017)。

30. √

【解析】《波形梁钢护栏 第2部分:三波形梁钢护栏》(GB/T 31439.2—2015)3.3.6。

31. √ 32. √ 33. √ 34. √ 35. √

36. √

37. ×

【解析】应为 6mm。

38. √

39. √

40. ×

【解析】应为 Al99.70、Al99.85、Al99.90 铝锭。《公路交通工程钢构件防腐技术条件》(GB/T 18226—2015)。

41. √

42. ×

【解析】应取规定塑性延伸强度 $R_{p0.2}$ 为参考屈服强度,并在试验报告中注明。

43. ×

【解析】漏掉:立柱。《波形梁钢护栏 第1部分:两波形梁钢护栏》(GB/T 31439.1—2015)3.2.1。

三、多项选择题

1. BCD

【解析】选项 A 应为"纵向吸能结构"。

2. BD

【解析】《波形梁钢护栏 第1部分:两波形梁钢护栏》(GB/T 31439.1—2015)3.2.2。

3. ABC

4. ABC

5. ABC

【解析】《波形梁钢护栏 第2部分:三波形梁钢护栏》(GB/T 31439.2—2015)4.2.4。

6. ABD

【解析】A、Am 防护等级的对应速度为 60km/h。

7. ABC

【解析】SA、SAm 防护等级的碰撞重车质量为 14t。

8. ABC

【解析】选项 B 的碰撞能量值为 70kJ,SS 防护等级的碰撞能量值为 520kJ。

9. ABC
10. CD
11. ABCD   12. BCD   13. BCD   14. AC   15. ABCD
16. BC   17. ABCD   18. ABC   19. AC   20. ABC
21. BCD
22. ABCD
23. ABCD
24. ABCD
25. BC

【解析】《公路交通工程钢构件防腐技术条件》(GB/T 18226—2015)6.1.1。

26. ABC

【解析】通常直接打立柱,无地下基础。

27. ABC

【解析】《波形梁钢护栏 第1部分:两波形梁钢护栏》(GB/T 31439.1—2015)4.2.1.4。

28. ABCD

【解析】《波形梁钢护栏 第1部分:两波形梁钢护栏》(GB/T 31439.1—2015)4.2。

四、综合题

1.（1）ABCD （2）AC （3）BD （4）ACD （5）ABC

【解析】(1)《波形梁钢护栏 第2部分:三波形梁钢护栏》(GB/T 31439.2—2015)3.2。

(2)《波形梁钢护栏 第2部分:三波形梁钢护栏》(GB/T 31439.1—2015)3.3.1。

(3)《波形梁钢护栏 第2部分:三波形梁钢护栏》(GB/T 31439.2—2015)3.3.1。

(4)选项B:抗拉强度不小于375MPa。《波形梁钢护栏 第1部分:两波形梁钢护栏》(GB/T 31439.1—2015)4.3。

(5)选项D应和选项C一样。《波形梁钢护栏 第1部分:两波形梁钢护栏》(GB/T 31439.1)4.5。

2.（1）ABD （2）ABD （3）ABC （4）ABCD （5）AB

【解析】(1)《公路工程质量检验评定标准 第一册 土建工程》(JTG F80/1—2017)11.4.1。

(2)镀(涂)层厚度在 JTG F80/1—2017 中已被取消。《公路工程质量检验评定标准 第一册 土建工程》(JTG F80/1—2017)11.4.2。

(3)~(5)《公路工程质量检验评定标准 第一册 土建工程》(JTG F80/1—2017)11.4.2、11.4.3。

3.（1）ABC （2）BC （3）A （4）ABC （5）AB

【解析】(1)《波形梁钢护栏 第1部分:两波形梁钢护栏》(GB/T 31439.1—2015)6.1.1。

(2)《波形梁钢护栏　第1部分：两波形梁钢护栏》(GB/T 31439.1—2015)6.2.3。

(3)《波形梁钢护栏　第1部分：两波形梁钢护栏》(GB/T 31439.1—2015)6.1.2。

(4)《波形梁钢护栏　第1部分：两波形梁钢护栏》(GB/T 31439.1—2015)6.1.3。

(5)选项C、D为多余。《波形梁钢护栏　第1部分：两波形梁钢护栏》(GB/T 31439.1—2015)6.1.4。

4.(1)D　　　(2)ABD　　　(3)C　　　(4)A　　　(5)AC

【解析】(1)AQL≤4.0。《公路交通安全设施质量检验抽样方法》(JT/T 495—2014)。

(2)四个选项分别见 GB/T 2975—2018 中 A.6.1、6.1、B.1、6.1。其中，选项C：可以采用气割，但应留有足够的加工余量。

(3)GB/T 18226—2015 中 6.1.7。

(4)《金属材料　拉伸试验　第1部分：室温试验方法》(GB/T 228.1—2010)13.1。

(5)GB/T 18226—2015 中表1。

第九章 隔离设施

复习提示

本章引用的标准有《隔离栅》(GB/T 26941.1～26941.6—2011)、《公路用复合隔离栅立柱》(JT/T 848—2013)。

习题

一、单项选择题

1. 3mm≤t<6mm 钢板单面平均镀锌层附着量为( )。
   A. 500g/m²(单面)　　　　　　　B. 600g/m²(单面)
   C. 700g/m²(单面)　　　　　　　D. 800g/m²(单面)

2. 隔离栅钢丝镀锌层附着量分级为( )。
   A. Ⅰ～Ⅱ级　　B. Ⅰ～Ⅲ级　　C. Ⅰ～Ⅳ级　　D. Ⅰ～Ⅴ级

3. t<1.5mm 钢板单面平均镀锌层附着量为( )。
   A. 295g/m²(单面)　　　　　　　B. 395g/m²(单面)
   C. 495g/m²(单面)　　　　　　　D. 595g/m²(单面)

4. 隔离栅紧固件、连接件单面平均镀锌层附着量为( )。
   A. 250g/m²(单面)　B. 350g/m²(单面)　C. 450g/m²(单面)　D. 550g/m²(单面)

5. 2.0mm<φ≤2.2mm 隔离栅钢丝Ⅰ级单面平均镀锌层附着量为( )。
   A. 110g/m²　　　B. 230g/m²　　　C. 290g/m²　　　D. 350g/m²

6. 2.0mm<φ≤2.2mm 隔离栅钢丝Ⅱ级单面平均镀锌层附着量为( )。
   A. 110g/m²　　　B. 230g/m²　　　C. 290g/m²　　　D. 350g/m²

7. 4.0mm<φ≤7.5mm 隔离栅钢丝Ⅱ级单面平均镀锌层附着量为( )。
   A. 110g/m²　　　B. 230g/m²　　　C. 290g/m²　　　D. 350g/m²

8. 单涂层涂塑隔离栅构件宜采用( )涂塑层。
   A. 热塑性　　　B. 溶剂性　　　C. 挤压性　　　D. 成模性

9. 钢管、钢板、钢带、紧固件、连接件涂塑层(聚乙烯、聚氯乙烯)厚度为( )。
   A. 0.25mm　　　B. 0.38mm　　　C. 0.50mm　　　D. 0.63mm

10. φ≤1.8mm 钢丝的涂塑层(聚乙烯、聚氯乙烯)厚度为( )。

A.0.25mm B.0.38mm C.0.50mm D.0.63mm

11. 4.0mm<φ≤5.0mm 钢丝的涂塑层(聚乙烯、聚氯乙烯)厚度为( )。
    A.0.25mm B.0.38mm C.0.50mm D.0.63mm

12. 热塑性粉末涂塑层附着性能不低于( )。
    A.0 级 B.1 级 C.2 级 D.3 级

13. 涂塑层人工加速老化试验的总辐照能量不小于( )。
    A.$3.5 \times 10^5 kJ/m^2$ B.$3.5 \times 10^6 kJ/m^2$ C.$4.5 \times 10^5 kJ/m^2$ D.$4.5 \times 10^6 kJ/m^2$

14. 双涂层构件第一层(内层)为( )。
    A.金属镀层 B.聚乙烯 C.聚氯乙烯 D.环氧树脂

15. 双涂层构件时,钢管、钢板、钢带加工成型后热浸镀锌单面平均锌层质量为( )。
    A.$120 g/m^2$ B.$150 g/m^2$ C.$270 g/m^2$ D.$350 g/m^2$

16. 双涂层构件时,使用连续热镀锌钢板和钢带成型后热浸镀锌双面平均锌层质量为( )。
    A.$120 g/m^2$ B.$150 g/m^2$ C.$270 g/m^2$ D.$350 g/m^2$

17. 双涂层构件时,紧固件、连接件热浸镀锌单面平均锌层质量为( )。
    A.$120 g/m^2$ B.$150 g/m^2$ C.$270 g/m^2$ D.$350 g/m^2$

18. 双涂层构件时,钢管、钢板、钢带加工成型镀锌后涂塑(聚乙烯)层厚度为( )。
    A.>0.25mm B.>0.30mm C.>0.35mm D.>0.40mm

19. 双涂层构件时,紧固件、连接件镀锌后涂塑(聚酯)层厚度为( )。
    A.>0.066mm B.>0.071mm C.>0.076mm D.>0.081mm

20. 试验用高低温湿热试验箱要求为( )。
    A.高温上限不低于100℃
    B.低温下限不高于-20℃,波动范围±1℃
    C.气压101.33kPa±2.5%
    D.最大相对湿度不低于65%,波动范围±2.5%

21. KP型和BP型复合隔离栅圆形立柱直径为( )。
    A.30~50mm B.30~60mm C.40~60mm D.40~70mm

22. TP型复合隔离栅立柱截面尺寸为( )。
    A.长度≥53mm,宽度≥43mm B.长度≥58mm,宽度≥48mm
    C.长度≥63mm,宽度≥53mm D.长度≥68mm,宽度≥58mm

23. 复合隔离栅立柱的长度允许偏差为( )。
    A.±5mm B.±10mm C.±15mm D.±20mm

24. 复合隔离栅立柱的截面尺寸允许偏差为( )。
    A.0~3mm B.0~4mm C.0~5mm D.0~8mm

25. 复合隔离栅立柱的弯曲度不大于( )。
    A.0.5mm/m B.1mm/m C.1.5mm/m D.2mm/m

26. 复合隔离栅立柱的自然暴晒试验时间为( )。
    A.2 年 B.3 年 C.4 年 D.5 年

27. Ww-3.5-75 型片网的网孔尺寸为( )。
 A. 55mm×55mm   B. 65mm×65mm   C. 75mm×75mm   D. 85mm×85mm

28. Ww-3.5-75 型片网的钢丝直径为( )。
 A. 2.5mm   B. 3.0mm   C. 3.5mm   D. 4.0mm

29. 隔离栅片网的网面长度 L 和网面宽度 B 分别为( )。
 A. 1.5~2.0m,1.5~2.0m   B. 1.7~2.5m,1.5~2.5m
 C. 1.9~3.0m,1.5~2.5m   D. 2.1~3.5m,2.0~3.0m

30. Ww-5.0-200 型片网的网孔尺寸和钢丝直径分别为( )。
 A. 100mm×50mm,3.5mm   B. 150mm×50mm,4mm
 C. 200mm×75mm,5mm   D. 220mm×100mm,5mm

31. 以下直径的钢丝可作焊接卷网的为( )。
 A. ϕ2.95mm   B. ϕ3.5mm   C. ϕ4.0mm   D. ϕ5.0mm

32. 焊接网中 3.00mm<ϕ≤6.00mm 钢丝直径的允许偏差为( )。
 A. ±0.03mm   B. ±0.05mm   C. ±0.08mm   D. ±0.10mm

33. 焊接网中网孔尺寸的允许偏差为网孔尺寸的( )。
 A. ±1%   B. ±2%   C. ±3%   D. ±4%

34. 各种规格刺钢丝的整股破断拉力不应低于( )。
 A. 3230N   B. 3730N   C. 4230N   D. 4730N

35. 加强型刺钢丝网股线及刺线须用高强度低合金钢丝,其抗拉强度不低于( )。
 A. 500~700MPa   B. 600~800MPa   C. 700~900MPa   D. 800~1000MPa

36. 刺钢丝每个结有 4 个刺,刺形应规整,刺长 L 为( )。
 A. 12mm±3mm   B. 14mm±3mm   C. 16mm±3mm   D. 18mm±3mm

37. 丝梗宽度的允许偏差应不超过基本尺寸的( )。
 A. ±3%   B. ±5%   C. ±10%   D. ±15%

38. 有 3 个平整度要求的网型为( )。
 A. 焊接网型   B. 编织网型   C. 钢板网型   D. 刺钢丝网型

39. 防落物网距桥面的高度不宜低于( )。
 A. 1.2m   B. 1.5m   C. 1.8m   D. 2.0m

40. 防落物网的防雷接地电阻应小于( )。
 A. 1Ω   B. 4Ω   C. 10Ω   D. 30Ω

41. 根据《隔离栅 第 1 部分:通则》(GB/T 26941.1—2011)规定,隔离栅产品力学试验所用的万能材料试验机等级应不低于( )级。
 A. 0.5   B. 1   C. 2   D. 3

42. 公路跨越铁路时防落物网的网孔规格不宜大于( )。
 A. 15mm×15mm   B. 20mm×20mm   C. 25mm×25mm   D. 30mm×30mm

二、判断题

1. 隔离栅应根据地形进行设置,隔离栅的高度不宜低于 1.8m,靠近城镇隔离栅高度不宜

低于2m。 ( )
  2. 根据隔离栅电焊网焊点抗拉试验受力分析,焊点不接受拉力,而应受剪切力。( )
  3. 隔离栅的高度主要以成人高度为参考标准,一般在2.0～2.5m之间。 ( )
  4. 焊接网卷网用纵丝应采用高强度钢丝,其强度应不低于750～850MPa。 ( )
  5. 上跨高速公路的桥两侧均应设置桥梁护网,其设置范围为下穿公路宽度并各向路外延长10m。 ( )
  6. 变孔网中φ2.7mm钢丝对应的网孔纵向长度为150mm和200mm。 ( )
  7. 隔离栅上下两道刺钢丝的间距不宜大于250mm,一般以150～200mm为宜。( )
  8. 隔离栅金属网格的网孔尺寸一般不宜大于200mm×200mm。 ( )
  9. 桥梁护网采用的金属网形式与隔离栅相同,其网孔规格不宜大于50mm×100mm。
 ( )
  10. 桥梁护网应做防雷接地处理,接地电阻应小于4Ω。 ( )
  11. 刺钢丝网的主要参数为捻数、刺距、刺长和钢丝直径。 ( )
  12. 隔离栅由网片、立柱、斜撑、门柱、连接件等组成。 ( )
  13. 隔离栅紧固件、连接件单面平均镀锌层附着量为350g/m²。 ( )
  14. 隔离栅钢丝镀锌分两个级别,Ⅰ级适用于重工业、都市或沿海等腐蚀较严重地区,Ⅱ级适用于除重工业、都市或沿海等腐蚀较严重地区以外的一般场所。 ( )
  15. 1.0mm<φ≤1.2mm钢丝Ⅰ级单面平均镀锌层附着量为150g/m²。 ( )
  16. 1.0mm<φ≤1.2mm钢丝Ⅱ级单面平均镀锌层附着量为180g/m²。 ( )
  17. 钢管、钢板、钢带、紧固件、连接件的涂塑层厚度均为0.38mm。 ( )
  18. 单涂层构件宜采用热塑性涂塑层。 ( )
  19. 钢丝涂塑层厚度为0.25～0.38mm,钢丝直径越大,其涂塑层越薄。 ( )
  20. 涂塑层经耐盐雾腐蚀性能试验后不应出现腐蚀现象。 ( )
  21. 双涂层构件第一层(内层)为金属镀层,第二层(外层)的非金属涂层可为聚乙烯、聚氯乙烯等热塑性粉末涂层或聚酯等热固性粉末涂层。 ( )
  22. 双涂层时,钢管、钢板、钢带加工成型后热浸镀锌平均单面锌层质量为390g/m²。
 ( )
  23. 双涂层时,使用连续热镀锌钢板平均双面锌层质量为150g/m²。 ( )
  24. 双涂层时,φ≤2.0mm钢丝热浸镀锌平均单面锌层质量为30g/m²。 ( )
  25. 双涂层时,φ≤2.0mm钢丝涂塑层(外层,聚酯)厚度大于0.076mm。 ( )
  26. 双涂层时,3.0mm<φ≤4.0mm钢丝涂塑层(外层,聚酯)厚度大于0.076mm。( )
  27. 依据结构材料不同,公路复合隔离栅立柱分为3类:TP型、KP型和BP型。 ( )
  28. 公路复合隔离栅立柱长度的允许偏差为±10mm。 ( )
  29. 公路复合隔离栅立柱弦高的允许偏差为±1mm。 ( )
  30. 公路复合隔离栅立柱的弯曲度不大于5mm/m。 ( )
  31. 焊接网依据包装方式的不同,可分为片网和卷网。 ( )
  32. 依据网孔是否变化,可分为等孔网和变孔网。 ( )
  33. Ww-3.5-195型焊接网的网孔尺寸为195mm×195mm,其钢丝直径为3.5mm。( )

34. Ww-5.0-150 型焊接网的网孔尺寸为 150mm×75mm,其钢丝直径为 5.0mm。 ( )
35. 焊接网中的钢丝直径为防腐处理前裸钢丝的直径。 ( )
36. 焊接网的网面长度为 1.9～3.0m,网面宽度为 1.5～2.5m。 ( )
37. 变孔网中 $\phi2.5$mm 钢丝对应的网孔纵向长度为 75mm 和 100mm。 ( )
38. 变孔网中网孔横向宽度均为 150mm。 ( )
39. 对于焊接网的片网,焊点脱落数应小于焊点总数的 5%。 ( )
40. 对于卷网,任一 15m² 面积网上焊点脱落数应小于其上焊点总数的 4%。 ( )

三、多项选择题

1. 隔离栅立柱(含斜撑和门柱)产品可分为( )。
   A. 直焊缝焊接钢管立柱   B. 冷弯等边槽钢和冷弯内卷边槽钢立柱
   C. 方管和矩形管立柱   D. 燕尾立柱和混凝土立柱

2. 桥梁护网按网片形式可分为( )。
   A. 钢板网   B. 编织网   C. 焊接网   D. 实体板

3. 隔离栅上下两道刺钢丝的间距( )。
   A. 不宜大于 200mm   B. 不宜大于 250mm
   C. 一般以 150～200mm 为宜   D. 一般以 200～250mm 为宜

4. 对隔离栅网片和螺栓、螺母的一般要求为( )。
   A. 整张网面平整,无断丝,网孔无明显歪斜
   B. 钢丝防腐处理前表面不应有裂纹、斑痕、折叠、竹节,钢丝表面不应有锈蚀
   C. 螺栓、螺母和带螺纹构件在热浸镀锌后,应清理螺纹或做离心分离
   D. 采用热渗锌代替热浸镀锌防腐处理时,其防腐层质量参照热浸镀锌

5. 所有钢构件均应进行防腐处理,应采用( )。
   A. 热浸镀锌   B. 锌铝合金涂层   C. 浸塑   D. 双涂层

6. 隔离栅钢丝镀锌分两个级别,如 1.0mm <ϕ≤1.2mm 钢丝单面平均镀锌层附着量为( )。
   A. Ⅰ级:75g/m²   B. Ⅰ级:95g/m²
   C. Ⅱ级:180g/m²   D. Ⅱ级:225g/m²

7. 隔离栅钢丝镀锌分两个级别,如 2.0mm <ϕ≤2.2mm 钢丝单面平均镀锌层附着量为( )。
   A. Ⅰ级:110g/m²   B. Ⅰ级:180g/m²   C. Ⅱ级:230g/m²   D. Ⅱ级:280g/m²

8. 镀锌层性能评价项目主要有( )。
   A. 外观质量   B. 镀锌层均匀性
   C. 镀锌层附着性能   D. 镀锌层耐盐雾腐蚀性能

9. 隔离栅不同部件的涂塑层厚度为( )。
   A. ϕ≤1.8mm 钢丝:0.30mm
   B. 1.8mm <ϕ≤4.0mm 钢丝:0.30mm
   C. 4.0mm <ϕ≤5.0mm 钢丝:0.38mm

D. 钢管、钢板、钢带、紧固件、连接件:0.38mm
10. 涂塑层性能评价项目有( )。
   A. 外观质量、均匀性
   B. 附着性能、抗弯曲性能、耐冲击性能
   C. 耐盐雾腐蚀性能、耐湿热性能
   D. 耐化学药品性能、耐候性能、耐低温脆化性
11. 双涂层构件第一层(内层)为金属镀层,第二层(外层)的非金属涂层可为( )。
   A. 聚乙烯　　　　B. 聚氯乙烯　　　　C. 聚酯树脂　　　　D. 环氧树脂
12. 双涂层时,钢管、钢板、钢带加工成型后热浸镀锌,其内外层相应规定为( )。
   A. 平均锌层质量(单面)270g/m²　　B. 聚乙烯层>0.25mm
   C. 聚氨酯层>0.066mm　　D. 聚酯层>0.076mm
13. 双涂层时,使用连续热镀锌钢板和钢带成型热浸镀锌,其内外层相应规定为( )。
   A. 平均锌层质量(双面)150g/m²　　B. 聚乙烯层>0.25mm
   C. 聚氨酯层>0.066mm　　D. 聚酯层>0.076mm
14. 双涂层时,紧固件、连接件热浸镀锌,其内外层相应规定为( )。
   A. 平均锌层质量(单面)120g/m²　　B. 聚乙烯层>0.25mm
   C. 聚氨酯层>0.066mm　　D. 聚酯层>0.076mm
15. 双涂层时,3.0mm<ϕ≤4.0mm 钢丝热浸镀锌,其内外层相应规定为( )。
   A. 平均锌层质量(单面)60g/m²　　B. 聚乙烯层>0.15mm
   C. 聚氨酯层>0.066mm　　D. 聚酯层>0.076mm
16. 双涂层时,ϕ≤2.0mm 钢丝热浸镀锌,其内外层相应规定为( )。
   A. 平均锌层质量(单面)45g/m²　　B. 聚乙烯层>0.15mm
   C. 聚氨酯层>0.066mm　　D. 聚酯层>0.076mm
17. 双涂层时,4.0mm<ϕ≤5.0mm 钢丝热浸镀锌,其内外层相应规定为( )。
   A. 平均锌层质量(单面)70g/m²　　B. 聚乙烯层>0.15mm
   C. 聚氨酯层>0.066mm　　D. 聚酯层>0.076mm
18. 双涂层构件试验性能项目有( )。
   A. 外观质量、镀层均匀性、涂塑层均匀性
   B. 镀层附着性能、涂塑层附着性能、涂塑层抗弯曲性能
   C. 涂塑层耐冲击性能、涂塑层耐盐雾腐蚀性能、涂塑层耐湿热性能
   D. 涂塑层耐化学药品性能、涂塑层耐候性能、涂塑层耐低温脆化性能
19. 双涂层构件试验性能比涂塑层构件试验性能多出的项目有( )。
   A. 镀层均匀性　　　　B. 镀层附着性能
   C. 涂塑层抗弯曲性能　　D. 涂塑层耐湿热性能
20. 双涂层构件镀层附着性能的技术要求为( )。
   A. 镀锌构件的锌层应与基底金属结合牢固
   B. 经锤击试验后,镀锌层不剥离、不凸起,不应开裂起层到用裸手指能够擦掉的程度
   C. 经缠绕试验后,镀锌层不剥离、不凸起,不应开裂起层到用裸手指能够擦掉的程度

D. 经剥离试验后,镀锌层不剥离、不凸起,不应开裂起层到用裸手指能够擦掉的程度
21. 双涂层构件涂塑层附着性能要求为( )。
   A. 热塑性粉末涂层不低于2级　　　B. 热塑性粉末涂层不低于3级
   C. 热固性粉末涂层不低于0级　　　D. 热固性粉末涂层不低于1级
22. 双涂层构件涂塑层耐湿热性能要求划痕部位任何一侧0.5mm外( )。
   A. 涂塑层应无气泡现象　　　　　　B. 涂塑层应无剥离现象
   C. 涂塑层应生锈等现象　　　　　　D. 涂塑层应无电离现象
23. 依据结构材料的不同,公路用复合隔离栅立柱产品分为( )。
   A. 无外皮包裹的纤维增强水泥复合隔离栅立柱
   B. 中空玻璃钢复合隔离栅立柱
   C. 玻璃钢填充无机材料复合隔离栅立柱
   D. 中空碳纤维复合隔离栅立柱
24. 依据防腐处理形式的不同,隔离栅产品可分为( )。
   A. 热浸镀锌隔离栅　　　　　　　　B. 锌铝合金涂层隔离栅
   C. 浸塑隔离栅　　　　　　　　　　D. 双涂层隔离栅

四、综合题

1. 试回答公路用复合隔离栅立柱物理化学性能试验的问题。
(1) 复合隔离栅立柱物理化学性能试验为( )。
   A. 抗折性能、耐低温坠落性能试验　　B. 抗冻融性能、耐水性能试验
   C. 耐化学溶剂性能、耐湿热性能试验　D. 耐候性能试验
(2) KP、BP、TP型立柱三者均要做的物理化学性能试验为( )。
   A. 抗折性能试验　　　　　　　　　B. 耐水性能试验
   C. 耐湿热性能试验　　　　　　　　D. 耐候性能试验
(3) KP型立柱不要做的物理化学性能试验为( )。
   A. 抗冻融性能试验　　　　　　　　B. 耐水性能试验
   C. 耐湿热性能试验　　　　　　　　D. 耐候性能试验
(4) TP型立柱不要做的物理化学性能试验为( )。
   A. 耐水性能试验　　　　　　　　　B. 耐化学溶剂性能试验
   C. 耐湿热性能试验　　　　　　　　D. 耐候性能试验
(5) 耐低温坠落性能后还需做抗折试验的立柱为( )。
   A. TP型立柱　　B. KP型立柱　　C. BP型立柱　　D. RP型立柱
2. 试回答4种网型的结构尺寸的相关问题。
(1) 焊接网分片网(P)和卷网(J),片网的结构尺寸为( )。
   A. 网面高度　　B. 网面长度　　C. 网孔纵向长度　　D. 网孔横向宽度
(2) 焊接网卷网(变孔网)的结构尺寸为( )。
   A. 纵丝及中间横丝直径　　　　　　B. 边缘横丝直径
   C. 网孔纵向长度　　　　　　　　　D. 网孔横向宽度、对应纵向网孔数量

(3)刺钢丝网的结构尺寸为(　　)。
　　A.钢丝直径、刺距　　　　　　　　B.刺长、捻数
　　C.刺线缠绕股线圈数、每结刺数　　D.捆重、每捆接头数
(4)编织网的结构尺寸为(　　)。
　　A.钢丝直径、网面长度　　　　　　B.网面宽度
　　C.网孔纵向对角线长度　　　　　　D.网孔横向对角线宽度
(5)钢板网的结构尺寸为(　　)。
　　A.网面宽度、网面长度　　　　　　B.短节距、长节距
　　C.丝梗宽度　　　　　　　　　　　D.钢板厚度
3.试回答隔离栅工程质量检验评定标准的相关问题。
(1)隔离栅工程质量检验评定的基本要求为(　　)。
　　A.隔离栅产品应符合现行《隔离栅》(JT/T 374)的规定,绿篱隔离栅和防落物网应满足设计要求
　　B.立柱混凝土基础满足设计要求;防落物网网孔应均匀,结构牢固,围封严实
　　C.各构件的安装应满足设计要求并符合施工技术规范的规定
　　D.隔离栅起终点端头围封应满足设计要求
(2)隔离栅工程质量检验评定的实测项目为高度、立柱中距和(　　)。
　　A.刺钢丝的中心垂度　　　　　　　B.混凝土强度
　　C.立柱竖直度　　　　　　　　　　D.立柱埋深
(3)隔离栅工程质量检验评定的非关键实测项目为(　　)。
　　A.镀(涂)层厚度　　　　　　　　　B.立柱竖直度
　　C.立柱埋深　　　　　　　　　　　D.混凝土强度
(4)隔离栅工程质量检验评定的实测项目所用仪器为(　　)。
　　A.钢卷尺　　　　　　　　　　　　B.直尺、垂线
　　C.测厚仪　　　　　　　　　　　　D.200t 材料试验机
(5)《公路工程质量检验评定标准　第一册　土建工程》(JTG F80/1—2017)中去掉的隔离栅工程质量检验评定关键项目为(　　)。
　　A.镀(涂)层厚度　　　　　　　　　B.网面平整度
　　C.立柱埋深　　　　　　　　　　　D.混凝土强度

习题参考答案及解析

一、单项选择题

1. C	2. A	3. B	4. B	5. A
6. B	7. C	8. A	9. B	10. A
11. B	12. C	13. B	14. A	15. C

16. B	17. A	18. A	19. C	20. A
21. C	22. D	23. B	24. C	25. D
26. D	27. C	28. C	29. C	30. C
31. A	32. B	33. D	34. C	35. C

36. C

37. C

38. C

39. C

【解析】《公路交通安全设施设计规范》(JTG D81—2017)9.1.2。

40. C

【解析】《公路交通安全设施设计规范》(JTG D81—2017)9.2.1。

41. B

【解析】《隔离栅 第1部分:通则》(GB/T 26941.1—2011)5.3。

42. B

【解析】《公路交通安全设施设计细则》(JTG/T D81—2017)9.2.3。

二、判断题

1. ×

【解析】城镇附近隔离栅高度不宜低于1.8m。《公路交通安全设施设计规范》(JTG D81—2017)8.1.1。

2. ×

【解析】对焊点有抗拉力的要求。《隔离栅 第3部分:焊接网》(GB/T 26941.3—2011)6.4.4。

3. ×

【解析】应为1.5~1.8m。

4. ×

【解析】应不低于650~850MPa。《隔离栅 第3部分:焊接网》(GB/T 26941.3—2011)5.3.3。

5. √

6. √

7. √

8. ×

【解析】应为150mm×150mm。

9. √

10. ×

【解析】应为10Ω。

11. √

【解析】刺钢丝分为普通型和加强型。

12. √
13. √
14. ×

【解析】Ⅱ级适用于重工业、都市或沿海等腐蚀较严重地区。

15. ×

【解析】应为 $75g/m^2$。

16. √
17. √
18. √
19. ×

【解析】钢丝直径越大,其涂塑层越厚。

20. √
21. √
22. ×

【解析】应为 $270g/m^2$。

23. √
24. √
25. √
26. √
27. √
28. √
29. √
30. ×

【解析】应为 $2mm/m$。

31. √
32. √
33. ×

【解析】网孔尺寸为 $195mm×65mm$。

34. √
35. √
36. √
37. √
38. √
39. ×

【解析】应为 4%。

40. √

【解析】《隔离栅 第1部分:通则》(GB/T 26941.1—2011)3.1。

三、多项选择题

1. ABCD

【解析】《隔离栅 第2部分：立柱、斜撑和门》(GB/T 26941.2—2011)3。

2. ABCD
3. BC
4. ABD
5. ABCD
6. AC 7. AC 8. ABCD 9. BCD 10. ABC
11. ABCD 12. ABD 13. ABD 14. ABD 15. ABD
16. ABD 17. ABD 18. ABCD 19. AB 20. ABC
21. AC
22. ABC
23. ABC
24. ABCD

四、综合题

1. (1) ABCD (2) A (3) A (4) ABCD (5) A
2. (1) ABCD (2) ABCD (3) ABCD (4) ABCD (5) ABCD
3. (1) BCD (2) CD (3) BC (4) AB (5) ABCD

【解析】(1) 选项A中应为"现行《隔离栅》(GB/T 26941)"。《公路工程质量检验评定标准 第一册 土建工程》(JTG F80/1—2017)11.10.1。

(2)《公路工程质量检验评定标准 第一册 土建工程》(JTG F80/1—2017)11.10.2。

(3) 镀(涂)层厚度、混凝土强度不属于实测项目。《公路工程质量检验评定标准 第一册 土建工程》(JTG F80/1—2017)11.10.2。

(4)《公路工程质量检验评定标准 第一册 土建工程》(JTG F80/1—2017)11.10.2。

(5)《公路工程质量检验评定标准 第一册 土建工程》(JTG F80/1—2004)。

第十章 防眩设施

复习提示

本章引用的标准为《防眩板》(GB/T 24718—2023)。

习题

一、单项选择题

1. W 型防眩板的疲劳荷载 F 取值为(　　)。
   A. 2568.4N/m² B. 2586.4N/m² C. 2658.4N/m² D. 2685.4N/m²

2. C 型防眩板的抗风荷载 F 取值为(　　)。
   A. 1547.5N/m² B. 1647.5N/m² C. 1747.5N/m² D. 1847.5N/m²

3. 防眩板的抗变形量 R 取值为(　　)。
   A. ≤3mm/m B. ≤5mm/m C. ≤8mm/m D. ≤10mm/m

4. 防眩板的抗冲击性能要求冲击试验后,以冲击点为圆心,半径(　　)区域外,试样板体无开裂、剥离等破坏现象。
   A. 6mm B. 8mm C. 10mm D. 12mm

5. 玻璃钢防眩板密度的技术要求为(　　)。
   A. ≥1.0g/cm³ B. ≥1.3g/cm³ C. ≥1.5g/cm³ D. ≥1.9g/cm³

6. 玻璃钢防眩板巴柯尔硬度的技术要求为(　　)。
   A. ≥20 B. ≥30 C. ≥40 D. ≥50

7. 玻璃钢防眩板氧指数(阻燃性能)的技术要求为(　　)。
   A. ≥20% B. ≥23% C. ≥26% D. ≥29%

8. 钢质金属基材防眩板热塑性涂层单涂层厚度为(　　)。
   A. 0.18~0.60mm B. 0.28~0.70mm C. 0.38~0.80mm D. 0.48~0.90mm

9. 钢质金属基材防眩板热塑性涂层双涂层厚度为(　　)。
   A. 0.15~0.50mm B. 0.25~0.60mm C. 0.35~0.70mm D. 0.45~0.80mm

10. 塑料防眩板及玻璃钢防眩板耐汽油性能在 23℃±2℃,用 92 号无铅汽油浸泡时间为(　　)。
    A. 168h B. 228h C. 288h D. 348h

11. 直线路段防眩板遮光角 $\beta = \tan^{-1}(b/L)$，式中，b 为（　　）。
   A. 防眩板宽度　　B. 防眩板间距　　C. 防眩板高度　　D. 防眩板厚度
12. 直线路段防眩板遮光角 $\beta = \tan^{-1}(b/L)$，式中 L 为（　　）。
   A. 防眩板宽度　　B. 防眩板间距　　C. 防眩板高度　　D. 防眩板厚度
13. 平曲线路段防眩板遮光角 $\beta_0 = \cos^{-1}\{[(R-B_3)/R]\cos\beta\}$，式中 B_3 为（　　）。
   A. 平曲线半径　　　　　　　　　B. 直线路段遮光角
   C. 防眩板间距　　　　　　　　　D. 驾驶员与防眩板横向距离
14. 下面哪个参数不是防眩板通用理化性能测试项目（　　）。
   A. 抗风荷载　　B. 抗剪性能　　C. 抗变形量　　D. 抗冲击性能
15. W 型防眩板抗疲劳荷载为其防风荷载的（　　）倍。
   A. 0.6　　　　B. 0.7　　　　C. 0.8　　　　D. 0.9

二、判断题

1. 《防眩板》（GB/T 24718—2023）对防眩板的使用区域环境划分：W 型为在沙漠及沿海等经常出现常年或季节性强风地区使用的防眩板；C 型为普通地区使用的防眩板。（　　）
2. 防眩板纵向直线度不大于 2mm/m。（　　）
3. 防眩板通用理化性能有抗风荷载、抗变形量和抗冲击性能。（　　）
4. 玻璃钢防眩板的密度要求≥1.5g/cm^3。（　　）
5. 玻璃钢防眩板的氧指数（阻燃性能）要求≥26%。（　　）
6. 防眩板耐候性能总辐照能量大于 $3.5×10^6$ kJ/m^2。（　　）
7. C 型防眩板抗风荷载 F 应不小于抗风荷载常数 C 与防眩板有效承风面积 S 的乘积，其中 C 取值为 1847.5N/m^2。（　　）
8. W 型防眩板抗风荷载 F 应不小于抗风荷载常数 C 与防眩板有效承风面积 S 的乘积，其中 C 取值为 2865.4N/m^2。（　　）
9. W 型防眩板抗疲劳荷载为其防风荷载的 0.9 倍，向正向按线性施加荷载到 0.9 倍防风荷载后卸载并反向加载，共进行 500 个循环疲劳荷载试验。（　　）
10. 防眩板的抗变形量 $R<20$mm/m。（　　）
11. 防眩板抗冲击性能试验时，试样平整放置于硬质地面或试验台上，用质量为 2kg 的钢球从距板面高度 1m 处自由下落，每件试样冲击点应选择上、中、下 3 个部位进行冲击试验。
（　　）

三、多项选择题

1. 防眩板理化性能分为（　　）。
   A. 防眩板通用理化性能　　　　　B. 玻璃钢防眩板理化性能
   C. 塑料防眩板理化性能　　　　　D. 钢质金属基材防眩板理化性能
2. 塑料防眩板耐溶剂性能溶剂为（　　）。
   A. 30% 的 H_2SO_4 溶液　　　　　　B. 10% 的 NaOH 溶液

C. 92 号无铅汽油 D. 30% $Ca(OH)_2$ 溶液

3. 防眩板的施工工序是( )。
   A. 放样 B. 支架及防眩板安装
   C. 防眩板线形调整 D. 防眩板高度和遮光角调整

4. 防眩板的施工要点为( )。
   A. 安装过程中所有钢构件应做防腐处理
   B. 应满足现行 GB/T 18226 的规定
   C. 防眩板可装在护栏上,也可单独设置
   D. 安装的高度和遮光角必须满足标准要求

5. 防眩板支架及防眩板安装施工中的质量控制为( )。
   A. 支架安装间距符合施工图设计 B. 支架安装高度保持一致,线形平顺
   C. 防眩板安装高度要符合设计要求 D. 防眩板安装间距要符合设计要求

6. 防眩板抗冲击性能试验要点为( )。
   A. 试样放置在标准环境条件下调节 24h 后进行试验
   B. 试样应平整放置于硬质地面或试验台上
   C. 用质量为 1kg 钢球从距板面高度 1m 处自由下落冲击试样
   D. 每件试样冲击点应选择上、中、下 3 个部位进行冲击试验,观测试验结果

7. 塑料防眩板常规耐溶剂性能按照《塑料 耐液体化学试剂性能的测定》(GB/T 11547—2008)的方法进行,浸泡温度为 23℃ ±2℃,浸泡时间为 168h。试验试剂选用以下类型( )。
   A. 20% 的 H_2SO_4 溶液 B. 10% 的 NaOH 溶液
   C. 20% 的 $Ca(OH)_2$ 溶液 D. 92 号无铅汽油

8. 防眩板耐低温坠落性能试验的要点为( )。
   A. 长度为 500mm 试样放置在低温试验箱中
   B. 温度降至 -50℃ ±3℃
   C. 恒温调节 2h 后取出试样
   D. 板面平行于地面由 1m 高度处自由坠落至硬质地面

四、综合题

1. 试回答防眩板抗风荷载试验的问题。
(1)试验设备为( )。
   A. 电子拉力机 B. 标准夹具 C. 滑轮牵引线 D. 试验台
(2)C 型防眩板和 W 型防眩板抗风荷载常数的取值分别为( )。
   A. 1467.5N/m² B. 1647.5N/m² C. 2685.4N/m² D. 2865.4N/m²
(3)防眩板的抗风荷载 F 值(C 为抗风荷载常数,S 为该防眩板有效承风面积)( )。
   A. $F \geq CS$ B. $F < CS$ C. $F \geq C/S$ D. $F < S/C$
(4)试验准备工作有( )。
   A. 防眩板底部固定于试验平台

B. 板中部用标准夹具夹持并以夹具中点为牵引点

C. 通过定滑轮、牵引线与力学试验机牵引系统牢固连接

D. 牵引点应与定滑轮下缘在同一直线上,且牵引方向应垂直于防眩板面

(5)试验过程为(　　)。

　A. 以100mm/min的速度牵引

　B. 直至板面破裂或已达最大负荷停止试验

　C. 其最大牵引力为试样抗风荷载

　D. 共做3组,取3次F值的算术平均值为测试结果

2. 试回答防眩设施工程质量检验评定标准的问题。

(1)防眩设施工程质量检验评定基本要求为(　　)。

　A. 防眩板产品应符合现行《公路防眩设施技术条件》(JT/T 353)的规定

　B. 防眩设施应满足设计要求并符合施工技术规范的规定

　C. 防眩设施的几何尺寸及遮光角应满足设计要求

　D. 防眩设施应安装牢固

(2)防眩设施工程质量检验评定的实测项目有安装高度、竖直度和(　　)。

　A. 镀(涂)层厚度　　　　　　B. 防眩板宽度

　C. 防眩板设置间距　　　　　D. 防眩网网孔尺寸

(3)防眩设施工程质量检验评定的关键实测项目有(　　)。

　A. 安装高度　　B. 镀(涂)层厚度　　C. 防眩板宽度　　D. 竖直度

(4)防眩设施工程质量检验评定实测项目的使用仪器为(　　)。

　A. 钢卷尺、垂线　　B. 涂层测厚仪　　C. 直尺、拉线　　D. 水准仪

(5)关于防眩板垂直度的试验方法,正确的说法有(　　)。

　A. 用垂线法　　　　　　　　B. 单位为毫米(mm)

　C. 每1km测5处　　　　　　D. 每1km测10处

3. 请根据《防眩板》(GB/T 24718—2023)回答下列防眩板疲劳荷载试验问题。

(1)将试样置于疲劳荷载试验装置上(　　)。

　A. 防眩板板面与疲劳机水平面垂直　　B. 防眩板板面与疲劳机水平面平行

　C. 夹持和牵引要求与抗风荷载试验一致　　D. 夹持和牵引要求与抗风荷载试验相反

(2)W型防眩板疲劳荷载试验时力加载位置为(　　)。

　A. 防眩板的顶部中心　　　　　B. 防眩板的底部中心

　C. 防眩板的几何中心　　　　　D. 防眩板高2/3处中心

(3)W型防眩板疲劳荷载试验的加载方式为(　　)。

　A. 对向施加线性荷载值

　B. 达到抗风荷载的80%力值时卸载

　C. 正向和反向各加载,进行500个循环疲劳荷载试验

　D. 正向和反向各加载,进行1000个循环疲劳荷载试验

(4)W型防眩板疲劳荷载试验中的程序为(　　)。

　A. 每50个循环进行外观检查

B. 每100个循环进行外观检查

C. 每200个循环进行外观检查

D. 如出现开裂、外层剥座出现明显松脱或损坏现象即停止试验

(5)疲劳荷载试验后,防眩板抗变形量技术要求为( )。

  A. $R\leqslant 8$mm/m   B. $R\leqslant 10$mm/m

  C. $R\leqslant 8$mm/mm   D. $R\leqslant 10$mm/mm

习题参考答案及解析

一、单项选择题

1. D

  【解析】《防眩板》(GB/T 24718—2023)5.2.1。

2. B

  【解析】《防眩板》(GB/T 24718—2023)5.2.1。

3. D

  【解析】《防眩板》(GB/T 24718—2023)5.2.1。

4. A

  【解析】《防眩板》(GB/T 24718—2023)5.2.1。

5. C

  【解析】《防眩板》(GB/T 24718—2023)5.2.3。

6. C

  【解析】质量为1kg的钢球从1m处高度自由落下。《防眩板》(GB/T 24718—2023)6.6.4。

7. C

  【解析】《防眩板》(GB/T 24718—2023)5.2.3。

8. C

9. B

10. A

  【解析】《防眩板》(GB/T 24718—2023)6.7.1。

11. A

12. A

13. D

14. B

  【解析】《防眩板》(GB/T 24718—2023)5.2.1。

15. C

  【解析】《防眩板》(GB/T 24718—2023)附录B。

二、判断题

1. √
   【解析】《防眩板》(GB/T 24718—2023)4.1.3。
2. √
3. ×
   【解析】漏掉"疲劳荷载试验"。《防眩板》(GB/T 24718—2023)5.2.1。
4. √
   【解析】《防眩板》(GB/T 24718—2023)5.2.3。
5. √
   【解析】《防眩板》(GB/T 24718—2023)5.2.3。
6. √
   【解析】《防眩板》(GB/T 24718—2023)5.2.3。
7. ×
   【解析】取值为 1647.5N/m²。《防眩板》(GB/T 24718—2023)5.2.1。
8. ×
   【解析】取值为 2685.4N/m²。《防眩板》(GB/T 24718—2023)5.2.1。
9. ×
   【解析】0.8 倍防风荷载。《防眩板》(GB/T 24718—2023)附录 B。
10. ×
    【解析】$R<10$mm/m。《防眩板》(GB/T 24718—2023)5.2.1。
11. ×
    【解析】质量为 1kg 的钢球。《防眩板》(GB/T 24718—2023)6.6.4。

三、多项选择题

1. ABCD　　2. ABC　　3. ABCD　　4. ABCD　　5. ABCD
6. ABCD
7. BD
   【解析】选项 A 应为"30% 的 H_2SO_4 溶液"。《防眩板》(GB/T 24718—2023)6.7.1。
8. ACD
   【解析】温度降至 −40℃ ±3℃。《防眩板》(GB/T 24718—2023)6.7.2.1。

四、综合题

1. (1) ABCD　　(2) BC　　(3) A　　(4) ABCD　　(5) ABCD
   【解析】(5)《防眩板》(GB/T 24718—2023)。
2. (1) BCD　　(2) CD　　(3) A　　(4) AC　　(5) AC
   【解析】(1)选项 A 中应为"现行《防眩板》(GB/T 24718)"。《公路工程质量检验评定

标准 第一册 土建工程》(JTG F80/1—2017)11.9.1。

(2)~(5)《公路工程质量检验评定标准 第一册 土建工程》(JTG F80/1—2017)11.9.2。

3.(1)AC　　(2)C　　(3)ABC　　(4)BD　　(5)B

【解析】(1)《防眩板》(GB/T 24718—2023)附录 B。

(2)~(4)《防眩板》(GB/T 24718—2023)附录 B。

(5)《防眩板》(GB/T 24718—2023)5.2.1。

第十一章 突起路标及轮廓标

复习提示

本章引用的标准有《突起路标》（GB/T 24725—2024）、《太阳能突起路标》（GB/T 19813—2005）和《轮廓标》（GB/T 24970—2020）。

习题

一、单项选择题

1. 《突起路标》（GB/T 24725—2024）规定，主动发光功能 S1 级突起路标的使用环境温度为（　　）。
   A. -10 ~ +65℃　　B. -5 ~ +70℃　　C. 0 ~ +75℃　　D. 5 ~ +80℃

2. 《突起路标》（GB/T 24725—2024）规定，主动发光功能 S2 级突起路标的使用环境温度为（　　）。
   A. -10 ~ +55℃　　B. -5 ~ +55℃　　C. 0 ~ +55℃　　D. 5 ~ +55℃

3. 观测角 0.2°、入射角 0°实测白色 A1 类逆反射式突起路标发光强度系数，符合《突起路标》（GB/T 24725—2024）要求的值为（　　）。
   A. 520mcd·lx^{-1}　　B. 540mcd·lx^{-1}　　C. 560mcd·lx^{-1}　　D. 580mcd·lx^{-1}

4. 观测角 1.0°、入射角 ±10°实测黄色 A3 类逆反射式突起路标发光强度系数符合《突起路标》（GB/T 24725—2024）要求的值为（　　）。
   A. 12mcd·lx^{-1}　　B. 14mcd·lx^{-1}　　C. 16mcd·lx^{-1}　　D. 18mcd·lx^{-1}

5. 逆反射式突起路标红色逆反射体颜色系数为（　　）。
   A. 0.1　　　　　　B. 0.2　　　　　　C. 0.3　　　　　　D. 0.4

6. 逆反射式突起路标绿色逆反射体颜色系数为（　　）。
   A. 0.1　　　　　　B. 0.2　　　　　　C. 0.3　　　　　　D. 0.4

7. 主动发光式突起路标抗压荷载不应小于（　　）。
   A. 100kN　　　　　B. 150kN　　　　　C. 200kN　　　　　D. 250kN

8. 逆反射式突起路标白色逆反射体颜色系数为（　　）。
   A. 0.4　　　　　　B. 0.6　　　　　　C. 0.8　　　　　　D. 1.0

9. 逆反射式突起路标黄色逆反射体颜色系数为（　　）。

A. 0.4　　　　　B. 0.6　　　　　C. 0.8　　　　　D. 1.0

10. 带耐磨层的 A1 类突起路标,其发光强度系数基值不应低于《突起路标》(GB/T 24725—2024)表 1 规定基值的(　　)。

A. 40%　　　　　B. 50%　　　　　C. 60%　　　　　D. 70%

11. 对于 A1 类、A2 类突起路标,当逆反射体轴左右对称的两入射角的平均发光强度系数大于《突起路标》(GB/T 24725—2024)表 1 规定基值时,其对应的任一个入射角最小值不应低于规定基值的(　　)。

A. 50%　　　　　B. 60%　　　　　C. 70%　　　　　D. 80%

12. A3 类突起路标在观测角相同,入射角变化时,其发光强度系数不均匀度不应大于(　　)。

A. 5%　　　　　B. 10%　　　　　C. 15%　　　　　D. 20%

13. A3 类突起路标在观测角相同,入射角变化时,其发光强度系数不均匀度不应大于(　　)。

A. 10%　　　　　B. 15%　　　　　C. 20%　　　　　D. 20%

14. 用同一批原材料和同一工艺生产的突起路标组为一批,批的最大数量不超过(　　)。

A. 15000 只　　　B. 20000 只　　　C. 25000 只　　　D. 30000 只

15. 太阳能突起路标的耐压荷载应不小于(　　)。

A. 50kN　　　　　B. 100kN　　　　　C. 150kN　　　　　D. 200kN

16. 附着式轮廓标采用蓄能自发光材料时,其厚度不应小于(　　)。

A. 2.0mm　　　　B. 3.0mm　　　　C. 4.0mm　　　　D. 5.0mm

17. 普通柱式轮廓标柱体横断面为等腰三角形时,三角形的高为 120mm、底边长 100mm、柱身高度为(　　)。

A. 1100mm　　　B. 1150mm　　　C. 1200mm　　　D. 1250mm

18. 普通柱式轮廓标的柱体上部有一圈黑色标记,长为(　　)。

A. 200mm　　　B. 250mm　　　C. 300mm　　　D. 350mm

19. 柱体上部黑色标记的中间应镶嵌的矩形逆反射材料尺寸为(　　)。

A. 130mm×30mm　B. 150mm×30mm　C. 180mm×40mm　D. 200mm×40mm

20. 普通柱式轮廓标用合成树脂类板材的实测厚度应不小于(　　)。

A. 1.5mm　　　　B. 2.0mm　　　　C. 2.5mm　　　　D. 3.0mm

21. 柱式轮廓标柱体横断面为圆弧形时,圆弧的弦长为 110mm、弦高为 16mm,柱身高度为(　　)。

A. 1100mm　　　B. 1150mm　　　C. 1200mm　　　D. 1250mm

22. 附着式轮廓标的铝合金支架、底板最小实测厚度应不小于(　　)。

A. 1.5mm　　　　B. 2.0mm　　　　C. 2.5mm　　　　D. 3.0mm

23. 轮廓标柱体表面色白色的亮度因数为(　　)。

A. ≥0.65　　　　B. ≥0.70　　　　C. ≥0.75　　　　D. ≥0.80

24. 轮廓标表面色黑色的亮度因数为(　　)。

A. ≤0.01　　　　B. ≤0.02　　　　C. ≤0.03　　　　D. ≤0.05

25. 轮廓标白色逆反射材料的亮度因数为( )。
    A. ≥0.19   B. ≥0.23   C. ≥0.27   D. ≥0.31
26. 轮廓标黄色逆反射材料的亮度因数为( )。
    A. 0.08~0.25   B. 0.12~0.40   C. 0.15~0.45   D. 0.25~0.55
27. 柱体轮廓标柱体材料应为( )材料。
    A. 合成树脂类   B. 铝合金   C. 钢板   D. 混凝土
28. 突起路标黄色的亮度因数要求( )。
    A. ≥0.25   B. ≥0.35   C. ≥0.45   D. ≥0.55
29. 根据《轮廓标》(GB/T 24970—2020)规定,轮廓标产品有各种形状,请指出以下哪种形状不在标准规定范围内( )。
    A. 圆形   B. 梯形   C. 长方形   D. 菱形
30. 轮廓标反光膜试样在温度23℃±2℃、相对湿度50%±10%的环境中的状态调节时间为( )。
    A. 8h   B. 12h   C. 16h   D. 24h
31. 观测角0.2°,水平入射角0°时,A1类白色突起路标的发光强度系数最小值为( )。
    A. 380mcd·lx^{-1} B. 480mcd·lx^{-1}
    C. 580mcd·lx^{-1} D. 680mcd·lx^{-1}

二、判断题

1. 具有逆反射功能的突起路标按逆反射元分为微棱镜型(简称"A1类")、定向透镜型(简称"A2类")、全向透镜型(简称"A3类")。   ( )

2. 突起路标按功能分为:逆反射式突起路标(具备逆反射功能,不具备主动发光功能)、主动发光式突起路标(具备主动发光功能,不具备逆反射功能)、组合式突起路标(既具备逆反射功能,也具备主动发光功能)三类。   ( )

3. 突起路标位于路面以上的高度:用于车道分界线的突起路标不应大于20mm,用于边缘线的突起路标不应大于25mm。   ( )

4. 逆反射体的发光强度系数,按颜色分类不应低于规定基值与对应颜色系数之乘积。
                ( )

5. 《突起路标》(GB/T 24725—2024)中突起路标基体表面色色品坐标只规定了白色和黄色。
                ( )

6. 《突起路标》(GB/T 24725—2024)中突起路标基体表面色亮度因素只规定了白色和黄色。
                ( )

7. 突起路标基体表面色色品坐标和最小亮度因数照明观测条件为标准D65光源,入射角45°,观测角0°。   ( )

8. 《突起路标》(GB/T 24725—2024)中给定的逆反射体的颜色系数有白、黄、红、绿、蓝五种。
                ( )

9. 《突起路标》(GB/T 24725—2024)中规定的逆反射色色品坐标照明观测条件为标准A光源,入射角45°,观测角0°。   ( )

10.《突起路标》(GB/T 24725—2024)中给定的逆反射体最小亮度因数有白色和黄色。（   ）

11.《突起路标》(GB/T 24725—2024)中给定白色逆反射体最小亮度因数为 0.8。（   ）

12.《突起路标》(GB/T 24725—2024)中给定黄色逆反射体最小亮度因数 0.45。（   ）

13. 突起路标逆反射体逆反射色色品坐标照明观测条件为标准 A 光源,入射角 0°,观测角 0.2°。（   ）

14. 微棱镜型轮廓标测试光学条件中,观测角包括 0.2°、0.33°、0.5°。（   ）

15. 半强角是指发光强度为最大发光强度光轴方向一半时,观测轴与最大发光强度光轴的夹角。（   ）

16. 浮充电为将充电电路和储能元件的供电电路并联接到负载上,充电电路在向负载供电的同时,仍向储能元件充电,只有当充电电路断开时储能元件才向负载供电的一种充电运行方式。（   ）

17. 太阳能突起路标分为带逆反射器的组合式(Z)和不带逆反射器的单一式(D)。（   ）

18. 单一式太阳能突起路标不测逆反射性能。（   ）

19. 组合式太阳能突起路标在测逆反射性能时,应关闭主动发光单元。（   ）

20. 安装在弯道、多雾等特殊路段的突起路标应闪烁发光,以便引起驾驶员的注意。（   ）

21. 太阳能突起路标的匹配性能是指太阳电池和储能元件应匹配良好,太阳电池在标准测试条件下放置 24h,储能元件的额定容量应满足突起路标正常发光 72h 的需要。（   ）

22. 耐高温性能试验时,将充满电的太阳能突起路标在 65℃条件下试验 8h,产品应能正常工作,外观应无任何变形损伤。（   ）

23. 轮廓标玻璃珠型反射器(黄色,观测角 0.2°,入射角 0°)的发光强度系数应≥0.75cd·lx。（   ）

24. 柱式轮廓标安装时逆反射材料的表面应与道路行车方向平行。（   ）

25. 附着式轮廓标在安装中应使逆反射材料表面与道路行车方向保持平行。（   ）

26. 黑色标记采用涂料喷涂而成,涂料对柱体的附着性能应不低于一级的要求。（   ）

27. 在行车道右侧应安装含白色逆反射材料的轮廓标。（   ）

28. 在行车道左侧或中央分隔带上应安装含白色逆反射材料的轮廓标。（   ）

29. 连续自然暴露或人工加速老化试验后,反射器的发光强度系数值不应低于《轮廓标》(GB/T 24970—2020)表 3 或表 4 相应规定值的 50%,反光膜的逆反射系数值不应低于表 5 相应规定值的 80%。（   ）

30. 铝合金板制造附着式轮廓标的支架或底板最小实测厚度≥1.5mm。（   ）

31. 表面色色品坐标的测定条件:D_{65} 标准照明体;照明观测条件:45°/0°。（   ）

32. 逆反射材料色品坐标的测定条件:标准 A 光源;照明观测条件:入射角 0°,观测角 0.2°,视场角 0.1°~1°。（   ）

33. 轮廓标的测试工作宜在温度 23℃±2℃、相对湿度 50%±10%的环境中进行。（   ）

34. 轮廓标经连续自然暴露或人工加速老化试验后,其蓄能自发光材料亮度性能应保持在试验前的 85%以上。（   ）

35. 轮廓标工程验收实测项目有安装角度(允许偏差0°~5°)、反射器中心高度(允许偏差±20mm)、柱式轮廓标竖直度(允许偏差±10mm/m)。（   ）

三、多项选择题

1. 突起路标检测时观测角 α 的特点有(   )。
   A. 照明轴与观测轴之间的夹角　　　B. 观测角不为负值,一般小于10°
   C. 多数情况下小于2°　　　　　　　D. 全部范围定义为0°≤α<180°

2. 主动发光突起路标其使用环境温度分别为(   )。
   A. A级: -20 ~ +55℃　　　　　　　B. B级: -40 ~ +50℃
   C. C级: -55 ~ +45℃　　　　　　　D. J级: -55 ~ +85℃

3. 观测角0.2°、入射角0°时实测白色A1类逆反射式突起路标发光强度系数符合《突起路标》(GB/T 24725—2024)要求的值为(   )。
   A. 550mcd·lx^{-1}　　　　　　　B. 580mcd·lx^{-1}
   C. 630mcd·lx^{-1}　　　　　　　D. 680mcd·lx^{-1}

4. 观测角1.0°、入射角±10°时实测红色A3类逆反射式突起路标发光强度系数符合《突起路标》(GB/T 24725—2024)要求的值为(   )。
   A. 20mcd·lx^{-1}　　　　　　　B. 50mcd·lx^{-1}
   C. 100mcd·lx^{-1}　　　　　　　D. 150mcd·lx^{-1}

5. 观测角0.33°、入射角±5°时实测黄色A2类逆反射式突起路标发光强度系数符合《突起路标》(GB/T 24725—2024)要求的值为(   )。
   A. 320mcd·lx^{-1}　　　　　　　B. 350mcd·lx^{-1}
   C. 380mcd·lx^{-1}　　　　　　　D. 410mcd·lx^{-1}

6. 观测角2.0°、入射角±15°时实测绿色A1类逆反射式突起路标发光强度系数符合《突起路标》(GB/T 24725—2024)要求的值为(   )。
   A. 40mcd·lx^{-1}　　　　　　　B. 50mcd·lx^{-1}
   C. 60mcd·lx^{-1}　　　　　　　D. 80mcd·lx^{-1}

7. 主动发光突起路标主动发光单元单粒LED的参数为(   )。
   A. 法向发光强度　　B. 半强角　　C. 偏差角　　D. 张角

8. 主动发光突起路标主动发光单元单粒LED的测试要点为(   )。
   A. 单粒发光二极管的观测距离d不小于0.3m
   B. 光探测器精度误差应小于5%
   C. 用LED发光强度测试仪进行测试,其精度误差应小于5%
   D. 发光单元色品坐标按GB/T 7922用光谱辐射法测量,发光面LED数量用人工计数

9. 主动发光突起路标整体发光强度测量方法为(   )。
   A. 发光强度测量距离为10m
   B. 测量时为单面独立发光,不包括背面
   C. 试样在额定电压下工作,待试样发光趋于稳定
   D. 发光强度测试仪测量0°方向上的发光强度

10. 突起路标表面色测量方法为( )。
    A. 采用《标准照明体的几何条件》(GB/T 3978—2008)
    B. 标准 D65 光源,在入射角 45°、观测角 0°的照明观测条件下
    C. 按《物体色的测量方法》(GB/T 3979—2008),用光电积分测色仪测
    D. 用色差仪在被测样品的顶部或其他平缓部位直接读取色品坐标和亮度因数

11. 突起路标抽样规定为( )。
    A. 批量不大于 10000 只时,随机抽取 20 只检验,其中破坏性项目做 8 只,其余项目全做
    B. 批量不大于 10000 只时,随机抽取 30 只检验,其中破坏性项目做 12 只,其余项目全做
    C. 批量大于 10000 只时,随机抽取 40 只检验,其中破坏性项目做 16 只,其余项目全做
    D. 批量大于 10000 只时,随机抽取 60 只检验,其中破坏性项目做 24 只,其余项目全做

12. 《突起路标》(GB/T 24725—2024)中电池耐久性能试验条件为( )。
    A. 在 20℃±5℃的环境温度下进行
    B. 试验过程中,每 50 次循环做一次容量检查
    C. 在 35%~75% 的相对湿度下进行
    D. 大气压力 85~106kPa

13. 《突起路标》(GB/T 24725—2024)中电池耐久性能试验 1~49 次循环步骤为( )。
    A. 第 1 次循环,充电电流为 $1I_t$,至充电电流为 $0.1I_t$,或制造商规定充电限制电压
    B. 间隔 0.5~1h 开始放电
    C. 放电电流 $1I_t$,放电至制造商规定放电终止电压
    D. 如此循环 49 次

14. 《突起路标》(GB/T 24725—2024)中电池耐久性能试验第 50 次循环步骤为( )。
    A. 充电电流为 $0.2I_t$,至充电电流为 $0.02I_t$,或制造商规定充电限制电压
    B. 间隔 0.5~1h 开始放电
    C. 放电电流 $0.2I_t$,放电至制造商规定放电终止电压
    D. 每 50 次循环做一次容量检查

15. 太阳能突起路标按照能见度条件分为( )。
    A. Ⅰ型,适用于无照明的道路 B. Ⅱ型,适用于有照明的道路
    C. Ⅲ型,适用于多雾天气的道路 D. Ⅳ型,适用于隧道

16. 太阳能突起路标的外形一般为梯形结构,下底边长规格有( )。
    A. 100mm±3mm B. 125mm±2mm C. 150mm±1mm D. 200mm±1mm

17. 太阳能突起路标耐温度交变循环性能试验要点为( )。
    A. 将充满电的太阳能突起路标在 60℃的环境中,保持 4h
    B. 立即转至 -20℃的环境中保持 4h
    C. 共进行 3 个循环
    D. 产品及其部件应能正常工作,试验后外观应无任何变形、损伤

18. 太阳能突起路标密封性能试验要点为( )。
    A. 将试样平放入温度 50℃±3℃、深度 200mm±10mm 的水中浸泡 15min

B. 将试样取出立即放入 5℃±3℃、深度 200mm±10mm 的水中再浸泡 15min

C. 以上选项 A、B 为一个循环,上述试验共进行 4 次循环

D. 试验结束后立即用 4 倍放大镜进行检查

19. 太阳能突起路标耐磨损性能试验要点为( )。

　　A. 试验前先测样品的发光强度系数和发光强度,并记录

　　B. 将一直径为 25.4mm±5mm 的钢纤维棉砂纸固定在水平操作台上

　　C. 将逆反射片或发光面放置到钢纤维棉砂纸的正上方,出光面向下

　　D. 在试件上加荷载 22kg±0.2kg 后摩擦该试件 100 次,再测试光色指标

20. 轮廓标按形状可分为( )轮廓标。

　　A. 柱式　　　　　　B. 梯形　　　　　　C. 圆形　　　　　　D. 长方形

21. 轮廓标逆反射材料色可分为( )。

　　A. 白色　　　　　　B. 黄色　　　　　　C. 红色　　　　　　D. 绿色

22. 轮廓标普通材料色可分为( )。

　　A. 白色　　　　　　B. 黄色　　　　　　C. 红色　　　　　　D. 黑色

23. 用作轮廓标逆反射材料的反光膜应采用( )。

　　A. Ⅲ类反光膜　　　B. Ⅳ类反光膜　　　C. Ⅴ类反光膜　　　D. Ⅵ类反光膜

24. 轮廓标蓄能自发光材料亮度性能检测要点为( )。

　　A. 用照度 1000lx 的标准激发光源激发 10min

　　B. 停止激发以后 10min 的余辉亮度应大于 1800mcd/m²

　　C. 1h 的余辉亮度应大于 500mcd/m²

　　D. 3h 的余辉亮度应大于 60mcd/m²

25. 轮廓标人工气候加速老化试验方法要点为( )。

　　A. 老化试验箱氙弧灯光源光谱波长 290~800nm 之间的辐照度为 550W/m²

　　B. 在光谱波长 290~2450nm 之间的总辐照度不超过 1000W/m²±100W/m²

　　C. 箱内黑板温度为 65℃±3℃,喷水周期为 18min(喷水)/102min(不喷水)

　　D. 人工耐候加速老化试验为 1200h

26. 轮廓标的逆反射材料宜采用( )。

　　A. 反光膜　　　　　　　　　　　　B. 玻璃珠型反射器

　　C. 金属反射器　　　　　　　　　　D. 微棱镜型反射器

27. 轮廓标耐候性能试验要求为( )。

　　A. 连续自然暴露 1 年　　　　　　　B. 连续自然暴露 2 年

　　C. 人工气候加速老化试验 1200h　　 D. 人工气候加速老化试验 1500h

28. 轮廓标表面色测试要点有( )。

　　A. 按现行 GB/T 3978 的方法　　　　B. D_{65} 标准照明体

　　C. 45°/0°的照明观测条件　　　　　D. 直读式色差计直接测得色品坐标

29. 根据《轮廓标》(GB/T 24970—2020)规定,轮廓标逆反射材料的逆反射色测试光学条件正确的是( )。

　　A. D_{65} 光源　　　　　　　　　　B. A 光源

C. 观测角 0.2°, 入射角 0°　　　　　　D. 观测角 0°, 入射角 45°

30. 根据《突起路标》(GB/T 24725—2009), 由工程塑料或金属等材料基体组成的逆反射突起路标类型有( )。
    A. A3　　　　B. A2　　　　C. A1　　　　D. B

31. 轮廓标蓄能自发光材料亮度性能检测条件为( )。
    A. 用照度 1000lx 的标准激发光源激发 10min
    B. 停止激发以后 10min 的余辉亮度应大于 1500mcd/m²
    C. 1h 的余辉亮度应大于 300mcd/m²
    D. 3h 的余辉亮度应大于 60mcd/m²

四、综合题

1. 试回答太阳能突起路标检验项目的问题。
   (1) 太阳能突起路标的所有型式检验项目有( )。
       A. 一般要求、外观质量、外形尺寸、匹配性能、循环耐久性发光器件的性能、整体发光强度
       B. 发光器色度性能、发光强度系数、逆反射器的色度性能、闪烁频率、夜间视认距离、耐溶剂性能
       C. 密封性能、耐磨损性能、耐冲击性能、抗压荷载、耐低温性能、耐高温性能
       D. 耐湿热性能、耐温度交变循环性能、耐机械振动性能、耐循环盐雾性能、耐候性能
   (2) 太阳能突起路标的出厂检验必检项目为( )。
       A. 一般要求、外观质量、外形尺寸
       B. 匹配性能、整体发光强度、发光器色度性能
       C. 发光强度系数、逆反射器的色度性能、闪烁频率
       D. 夜间视认距离、密封性能、耐磨损性能
   (3) 太阳能突起路标的出厂检验不检项目为( )。
       A. 循环耐久性　　B. 耐高温性能　　C. 抗压荷载　　D. 耐候性能
   (4) 太阳能突起路标的出厂检验选检项目为( )。
       A. 夜间视认距离、耐磨损性能
       B. 耐冲击性能、抗压荷载
       C. 耐低温性能、耐高温性能、耐湿热性能
       D. 耐温度交变循环性能、耐机械振动性能、耐循环盐雾性能
   (5) 太阳能突起路标的验收型检验应按《公路交通安全设施质量检验抽样方法》( )相关规定执行。
       A. JT 495—2001　　　　　　　　B. JT/T 495—2001
       C. JT 495—2014　　　　　　　　D. JT/T 495—2014

2. 请根据《突起路标》(GB/T 24725—2024), 回答主动发光式突起路标相关问题。
   (1) 主动发光式突起路标外形尺寸及安装要求为( )。
       A. 突起路标一般为梯台形、圆形或椭圆形, 底部边长或直径宜选用 100mm、125mm 和

150mm 三种,边长或直径允许误差为 ±2mm

B. 用于车道分界线的突起路标,位于路面以上的高度不应大于 20mm

C. 用于边缘线的突起路标,位于路面以上的高度不应大于 25mm

D. 面向行车方向的坡度:A1 类突起路标不应大于 45°,A2 类突起路标不应大于 65°

(2) 主动发光式突起路标外观应符合下列要求(　　)。

A. 路标壳体应成型完整,无明显的划伤、裂纹、沙眼、气泡等缺陷

B. 边角过渡圆滑、无毛刺、无飞边;外表颜色应一致;玻璃基体无气泡、裂纹

C. 除太阳电池和发光装置外,从上部位置不应观察到其他元件和接线

D. 玻璃基体不应有气泡、裂纹

(3) 主动发光式突起路标主动发光单元性能及数量要求为(　　)。

A. 主动发光单元应采用 LED 光源和荧光光源

B. 每个发光面 LED 数量不应少于 3 粒

C. 单粒 LED 在额定电流时的法向发光强度不应小于 6000mcd

D. 单粒 LED 半强角不小于 15°

(4) 主动发光式突起路标整体发光强度要求为(　　)。

A. 主动发光单元的发光强度不应小于 GB/T 24725—2024 中表 5 的规定值

B. 但上限值不应大于规定值的 150%

C. 入射角 0°、观测角 0.1°时,白、黄、红色路标整体发光强度均为 660mcd

D. 带控制器调节发光强度,则调节结果中至少有一级输出满足 GB/T 24725—2024 中表 5 的规定值

(5) 主动发光单元发光时的要求为(　　)。

A. 色品坐标应符合《道路交通反光膜》(GB/T 18833—2012)中表 8 和图 3 的规定

B. 对主动发光突起路标只要求昼间色

C. 对主动发光突起路标只要求表面色

D. 其色品坐标测试条件为标准照明体 D65,45%;0°,2°视场角

3. 请根据《轮廓标》(GB/T 24970—2020)回答以下问题。

(1) 公路安全保障工程中,为有效减少交通事故,确保交通安全,应在(　　)处设计安装轮廓标。

A. 急弯　　　　B. 陡坡　　　　C. 连续下坡　　　　D. 视距不良

(2) 与 2010 版相比,2020 版《轮廓标》的主要技术变化有(　　)。

A. 删除弹性柱式轮廓标

B. 修改密封性能试验方法

C. 修改轮廓标用Ⅳ类或Ⅴ类反光膜

D. 修改人工加速老化试验方法

(3) 以下关于轮廓标试样制备方法表述正确的有(　　)。

A. 随机抽取轮廓标整体产品作为试样

B. 随机抽取反射器作为反射器试样

C. 随机截取柱式轮廓标,长度不小于 300mm 的一段柱体

D. 随机抽取反光膜,一般截取 1.22m×0.25m 制成试样

(4)产品发光强度系数检测报告时,主要信息至少包括(　　)。
　　A. 光源类型　　B. 反射器类型　　C. 产品颜色　　D. 观测角/入射角

(5)轮廓标工程质量检验实测项目包括(　　)。
　　A. 柱式轮廓标外形尺寸　　　　　　B. 附着式轮廓标竖直度
　　C. 安装角度　　　　　　　　　　　D. 反射器中心高度

4. 试回答轮廓标逆反射体光度性能的问题。

(1)逆反射体光度性能必测参数有(　　)。
　　A. 发光强度系数 R　　　　　　　　B. 亮度 I
　　C. 照度 L　　　　　　　　　　　　D. 逆反射系数 R_A

(2)逆反射体光度性能测量准备要点有(　　)。
　　A. 暗室中测试、标准 A 光源　　　　B. 光探测器至试样距离(d)不小于 15m
　　C. 试样尺寸不小于 150mm×150mm　　D. 保证观测角为 12′~1°或更大

(3)关于 $E_⊥$ 值的测取,说法正确的有(　　)。
　　A. 光探测器放在试样的参考中心位置　B. 正对着光源
　　C. 测量出垂直于试样表面的照度值 $E_⊥$　D. 测量出平行于试样表面的照度值 $E_⊥$

(4)关于 E_r 值的测取,说法正确的有(　　)。
　　A. 试样固定在样品架上,移动光探测器使观测角为 12′
　　B. 光的入射角 $β_2(β_1=0)$ 分别为 0°、±10°、±20°
　　C. 测出对应入射角时试样反射光产生的照度值 E_r(观测角为 12′时的 E_{r0}、E_{r10}、E_{r20})
　　D. 使观测角为 30′,重复选项 B、C,得照度值 E_r(观测角为 30′时的 E_{r0}、E_{r10}、E_{r20})

(5)计算出不同观测角和入射角条件下的发光强度系数 R(　　)。
　　A. $R=(E_r d^2)/E_⊥$　　B. $R=E_r d^2/E_⊥$　　C. $R=E_⊥ d^2/E_r$　　D. $R=E_r/E_⊥ d^2$

5. 试回答轮廓标工程质量检验评定标准的问题。

(1)轮廓标工程质量检验评定的基本要求为(　　)。
　　A. 轮廓标产品应符合现行《轮廓标》(JT/T 388)的规定
　　B. 柱式轮廓标的基础混凝土强度、基础尺寸应符合设计要求
　　C. 轮廓标的布设应符合设计要求并符合施工技术规范的规定
　　D. 柱式轮廓标安装牢固,色度性能、光度性能应满足设计要求

(2)轮廓标工程质量检验评定的实测项目为(　　)。
　　A. 安装角度　　　　　　　　　　　B. 反射器中心高度
　　C. 柱式轮廓标竖直度　　　　　　　D. 光、色度性能

(3)轮廓标工程质量检验评定的非关键实测项目为(　　)。
　　A. 安装角度　　　　　　　　　　　B. 反射器中心高度
　　C. 柱式轮廓标竖直度　　　　　　　D. 光、色度性能

(4)轮廓标工程质量检验评定实测项目使用设备为(　　)。
　　A. 卡尺、直尺　　　　　　　　　　B. 花杆、十字架
　　C. 卷尺、万能角尺　　　　　　　　D. 照度计、逆反射系数测试仪

(5)反射器中心高度的允许误差和抽查频率为(　　)。

　　A. ±10mm,抽查3%　　　　　　　B. ±20mm,抽查5%

　　C. ±30mm,抽查10%　　　　　　 D. ±40mm,抽查15%

习题参考答案及解析

一、单项选择题

1. B

　　【解析】《突起路标》(GB/T 24725—2024)4.1.3。

2. B

　　【解析】《突起路标》(GB/T 24725—2024)4.1.3。

3. D

　　【解析】白色颜色系数为1.0。《突起路标》(GB/T 24725—2024)5.1.3。

4. D

　　【解析】注意不要漏掉黄色颜色系数0.6。《突起路标》(GB/T 24725—2024)5.1.3。

5. B

　　【解析】《突起路标》(GB/T 24725—2024)5.1.3。

6. C

　　【解析】《突起路标》(GB/T 24725—2024)5.1.3。

7. A

　　【解析】《突起路标》(GB/T 24725—2024)5.1.7。

8. D

　　【解析】《突起路标》(GB/T 24725—2024)5.1.3。

9. B

　　【解析】《突起路标》(GB/T 24725—2024)5.1.3。

10. D

　　【解析】《突起路标》(GB/T 24725—2024)5.1.3.2。

11. D

　　【解析】《突起路标》(GB/T 24725—2024)5.1.3.4。

12. B

　　【解析】《突起路标》(GB/T 24725—2024)5.1.3.3。

13. A

　　【解析】《突起路标》(GB/T 24725—2024)5.1.3.3。

14. C

　　【解析】《突起路标》(GB/T 24725—2024)7.2。

15. B

| 16. A | 17. D | 18. B | 19. C | 20. D |
| 21. A | 22. B | 23. C | 24. C | 25. C |

26. C

27. A

28. C

29. D

【解析】《轮廓标》(GB/T 24970—2020)4。

30. D

【解析】《轮廓标》(GB/T 24970—2020)6.1.2。

31. C

二、判断题

1. √

【解析】《突起路标》(GB/T 24725—2024)4.1.2。

2. √

【解析】《突起路标》(GB/T 24725—2024)4.1.1。

3. √

【解析】《突起路标》(GB/T 24725—2024)5.1.2.2。

4. √

【解析】《突起路标》(GB/T 24725—2024)5.1.3.1。

5. √

【解析】《突起路标》(GB/T 24725—2024)5.1.4.1。

6. √

【解析】《突起路标》(GB/T 24725—2024)5.1.4.1。

7. √

【解析】《突起路标》(GB/T 24725—2024)5.1.4.1。

8. √

【解析】《突起路标》(GB/T 24725—2024)5.1.3。

9. ×

【解析】入射角0°,观测角0.2°。《突起路标》(GB/T 24725—2024)5.1.4.2。

10. √

【解析】《突起路标》(GB/T 24725—2024)5.1.4.1。

11. ×

【解析】最小亮度因数为0.75。《突起路标》(GB/T 24725—2024)5.1.4.1。

12. √

【解析】《突起路标》(GB/T 24725—2024)5.1.4.1。

13. √

【解析】《突起路标》(GB/T 24725—2024)5.1.4.2。

14. ×

【解析】无0.33°。《轮廓标》(GB/T 24970—2020)表3。

15. √

16. √   17. √   18. √   19. √   20. √

21. ×

【解析】放置8h。

22. ×

【解析】85℃条件下。

23. ×

【解析】发光强度系数单位应为 $cd \cdot lx^{-1}$。《突起路标》(GB/T 24725—2009)5.5.2。

24. ×

【解析】应垂直。

25. ×

26. ×

【解析】应不低于二级。

27. √

28. ×

【解析】应为黄色逆反射材料。

29. √

【解析】《轮廓标》(GB/T 24970—2020)5.11。

30. ×

【解析】厚度≥2.0mm。

31. √

32. √

33. √

【解析】《轮廓标》(GB/T 24970—2020)6.1.2。

34. ×

【解析】应为"75%以上"。《轮廓标》(GB/T 24970—2020)5.11。

35. √

【解析】《公路工程质量检验评定标准 第一册 土建工程》(JTG F80/1—2017)11.8.2。

三、多项选择题

1. ABCD

【解析】《突起路标》(GB/T 24725—2024)3.5。

2. ABCD

【解析】《突起路标》(GB/T 24725—2024)4.1.3。

3. BCD

【解析】查其检测环境,A1类逆反射式突起路标发光强度系数基数为580mcd·lx^{-1},白色逆反射体的颜色系数为1.0,故A选项不符。《突起路标》(GB/T 24725—2024)5.1.3。

4. BCD

【解析】查其检测环境,A3类逆反射式突起路标发光强度系数基数为10mcd·lx^{-1},红色逆反射体的颜色系数为0.2,故选BCD。《突起路标》(GB/T 24725—2024)5.1.3。

5. CD

【解析】查其检测环境,A2类逆反射式突起路标发光强度系数基数为220mcd·lx^{-1},黄色逆反射体的颜色系数为0.6,故选CD。《突起路标》(GB/T 24725—2024)5.1.3。

6. ABCD

【解析】查其检测环境,A2类逆反射式突起路标发光强度系数基数为11.8mcd·lx^{-1},绿色逆反射体的颜色系数为0.3,故全选。《突起路标》(GB/T 24725—2024)5.1.3。

7. ABC

【解析】《突起路标》(GB/T 24725—2024)6.4.2。

8. ABCD

【解析】《突起路标》(GB/T 24725—2024)6.4.2。

9. ABCD

【解析】《突起路标》(GB/T 24725—2024)6.4.3。

10. ABCD

【解析】《突起路标》(GB/T 24725—2024)6.5.1。

11. AC

【解析】《突起路标》(GB/T 24725—2024)7.3。

12. AB

【解析】《突起路标》(GB/T 24725—2024)6.11.3.2。

13. ABCD

【解析】《突起路标》(GB/T 24725—2024)6.11.3.2。

14. ABCD

【解析】《突起路标》(GB/T 24725—2024)6.11.3.2。

15. ABC

16. ABC　　　17. ABCD　　　18. ABCD　　　19. ABCD　　　20. ABCD

21. AB

22. AD

【解析】《突起路标》(GB/T 24725—2009)5.4。

23. BC

24. ABD

【解析】1h的余辉亮度应大于300mcd/m^2。《突起路标》(GB/T 24725—2009)5.6。

25. ABCD

【解析】《突起路标》(GB/T 24725—2009)6.12。

26. ABD

27. BC
28. BCD

【解析】按现行 GB/T 3979 的方法。《轮廓标》(GB/T 24970—2020)6.5.1。

29. BC

【解析】《轮廓标》(GB/T 24970—2020)6.6。

30. ABC

【解析】《突起路标》(GB/T 24725—2009)4.2.2。

31. ACD

【解析】选项 B：余辉亮度应大于 1800mcd/m²。《轮廓标》(GB/T 24970—2020)5.6。

四、综合题

1. (1)ABCD (2)ABCD (3)AD (4)ABCD (5)D
2. (1)ABCD (2)ABCD (3)BCD (4)ACD (5)ABCD

【解析】(1)《突起路标》(GB/T 24725—2024)5.1.2。

(2)《突起路标》(GB/T 24725—2024)5.2.2。

(3)只采用 LED 光源。《突起路标》(GB/T 24725—2024)5.2.3.1。

(4)上限值不应大于规定值的 110%。《突起路标》(GB/T 24725—2024)5.2.3.2。

(5)《道路交通反光膜》(GB/T 18833—2012)5.4。

3. (1)ABCD (2)ACD (3)ABD (4)ABCD (5)CD

【解析】(1)四个选项均正确。

(2)GB/T 24970—2020 前言。

(3)GB/T 24970—2020 中 6.1.1。选项 C：完整条件为"随机截取柱式轮廓标带有完整黑色标记和反光材料、长度不小于 300mm 的一段柱体作为产品试样"。

(4)GB/T 24970—2020 中 5.4、5.5。

(5)《公路工程质量检验评定标准 第一册 土建工程》(JTG F80/1—2017)11.8.2。

4. (1)AD (2)ABCD (3)ABC (4)ABCD (5)AB

【解析】(5) d 为试样参考中心与光探测器孔径表面的距离，单位为 m。

5. (1)BCD (2)ABC (3)ABC (4)ABC (5)B

【解析】(1)选项 A 中应为"《轮廓标》(GB/T 24970)"。《公路工程质量检验评定标准 第一册 土建工程》(JTG F80/1—2017)11.8.1。

(2)、(5)《公路工程质量检验评定标准 第一册 土建工程》(JTG F80/1—2017)11.8.2。

(3)选项 D 中，光、色度性能不要求实测。《公路工程质量检验评定标准 第一册 土建工程》(JTG F80/1—2017)11.8.2。

(4)光度性能不要求实测，检查出厂或进场检测报告。《公路工程质量检验评定标准 第一册 土建工程》(JTG F80/1—2017)11.8.2。

第十二章　交通安全设施工程验收检测

复习提示

本章主要是管理性问题,如单位工程、分部工程、分项工程的划分和相应的工程质量检验评定方法及检查项目的合格率计算等。本章引用的标准主要有《公路工程质量检验评定标准　第一册　土建工程》(JTG F80/1—2017)和《公路工程质量检验评定标准　第二册　机电工程》(JTG 2182—2020)。其中,《公路工程质量检验评定标准　第二册　机电工程》(JTG 2182—2020)中相关施工工程质量要求及检验评定标准,在后续第十三章至第十九章中还将被引用。

习题

一、单项选择题

1. 工程质量检验评定单元为(　　)。
   A. 单位工程　　　B. 分部工程　　　C. 分项工程　　　D. 合同段
2. 交通安全设施工程一般项目的合格率应不小于(　　)。
   A. 70%　　　　　B. 75%　　　　　C. 80%　　　　　D. 90%
3. 交通安全设施关键项目的合格率应不小于(　　)。
   A. 75%　　　　　B. 85%　　　　　C. 95%　　　　　D. 100%
4. 高速公路机电系统属于(　　)。
   A. 单位工程　　　B. 分项工程　　　C. 分部工程　　　D. 合同段
5. 在合同段中,具有独立施工条件和结构功能的工程为(　　)。
   A. 检验批　　　　B. 分部工程　　　C. 分项工程　　　D. 单位工程
6. 交通工程一般项目的合格率应不低于(　　)。
   A. 75%　　　　　B. 80%　　　　　C. 85%　　　　　D. 90%
7. 交通安全设施工程关键项目的合格率应不低于(　　)。
   A. 85%　　　　　B. 90%　　　　　C. 95%　　　　　D. 100%
8. 机电工程中施工单位对每分项工程的检查频率为(　　)。
   A. 30%　　　　　B. 50%　　　　　C. 80%　　　　　D. 100%
9. 机电工程检验评定内容包括基本要求、实测项目、资料和(　　)。
   A. 参数测试　　　B. 功能测试　　　C. 外观鉴定　　　D. 性能测试

10. 工程质量检验评定以分项工程为单元,采用( )。
   A. 5 分制   B. 100 分制
   C. 甲、乙、丙、丁分级制   D. 合格率
11. 监控设施工程属于机电工程中的( )。
   A. 单项工程   B. 单位工程   C. 分部工程   D. 分项工程
12. 工程质量保证资料应真实、准确、齐全、完整,其检查时间为( )。
   A. 分项工程质量检验评定之前   B. 分项工程质量检验评定之后
   C. 分部工程质量检验评定之前   D. 分部工程质量检验评定之后
13. 机电工程关键项目的检测合格率不小于( )。
   A. 75%   B. 85%   C. 95%   D. 100%
14. 工程质量最基本的检验评定单元为( )。
   A. 检验批   B. 分项工程   C. 分部工程   D. 单位工程
15.《公路工程质量检验评定标准 第一册 土建工程》(JTG F80/1—2017)第 3.2.4 条规定:本标准规定的检查方法为标准方法,采用其他高效检测方法应经( )。
   A. 专家组确认   B. 比对确认   C. 主管部门确认   D. 总监确认

二、判断题

1. 评定为不合格的分项工程返工后,重新评分值时按其复评分值的 90% 计算。( )
2. 机电工程实测一般项目合格率不得低于 90%。( )
3. 机电工程分项工程各项实测检查项目的权值均为 1。( )
4. 分项工程质量评定合格应符合:(1)检验记录应完整;(2)实测项目应合格;(3)施工资料应齐全。( )
5. 机电工程分项工程检查频率,工程监理单位为 30%。( )
6. 交通安全设施分项工程评分值不小于 75 分者为合格,小于 75 分者为不合格。( )
7. 交通安全设施每标段为一单位工程。( )
8.《公路工程质量检验评定标准 第一册 土建工程》(JTG F80/1—2017)规定:对检查项目按规定的检查方法和频率进行指定抽样检验并计算合格率。( )
9. 检查项目合格率(%) = $\dfrac{检查合格的点(组)数}{该检查项目的全部检查点(组)数} \times 100$。( )
10. 分项工程应按基本要求、实测项目、外观质量等检验项目分别检查。( )
11. 从路段长度规定的检查频率是双车道路段的最低检查频率,对多车道应按车道数与双车道之比相应增加检测量。( )
12. 交通工程检验评定的内容包括基本要求、实测项目、外观鉴定和质量保证资料检查等检验项目。( )
13. 分项工程是分部工程的组成部分,是施工图预算中最基本的计算单位。( )
14. 分部工程所属任一分项工程不合格,则该分部工程为不合格。( )
15. 评定为不合格的分项工程,经加固、补强或返工、调测,满足设计要求后,可以重新进行检验评定。( )

三、多项选择题

1. 工程质量评定等级分为（　　）。
   A. 不合格　　　　B. 合格　　　　C. 良好　　　　D. 优质
2. 产品可靠性的参量有（　　）。
   A. 可用功能效率　　　　　　　　B. 极限寿命
   C. 失效率　　　　　　　　　　　D. 平均无故障工作时间
3. 安全设施质量特性主要有（　　）。
   A. 外观质量　　B. 材料要求　　C. 防腐涂层质量　　D. 光、色度性能
4. 分项工程中关键项目的决定因素为（　　）。
   A. 安全　　　　B. 卫生　　　　C. 环境保护　　　　D. 公众利益
5. 建设项目质量等级评定为合格要求为（　　）。
   A. 项目所含单位工程全部合格　　　B. 项目所含分部工程全部合格
   C. 项目所含分项工程全部合格　　　D. 项目所含检验批全部优良
6. 分项工程质量检验内容包括（　　）。
   A. 基本要求　　　　　　　　　　B. 实测项目
   C. 外观鉴定　　　　　　　　　　D. 质量保证资料基本要求
7. 交通工程检测试验中，检测试验依据主要有（　　）。
   A. 国家及行业技术标准　　　　　B. 出厂证明
   C. 合格证书　　　　　　　　　　D. 设计文件

四、综合题

1. 试回答下列交通安全设施工程质量检测评定方面的问题。
(1) 分项工程合格的条件为（　　）。
   A. 评分≥75 分　　　　　　　　　B. 评分≥80 分
   C. 合格率≥75%　　　　　　　　 D. 合格率≥80%
(2) 分项工程验收时的相关要求为（　　）。
   A. 关键项目检测合格率为 100%，否则必须进行返工处理
   B. 实测项目的任一单个检测值突破规定极限值，则该实测项目不合格
   C. 外观质量应进行全面检查，并满足规定要求，否则该检查项目不合格
   D. 原材料配比基础等七类质量保证资料齐全
(3) 不合格分项工程的处理方法为（　　）。
   A. 经加固、补强满足设计要求　　　B. 经返工调测满足设计要求
   C. 复评分数大于 95 分为合格　　　D. 满足设计要求后重新进行检验评定
(4) 分部工程质量评定要求为（　　）。
   A. 所属各分项工程全部合格，则该分部工程评定为合格
   B. 所属任一分项工程不合格，则该分部工程评定为不合格

C. 所含分项工程和实测项目应合格

D. 所属有两项(或以上)非关键分项工程不合格,则该分部工程评定为不合格

(5)某交通安全设施单位工程各分部工程合格率均满足要求(一般项目大于80%,关键项目大于95%),仅有一分项工程外观质量不满足要求,该单位工程评定为(　　)。

　　A. 不合格　　　　　　　　　　　　B. 整改后重新评定

　　C. 合格,但不能评优　　　　　　　D. 合格,但要整改

习题参考答案及解析

一、单项选择题

1. C
2. C

【解析】《公路工程质量检验评定标准 第一册 土建工程》(JTG F80/1—2017)3.2.5。JTG F80/1—2017改变了2004版中评分的做法,而改用合格率对公路工程进行质量检验评定。

3. C

【解析】《公路工程质量检验评定标准 第一册 土建工程》(JTG F80/1—2017)3.2.5。

4. A
5. D

【解析】《公路工程质量检验评定标准 第一册 土建工程》(JTG F80/1—2017)3.1.1。

6. B

【解析】《公路工程质量检验评定标准 第一册 土建工程》(JTG F80/1—2017)3.2.5。

7. C

【解析】《公路工程质量检验评定标准 第一册 土建工程》(JTG F80/1—2017)3.2.5。

8. D
9. C
10. D

【解析】《公路工程质量检验评定标准 第一册 土建工程》(JTG F80/1—2017)3.2.4。

11. C
12. A

【解析】《公路工程质量检验评定标准 第一册 土建工程》(JTG F80/1—2017)3.3.3。

13. D

【解析】《公路工程质量检验评定标准 第一册 土建工程》(JTG F80/1—2017)3.2.5。

14. B

【解析】《公路工程质量检验评定标准 第一册 土建工程》(JTG F80/1—2017)3.3。

15. B

【解析】《公路工程质量检验评定标准 第一册 土建工程》(JTG F80/1—2017)3.2.4。

二、判断题

1. ×

【解析】《公路工程质量检验评定标准 第一册 土建工程》(JTG F80/1—2017)3.3.6。复评时权值不是0.9(2004版规范),而为1(2017版规范)。

2. √

【解析】《公路工程质量检验评定标准 第二册 机电工程》(JTG 2182—2020)3.2.5。

3. √

4. ×

【解析】(3)应为外观质量应满足要求。《公路工程质量检验评定标准 第一册 土建工程》(JTG F80/1—2017)3.3.3。

5. √

6. ×

【解析】《公路工程质量检验评定标准 第一册 土建工程》(JTG F80/1—2017)3.2.5。

7. √

8. ×

【解析】应进行随机抽样检验。《公路工程质量检验评定标准 第一册 土建工程》(JTG F80/1—2017)3.2.4。

9. √

10. ×

【解析】漏掉"质量保证资料"。《公路工程质量检验评定标准 第一册 土建工程》(JTG F80/1—2017)3.2.1。

11. √

【解析】《公路工程质量检验评定标准 第一册 土建工程》(JTG F80/1—2017)3.2.4。

12. √

【解析】《公路工程质量检验评定标准 第一册 土建工程》(JTG F80/1—2017)3.2.1。

13. √

14. √

【解析】分部工程所属分项工程全部合格,该分部工程合格。

15. √

【解析】《公路工程质量检验评定标准 第一册 土建工程》(JTG F80/1—2017)3.3.6。

三、多项选择题

1. AB   2. ACD   3. ABCD   4. ABCD   5. ABC

6. ABCD

7. AD

四、综合题

1. (1) D　　　(2) BC　　　(3) ABD　　　(4) ABC　　　(5) AB

【解析】(1)《公路工程质量检验评定标准　第一册　土建工程》(JTG F80/1—2017) 3.2.5。

(2) 关键项目检测合格率大于95%,原材料配比基础等六类质量保证资料齐全。《公路工程质量检验评定标准　第一册　土建工程》(JTG F80/1—2017) 3.2。

(3)《公路工程质量检验评定标准　第一册　土建工程》(JTG F80/1—2017) 3.3.6。

(4)《公路工程质量检验评定标准　第一册　土建工程》(JTG F80/1—2017) 3.3。

(5)《公路工程质量检验评定标准　第一册　土建工程》(JTG F80/1—2017) 3.3。

第十三章　通用检测方法

复习提示

本章习题为环境适应性、机械振动、IP防护、电磁兼容、电气安全性能的相关内容,引用的标准有《环境试验　第2部分:试验方法　试验N:温度变化》(GB/T 2423.22—2012)、《环境试验　第2部分:试验方法　试验Fc:振动(正弦)》(GB/T 2423.10—2019)、《外壳防护等级(IP代码)》(GB/T 4208—2017)、《公路机电系统设备通用技术要求及检测方法》(JT/T 817—2011)、《公路机电工程测试规程》(JTG/T 3520—2021)、《环境试验　第2部分:试验方法　试验Kb:盐雾,交变(氯化钠溶液)》(GB/T 2423.18—2021)等,而以上规范在后面各章还会多次引用。

习题

一、单项选择题

1. 防雷系统通常由接闪器、引下线和(　　)组成。
   A. 避雷线　　　　B. 避雷针　　　　C. 避雷网　　　　D. 接地装置
2. 户外设备做振动试验,在2~9Hz扫频时期位移幅值为(　　)。
   A. 2mm　　　　B. 3.5mm　　　　C. 5mm　　　　D. 6.5mm
3. 车载设备做振动试验,频率上限为(　　)。
   A. 200Hz　　　　B. 300Hz　　　　C. 400Hz　　　　D. 500Hz
4. IP防护等级组成的数字有(　　)。
   A. 1个　　　　B. 2个　　　　C. 3个　　　　D. 4个
5. 做IPX4防水试验,应采用(　　)。
   A. 喷水试验　　B. 短时浸水试验　　C. 溅水试验　　D. 淋水试验
6. 我国常规型低压配电设备都能适用的海拔为(　　)。
   A. 500m及以下地区　　　　　　B. 1000m及以下地区
   C. 1500m及以下地区　　　　　　D. 2000m及以下地区
7. 交通行业中使用的车载机电产品依据《公路机电系统设备通用技术要求及检测方法》(JT/T 817—2011)做振动试验时,扫频速率为(　　)。
   A. 每分钟1个倍频程　　　　　　B. 每分钟5个倍频程

C. 每分钟 5 个循环　　　　　　　　D. 每分钟 10 个循环

8.《环境试验　第 2 部分:试验方法　试验 Fc:振动(正弦)》(GB/T 2423.10—2019)中规定扫描频率范围应覆盖危险频率的(　　)。

A. 0.7 ~ 1.3 倍　　　　　　　　　B. 0.75 ~ 1.25 倍
C. 0.8 ~ 1.2 倍　　　　　　　　　D. 0.85 ~ 1.15 倍

9. 对设备的信号输入或输出端口进行电快速瞬变脉冲群抗扰度试验时,通过耦合/去耦网络施加到输入或输出信号端口上试验电压为(　　)。

A. 1kV　　　　B. 1.5kV　　　　C. 2kV　　　　D. 2.5kV

10. 接地电阻表其准确度不应低于现行《接地电阻表检定规程》(JJG 366)规定的(　　)。

A. 0.5　　　　B. 1 级　　　　C. 2 级　　　　D. 3 级

二、判断题

1. 电磁兼容性(EMC)是指设备或系统在其电磁环境中能正常运行。　　　(　　)
2. 电磁干扰有传导干扰和辐射干扰两种。　　　(　　)
3. 车载设备做振动试验,频率上限为 500Hz。　　　(　　)
4. 振动台按其工作原理可以分为机械振动台、电动振动台和液压振动台。(　　)
5. 振动试验的严酷等级由频率范围、振动幅值和耐久试验的持续时间 3 个参数共同确定。
(　　)
6. 户外设备做振动试验时,2 ~ 9Hz 按位移控制,位移幅值 3.5mm;9 ~ 150Hz 按加速度控制,加速度为 20m/s²。　　　(　　)
7. IP65 表示产品可以完全防止粉尘进入并可用水冲洗,无任何伤害。　　(　　)
8. 机电设备的立柱壁厚、板厚做检测,仪器一般用超声波测厚仪。　　(　　)
9. 超声波测厚仪检测前要校准。校准方法为用校准试块校准。　　(　　)
10. 交流电源接地系统主要包括工作接地、防静电接地、防雷接地 3 种形式。(　　)
11. 除特殊规定外,机电产品的试验条件为环境温度:25 ~ 55℃;相对湿度:35% ~ 75%;大气压力:85 ~ 106kPa。　　　(　　)
12. 机电设备依据《外壳防护等级(IP 代码)》(GB/T 4208—2017)做外壳防护等级防尘试验时,正常情况下应开启的泄水孔,试验期间应封堵。　　　(　　)
13. 对确定的放电点进行静电放电抗扰度试验,试验电压为 2kV;至少施加 10 次单次放电,放电之间间隔至少 1s;产品的各种动作、功能及运行逻辑应正常。　　(　　)
14. 外场机电设备宜采用 NT 系统接地。　　　(　　)
15. 交通机电产品耐温度交变试验通常用"两箱法",低温为 - 50℃,高温为 +70℃。(　　)
16. 抗射频电磁场辐射试验是模拟开关动作和雷电感应产生的骚扰对电子设备造成的干扰,测试被试验设备的抗干扰能力。　　　(　　)
17. 机械振动中的危险频率可引起样品呈现出不正常和/或性能变坏,机械共振或其他作用的响应,如颤动。　　　(　　)
18. 机电工程关键项目为分项工程中对设备安全、耐久性起决定性作用的检查项目。
(　　)

19. 机电工程施工单位和监理单位在工程完工后进行质量检验时,所有项目合格率应为95%,否则应进行整修或返工处理直至符合要求后再进行交工质量检测。 (　　)

20.《公路机电系统设备通用技术要求及检测方法》(JT/T 817—2011)规定,公路系统设备应设安全保护接地端子,接地端子与机壳连接可靠,连接电阻应小于0.1Ω。 (　　)

21. 车载机电设备做振动试验时,2~9Hz 按位移控制,位移幅值 7.5mm;9~500Hz 按加速度控制,加速度为 20m/s²。 (　　)

三、多项选择题

1. IP 防水等级和防尘等级分为(　　)。
   A. IPX0 ~ IPX9　　　B. IP0X ~ IP6X　　　C. IPX1 ~ IPX9　　　D. IP1X ~ IP6X

2. 以下有关设备机壳防水等级试验要求,说法正确的是(　　)。
   A. 进行 IPX1 至 IPX6 试验时,水温与试验样品的温差应不大于 5K(如果水温与试样温差超过 5K,应使外壳内外保持压力平衡)
   B. IPX4 试验时间为 3min
   C. IPX5 试验使用 6.3mm 喷嘴,IPX6 试验使用 12.5mm 喷嘴
   D. IPX5 及 IPX6 试验外壳表面每平方米喷水时间约 1min,试验时间最少 3min

3. 机械振动和冲击试验的目的是(　　)。
   A. 确定电工电子产品的机械薄弱环节　　　B. 确定电工电子产品的性能下降情况
   C. 确定样品的结构完好性　　　D. 研究电工电子产品的动态特性

4. 机械振动试验设备有(　　)。
   A. 电动振动台　　　B. 传感器　　　C. 检测仪表　　　D. 压力试验机

5. IP 代码是指电气设备外壳的防护能力为(　　)。
   A. 防止人体接近壳内危险部件
   B. 防止固体异物进入壳内设备
   C. 防止漏电
   D. 防止由于水进入壳内对设备造成有害影响

6. 代码 IP68 表示该电气设备外壳的防护能力为(　　)。
   A. 防尘 6 级,防水 8 级
   B. 防尘 8 级,防水 6 级
   C. 可防强烈喷水;直径 2.5mm 的试具不得进入壳内
   D. 可防持续潜水影响(可长期潜水);直径 1.0mm 的试具不得进入壳内

7. 下列说法正确的是(　　)。
   A. 三相负载作星形联结时,必须有中性线
   B. 三相负载作星形联结时,线电流必等于相电流
   C. 三相负载作星形联结时,线电压必为相电压的 $\sqrt{3}$ 倍
   D. 若电动机每相绕组的额定电压为 220V,当对称三相电源的线电压为 380V 时,电动机绕组应接成星形才能正常工作

8. 常用的滤波器有(　　)。
   A. 带阻滤波器　　　B. 带通滤波器　　　C. 互通滤波器　　　D. 高通滤波器
9. 感应雷主要危害形态为(　　)。
   A. 产生强大的感应电流或高压　　　B. 地电位上升
   C. 静电场增加　　　D. 能量巨大
10. 一般来说,雷电侵入高速公路机电系统设备的路径主要有(　　)。
    A. 交流电源线引入　　　B. 视频及控制线引入
    C. 避雷针引入　　　D. 地电位反击
11. 公路供电系统的接地形式有(　　)。
    A. TN 系统　　　B. TT 系统　　　C. IT 系统　　　D. TN-C-S 系统
12. 用指针式万用表测量未知电阻时(　　)。
    A. 不可以带电测量电阻　　　B. 不可以带电切换量程
    C. 应先放在欧姆挡的大量程上　　　D. 应先放在欧姆挡的小量程上
13. 低压测电笔使用正确的是(　　)。
    A. 用手接触前端金属　　　B. 用手接触后端金属
    C. 只能测 500V 及以下电压　　　D. 测时先测带电体以确定其好坏
14. 《环境试验　第 2 部分:试验方法　试验 Fc:振动(正弦)》(GB/T 2423.10—2019)规定的振动试验下限频率为(　　)。
    A. 0.1Hz　　　B. 5Hz　　　C. 55Hz　　　D. 100Hz
15. 有金属护套、屏蔽层或铠装的电缆绝缘电阻测量方法为(　　)。
    A. 兆欧表测量端子 L 连接电缆导体
    B. 兆欧表接地端子 E 连接金属护套、屏蔽层或铠装层
    C. 兆欧表测量端子 G 连接金属护套、屏蔽层或铠装层
    D. 兆欧表测量端子 G 连接紧贴绝缘层表面的保护环
16. 公路机电工程各分项工程抽样检查频率应符合的要求为(　　)。
    A. 施工单位自检为 100%
    B. 监理单位抽检不低于 30%
    C. 检测单位交工质量检测不低于 30%,竣工质量鉴定不低于 10%
    D. 当测点数少于 5 个时,应全部检查

四、综合题

1. 请根据《环境试验　第 2 部分:试验方法　试验 Kb:盐雾,交变(氯化钠溶液)》(GB/T 2423.18—2021),回答下列问题。
   (1)循环盐雾试验的试验设备及要求为(　　)。
   A. 盐雾箱:应符合 ISO 9227 的要求,应能保持 35℃ ±2℃ 的温度
   B. 湿热箱:应符合 IEC 60068-2-78 的要求,温度为 40℃ ±2K 时,应保持相对湿度(93 ±3)%,温度为 50℃ ±2K 时,应保持相对湿度超过 95%
   C. 标准大气箱:应符合 IEC 60068-1 的要求,在 23℃ ±2K 时能保持(50 ±5)% 的相对湿度

D. 干燥箱:在温度为60℃±2℃时能保持相对湿度小于30%

(2)循环盐雾试验严酷等级的试验方法种类为(　　)。

　　A.7 种　　　　　　B.8 种　　　　　　C.9 种　　　　　　D.10 种

(3)其中试验方法1和试验方法2通常适应的范围是(　　)。

　　A. 试验方法1和试验方法2通常在元件质量保证程序中用作普通腐蚀试验

　　B. 试验方法1和试验方法2可用于海洋环境或在近海地区使用的产品

　　C. 试验方法3至试验方法6通常用于在含盐大气与干燥大气之间频繁交替使用的产品

　　D. 试验方法7规定了一定次数的试验循环,包括盐雾喷洒以及干燥条件和湿热条件,可用作一般腐蚀测试

(4)试验方法1的试验循环过程为(　　)。

　　A. 盐雾条件2h→湿热条件6d22h

　　B. 盐雾条件4h→湿热条件6d20h

　　C.4个循环周期共28d

　　D. 在手动操作的情况下,转移时间(最长2h)宜包含在湿热条件下

(5)试验方法7的试验循环过程为(　　)。

　　A. 盐雾条件2h→干燥条件4h→湿热条件2h

　　B. 盐雾条件2h→湿热条件2h→干燥条件4h

　　C. 有3、6、12、30、45、60、90、150、180个循环周期

　　D. 转移时间:从盐雾到干燥条件为≤30min 或 30~60min,从干燥到湿热条件为≤15min 或 15~30min,从湿热到盐雾条件为≤30min

2. 根据《公路机电工程测试规程》(JTG/T 3520—2021)规定,试回答下列接地电阻测试的问题。

(1)本方法适用于测试(　　)。

　　A. 机电工程外场设施保护接地电阻　　　　B. 机电工程外场设施防雷接地电阻

　　C. 机电工程外场设施工作接地电阻　　　　D. 机电工程外场设施静电接地电阻

(2)接地电阻测试检测所用仪器及要求为(　　)。

　　A. 数字式接地电阻表

　　B. 模拟式接地电阻表

　　C. 准确度不应低于现行《接地电阻表检定规程》(JJG 366)规定的3级

　　D. 准确度不应低于现行《接地电阻表检定规程》(JJG 366)规定的2级

(3)测试测试方法为(　　)。

　　A. 测试前应确认试验引线的绝缘未损坏或龟裂,接地棒表面清洁

　　B. 测试前应对仪器设备调零,设置补偿电阻等相关参数

　　C. 按要求,从被测接地极向外,依次将电位极接地棒和电流极接地棒插入土壤

　　D. 选择合适的量程,启动测试,读取测试值并记录

(4)测试要求为(　　)。

　　A. 接地棒插入土壤时,应挤实四周土壤

B.电流极、电位极和被测接地极之间的距离应符合接地电阻表的使用要求

C.测试过程中应防止人员停留或走近电流极

D.不宜在有雷暴、雨、雪等天气条件下进行测试

(5)测试结果为(　　)。

　　A.接地电阻表的测试值

　　B.单位为 kΩ

　　C.测试结果≥1Ω 时,测试结果数值修约间隔为0.1

　　D.测试结果<1Ω 时,测试结果数值修约间隔为0.01

3.根据《公路机电工程测试规程》(JTG/T 3520—2021)规定,试回答下列绝缘电阻测试的问题。

(1)本方法适用的绝缘电阻测试有(　　)。

　　A.公路机电设备电气系统　　　　B.有金属护套电缆

　　C.铠装电缆　　　　　　　　　　D.带屏蔽层电缆

(2)绝缘电阻测试检测所用仪器及要求为(　　)。

　　A.数字式绝缘电阻表

　　B.模拟式兆欧表

　　C.准确度不应低于现行《电子式绝缘电阻表检定规程》(JJG 1005)规定的3级

　　D.准确度不应低于现行《电子式绝缘电阻表检定规程》(JJG 1005)规定的5级

(3)机电设备电气系统绝缘电阻测试方法为(　　)。

　　A.断开系统的外部供电电路、断开系统与其保护接地电路及浪涌保护器件

　　B.将接地端子 E 接设备保护接地,将线路端子 L 连接设备的电源输入端子

　　C.在 L 端子与 E 端子间施加规定等级的测试电压,待示数稳定后读取绝缘电阻值

　　D.若示数不稳定,应施加测试电压60s,读取测试过程中绝缘电阻最大值并记录

(4)测试电缆时,在其绝缘表面加保护环,并与绝缘电阻表 G 端连接,按下列步骤测试(　　)。

　　A.断开被测电缆与供电系统及用电设施的连接并对被测电缆进行充分放电

　　B.测试单芯电缆时,将接地端子 E 连接金属护套或屏蔽层或铠装层,将测量线路端子 L 连接电缆导体

　　C.测试多芯电缆时,接地端子 E 分别连接其余线芯与金属护套或屏蔽层或铠装层用测量线路端子 L 连接被测线芯分别测试每一线芯

　　D.在 L 端子与 E 端子间分别施加测试电压,示数稳定后读取相应绝缘电阻值

(5)测试结果为(　　)。

　　A.机电设备电气系统绝缘电阻测试结果的单位为 MΩ,数值修约间隔为1

　　B.电缆绝缘电阻测试结果的单位为 MΩ·km

　　C.被测电缆绝缘电阻 $R_L = R_X$(测值)$\times L$(km)

　　D.某绝缘电阻表最大量程为550MΩ,超量程时结果应表达为:≥550MΩ

4.温度交变试验用于评价电子元件设备和其他产品经受环境温度迅速变化的能力,请根据《环境试验　第2部分:试验方法　试验 N:温度变化》(GB/T 2423.22—2012),回答下列问题。

(1)GB/T 2423.22—2012中涉及以下几种试验方法,我国公路机电产品温度交变试验一般选择（　　）。

　　A.试验Na:规定转换时间的快速温度变化试验

　　B.试验Nb:规定温度变化速率的温度变化试验

　　C.试验Nc:两液槽温度快速变化试验

　　D.试验Q:密封

(2)以下有关温度交变试验设备,描述正确的是（　　）。

　　A.试验设备可以采用一个具有快速温度交变能力的专用试验箱,也可以采用一个高温箱和一个低温箱的组合

　　B.如果采用两湿度箱的组合,高温箱和低温箱放置位置应能使试验样品在规定时间内从一个箱转移到另一个箱,转换方法可以是手动或自动

　　C.试验箱中放置样品的任一区域内应能保持试验所规定的空气温度

　　D.样品放入试验箱后,需在5min内完成对试验箱加压

(3)以下有关温度交变试验方法,描述正确的是（　　）。

　　A.初始检测时应按有关标准的规定,对试验样品进行外观检查及机械和电气安全性能的检测

　　B.将无包装、不通电的试验样品,在"准备使用"状态下,按正常工作位置放置于试验箱内。然后打开样品的电源,使其处于正常工作状态

　　C.高温和低温试验的转换时间应为5～10min

　　D.达到规定的试验持续时间后关闭试验箱电源,在标准大气条件下进行恢复,时间要足以达到温度稳定

(4)温度交变试验的严酷等级决定因素有（　　）。

　　A.高温温度值　　　　　　　　　　B.低温温度值

　　C.转换时间　　　　　　　　　　　D.循环次数

(5)温度交变试验可能会使样品出现的问题有（　　）。

　　A.样品内部出现润滑脂凝结现象　　B.样品的电源模块出现工作故障

　　C.样品结构变形或开裂　　　　　　D.玻璃蒙面的样品破碎

5.试回答下列关于机械振动与冲击试验的问题。

(1)机械振动和冲击试验的目的是（　　）。

　　A.用来确定电工电子产品的机械薄弱环节或性能下降情况

　　B.运用试验资料结合有关规范来决定样品是否可以接收

　　C.确定样品的结构完好性和研究其动态特性

　　D.根据经受试验中各种严酷等级的能力来划分元器件的等级

(2)振动台按其工作原理可以分为（　　）。

　　A.机械振动台　　　　　　　　　　B.电动振动台

　　C.液压振动台　　　　　　　　　　D.气压振动台

(3)振动试验的严酷等级由以下参数共同确定（　　）。

　　A.环境温度　　　　　　　　　　　B.频率范围

C. 振动幅值　　　　　　　　　　D. 耐久试验的持续时间

(4) 户外设备做振动试验时，2Hz→9Hz→150Hz→9Hz→2Hz 为一个循环，扫描速率为每分钟一个倍频程，共经历 20 个循环。其振幅控制为（　　）。

　　A. 2~9Hz 按位移控制，位移幅值 2mm；9~150Hz 按加速度控制，加速度为 15m/s²
　　B. 2~9Hz 按位移控制，位移幅值 3.5mm；9~150Hz 按加速度控制，加速度为 20m/s²
　　C. 2~9Hz 按位移控制，位移幅值 5mm；9~150Hz 按加速度控制，加速度为 25m/s²
　　D. 2~9Hz 按位移控制，位移幅值 8mm；9~150Hz 按加速度控制，加速度为 30m/s²

(5) 车载设备做振动试验除频率上限不同外，其他试验参数和户外设备相同，其频率上限为（　　）。

　　A. 200Hz　　　　B. 300Hz　　　　C. 400Hz　　　　D. 500Hz

6. 试回答外壳类型为第二种类型（外壳内气压与周围大气压力相同）的设备，IP 防护第一位特征数字为 5 和 6 的防尘试验的问题。

(1) 试验设备有（　　）。
　　A. 密闭防尘试验箱　　　　　　B. 粉末循环泵
　　C. 金属方孔筛　　　　　　　　D. 鼓风机（300L/min）

(2) 金属方孔筛的规格为（　　）。
　　A. 筛孔尺寸 75μm　　　　　　B. 筛孔尺寸 100μm
　　C. 金属丝直径 50μm　　　　　D. 金属丝直径 75μm

(3) 滑石粉用量为（　　）。
　　A. 1kg/m³　　　B. 2kg/m³　　　C. 3kg/m³　　　D. 4kg/m³

(4) 被试设备放入试验箱内时正确的说法有（　　）。
　　A. 按正常工作位置放置
　　B. 按最大接受粉尘位置放置
　　C. 设备在正常情况下开启的泄水孔在试验期间保持开启
　　D. 设备在正常情况下开启的泄水孔在试验期间保持关闭

(5) 被试件按正常工作位置放入试验箱，开启粉末循环泵，不停地扬尘，试验后机壳内无明显灰尘沉积，即认为试验合格。试验时间为（　　）。
　　A. 8h　　　　　B. 12h　　　　　C. 16h　　　　　D. 24h

7. 试回答下列绝缘电阻测试的问题。

(1) 接地电阻测试仪的类型有（　　）。
　　A. 手摇发电机式绝缘电阻测试仪　　　B. 电子式绝缘电阻测试仪
　　C. 霍尔元件式绝缘电阻测试仪　　　　D. 超声式绝缘电阻测试仪

(2) 机电设备绝缘电阻测试时对绝缘电阻测试仪准确度要求为（　　）。
　　A. 0.5 级　　　B. 1.0 级　　　C. 2.5 级　　　D. 没具体规定

(3) 绝缘电阻测试仪各端子名称为（　　）。
　　A. "地"（E）端钮　　　　　　B. "线"（L）端钮
　　C. "屏"（G）端钮　　　　　　D. "放"（F）端钮

(4) 测量时各端子接线为（　　）。

A. "地"(E)端钮与被测设备的外壳或接地端相连(黑表笔)

B. "线"(L)端钮应与被测设备的导线相连(红表笔)

C. "屏"(G)端钮与"线"端钮外面的一个铜环连接

D. "放"(F)端钮为放电端钮,与电源接地相连接

(5)测试注意点及常见问题为(　　)。

A. 测试前将被测设备控制机箱内的空气开关断开

B. 测试前取下被测设备的防雷模块

C. 测试仪输出电压设置到500V

D. 测试完毕后注意将红黑表笔短接放电

8.试回答机电设备电气安全性能的相关问题。

(1)使用交流220V供电的机电设备在工地仓库抽测其电源接线端子与机壳的绝缘电阻值为(　　)。

  A. ≥50MΩ   B. ≥80MΩ   C. ≥100MΩ   D. ≥150MΩ

(2)使用交流220V供电的机电设备安装到位后,抽测其电源接线端子与机壳的绝缘电阻值为(　　)。

  A. ≥50MΩ   B. ≥80MΩ   C. ≥100MΩ   D. ≥150MΩ

(3)使用交流220V供电的机电设备电气强度试验条件为(　　)。

A. 在产品电源接线端子与机壳之间施加频率50Hz、有效值1500V的正弦交流电

B. 历时1min,应无火花、闪络和击穿现象

C. 漏电电流不大于2mA

D. 漏电电流不大于5mA

(4)公路机电系统产品安全接地试验说法正确的有(　　)。

A. 产品应设安全保护接地端子

B. 接地端子与机壳连接可靠

C. 接地端子与机壳之间的接触电阻应小于0.1Ω

D. 接地端子与机壳之间的接触电阻应小于0.25Ω

(5)公路机电系统设备宜采用的接地方式为(　　)。

A. 外场设备宜采用 TT 系统接地

B. 外场设备宜采用 IT 系统接地

C. 外场设备宜采用 TN-C-S 系统接地

D. 金属外壳的设备应设置保护端子且应清楚标注,便于识别

9.试回答电磁兼容的相关问题。

(1)电磁骚扰种类有(　　)。

  A. 电磁干扰   B. 传导骚扰   C. 辐射骚扰   D. 静电放电

(2)电磁兼容性 EMC 指(　　)。

A. 设备或系统在其电磁环境中能正常工作

B. 设备或系统工作时不产生传导骚扰

C. 设备或系统工作时不产生辐射骚扰

D. 设备向外释放的电磁能量应在允许的范围内

(3) 静电放电抗扰度要求有(　　)。

　　A. 对所确定的放电点(操作人员正常使用设备时可能接触的表面)采用接触放电

　　B. 试验电压为 2kV,至少施加 10 次单次放电

　　C. 放电之间间隔至少 1s

　　D. 产品的各种动作、功能及运行逻辑应正常

(4) 辐射电磁场抗扰度要求有(　　)。

　　A. 对正常运行的设备四个侧面分别在发射天线垂直极化位置进行试验

　　B. 对正常运行的设备四个侧面分别在发射天线水平极化位置进行试验

　　C. 发射场强为 5V/m

　　D. 产品的各种动作、功能及运行逻辑应正常

(5) 电快速瞬变脉冲群抗扰度要求有(　　)。

　　A. 将 2kV 试验电压通过耦合/去耦网络施加到供电电源端口和保护接地上

　　B. 将 1kV 试验电压通过耦合/去耦网络施加到输入输出信号和控制端口上

　　C. 施加试验电压 5 次

　　D. 每次持续时间不少于 1min

10. 试回答电气强度试验相关问题。

(1) 电气强度测试仪器(耐压测试仪)的精度为(　　)。

　　A. 0.5 级　　　　　B. 1.0 级　　　　　C. 1.5 级　　　　　D. 2.0 级

(2) 试验前的准备工作有(　　)。

　　A. 确认断开设备电源开关,将被测设备的并联电容器、浪涌保护器等附件打开

　　B. 确认耐压测试仪电源未接通且其升压旋钮已调至最小,将测试仪接地端子可靠接入安全地

　　C. 将耐压测试仪输出接地与被测设备的 PE 端子可靠连接

　　D. 将耐压测试仪输出高压测试棒闭路

(3) 预备测试过程中说法正确的有(　　)。

　　A. 耐压测试仪通电,设置漏电流大小(通常 5mA),设置计时器 1min

　　B. 启动计时器

　　C. 缓慢调节升压旋钮,使耐压测试仪输出频率为 50Hz、有效值 1500V 的正弦交流电压

　　D. 计时器回零,调节升压旋钮,使耐压测试仪输出电压为 0

(4) 测试过程中说法正确的有(　　)。

　　A. 将耐压测试仪输出高压测试棒接至被测设备的电源接线 L 端,升压至有效值 1500V 并启动计时器,观察设备应无火花、闪络和击穿现象,漏电流不大于 5mA;历时 1min

　　B. 若不通过则试验终止,该试验产品电气强度不合格

　　C. 若通过,则高压测试棒接至被测设备的电源接线 PE 端,重复 A 选项步骤

　　D. 测试完耐压测试仪输出电压回零

(5) 测试后处理工作有(　　)。

　　A. 断开耐压测试仪电源

B. 卸下高压棒并断开测试仪与被测设备的其他连线

C. 恢复被测设备所做改动

D. 对试验进行记录并签字

习题参考答案及解析

一、单项选择题

1. D

【解析】避雷线即引下线;避雷针、避雷网均为接闪器。

2. B

3. D

4. B

【解析】IP 防护等级由两个数字组成,第 1 个数字表示电器防尘、防止外物侵入的等级,第 2 个数字表示电器防湿气、防水侵入的密闭程度,数字越大表示其防护等级越高。

5. C

【解析】见《外壳防护等级(IP 代码)》(GB/T 4208—2017)。

6. D

【解析】《特殊环境条件　高原电工电子产品　第 1 部分:通用技术要求》(GB/T 20626.1—2006)3.1。

7. A

【解析】《公路机电系统设备通用技术要求及检测方法》(JT/T 817—2011)4.4.3。

8. C

【解析】《环境试验　第 2 部分:试验方法　试验 Fc:振动(正弦)》(GB/T 2423.10—2019)3.11。

9. A

【解析】《机电设备通用技术要求及检测方法》(JT/T 817—2011)4.11.4。

10. D

【解析】《公路机电工程测试规程》(JTG/T 3520—2021)T 8001—2021。

二、判断题

1. ×

【解析】电磁兼容性(EMC)是指设备或系统在其电磁环境中符合要求运行并不对其环境中的任何设备产生无法忍受的电磁干扰的能力。因此,EMC 包括两个方面的要求:一方面是指设备在正常运行过程中对所在环境产生的电磁干扰不能超过一定的限值;另一方面是指器具对所在环境中存在的电磁干扰具有一定程度的抗扰度,即电磁敏感性。

2. √

【解析】电磁干扰有传导干扰和辐射干扰两种。传导干扰主要是电子设备产生的干扰信号通过导电介质或公共电源线互相产生干扰;辐射干扰是指电子设备产生的干扰信号通过空间耦合把干扰信号传给另一个电网络或电子设备。

3. √

4. √

5. √

6. ×

【解析】加速度为 $10m/s^2$。《公路机电系统设备通用技术要求及检测方法》(JT/T 817—2011)4.4.2。

7. √

【解析】6表示尘密防护,5表示防(喷)水等级。

8. √

9. √

【解析】超声波测试仪检测前必须用探头测量校准试块自校。

10. ×

【解析】应为工作接地、保护接地、防雷接地3种形式。

11. ×

【解析】环境温度:15～35℃。《公路机电系统设备通用技术要求及检测方法》(JT/T 817—2011)5.1。

12. ×

【解析】正常情况下应开启的泄水孔,试验期间应开启。《外壳防护等级(IP代码)》(GB/T 4208—2017)13.4。

13. ×

【解析】试验电压为4kV。《公路交通安全设施质量检验抽样方法》(JT/T 495—2014)4.11.2。

14. ×

【解析】TT系统接地。《公路机电系统设备通用技术要求及检测方法》(JT/T 817—2011)4.8.6。

15. ×

【解析】低温为 -40℃。《公路机电系统设备通用技术要求及检测方法》(JT/T 817—2011)4.2。

16. ×

【解析】模拟开关动作和雷电感应产生的骚扰属于随机单个或多个脉冲干扰,而射频电磁场通常属于周期电磁辐射干扰。

17. √

【解析】《环境试验 第2部分:试验方法 试验Fc:振动(正弦)》(GB/T 2423.10—2019)3.9。

18. ×

【解析】漏掉"主要使用功能"。《公路工程质量检验评定标准 第二册 机电工程》(JTG 2182—2020)2.0.3。

19. ×

【解析】所有项目合格率应为100%。《公路工程质量检验评定标准 第二册 机电工程》(JTG 2182—2020)3.2.5。

20. √

【解析】JT/T 817—2011 中 4.8.4。

21. √

【解析】《公路机电系统设备通用技术要求及检测方法》(JT/T 817—2011)4.4.3。

三、多项选择题

1. AB

【解析】防尘等级:IP0X～IP6X;防水等级:IPX0～IPX9。《外壳防护等级(IP代码)》(GB/T 4208—2017)。

2. CD

【解析】选项A:如果水温低于试样超过5K,应使外壳内外保持压力平衡;选项B:试验时间为10min。《外壳防护等级(IP代码)》(GB/T 4208—2017)14。

3. ABCD

4. ABC

5. ABD

6. AD

【解析】简言之,IP代码是防止异物和水进入设备的相关条款和规定。

7. BD

【解析】三相对称负载作星形联结时不需要中性线;三相不对称负载作星形联结且无中性线时,线电压不一定为相电压的$\sqrt{3}$倍。

8. ABD

【解析】带阻滤波器阻止$f_1 \sim f_2$某个频率范围的信号通过;带通滤波器只允许$f_1 \sim f_2$某个频率范围的信号通过;高通滤波器只允许高于f_1的频率范围的信号通过;没有互通滤波器。

9. ABC

【解析】能量巨大不是危害的形态而是原因。

10. ABCD

【解析】用浪涌保护器防交流电源线引入雷;用金属氧化锌避雷器防视频及控制线引入雷;用小电阻的接地体(共用接地电阻≤1Ω)防避雷针引入雷和地电位反击。

11. ABD

【解析】公路供电系统的接地形式不用IT系统,该系统安全性较差;TN-S系统和TN-C-S

系统常用于站内;外场设备通常用 TT 系统。

12. ABC

【解析】选项 A:带电测量一是测不准,二是可能损坏表;选项 B 的情况同选项 A;选项 C:先放在大量程上有利保护表;选项 D,因量程小,测量时可能对表针产生冲击。

13. BCD

【解析】前端金属直接与带电体接触其上电压高(220V),用手接触会触电。

14. ABCD

【解析】《环境试验 第 2 部分:试验方法 试验 Fc:振动(正弦)》(GB/T 2423.10—2019)5.1.1。

15. ABD

【解析】绝缘电阻测试仪有 L、E、G 三个端子,一般情况下用 E 和 L 接线柱测量电机、电缆等对地绝缘,G 端子不用。但是,当测试有金属护套、屏蔽层或铠装的电缆绝缘电阻时,为了测量结果精确,消除线芯绝缘层表面漏电所引起的测量误差,还应将 G 接线柱接到电缆的绝缘层(加保护环)纸上。

16. ABC

【解析】选项 D:当测点数少于 3 个时,应全部检查。《公路工程质量检验评定标准 第二册 机电工程》(JTG 2182 2020)1.0.3。

四、综合题

1. (1)BC   (2)B   (3)ABCD   (4)ACD   (5)ABCD

【解析】(1)选项 A、D 中温度偏差均为 ±2K。《环境试验 第 2 部分:试验方法 试验 Kb:盐雾,交变(氯化钠溶液)》(GB/T 2423.18—2021)5。

(2)、(3)《环境试验 第 2 部分:试验方法 试验 Kb:盐雾,交变(氯化钠溶液)》(GB/T 2423.18—2021)9.4。

(4)、(5)《环境试验 第 2 部分:试验方法 试验 Kb:盐雾,交变(氯化钠溶液)》(GB/T 2423.18—2021)表 1。

2. (1)ABCD   (2)ABC   (3)ABCD   (4)ABCD   (5)ACD

【解析】《公路机电工程测试规程》(JTG/T 3520—2021)T 8001—2021。

3. (1)ABCD   (2)ABD   (3)ABC   (4)ABCD   (5)ABCD

【解析】《公路机电工程测试规程》(JTG/T 3520—2021)"T 8002—2021 绝缘电阻测试"。

(3)读取测试过程中绝缘电阻最小值。

4. (1)A   (2)ABC   (3)ABD   (4)ABCD   (5)ABCD

【解析】(1)《环境试验 第 2 部分:试验方法 试验 N:温度变化》(GB/T 2423.22—2012)7、8、9。

(2)《环境试验 第 2 部分:试验方法 试验 N:温度变化》(GB/T 2423.22—2012)7。

(3)转换时间应 ≤3min。

(4)《环境试验 第 2 部分:试验方法 试验 N:温度变化》(GB/T 2423.22—2012)7.2.3。

(5)GB/T 2423.22—2012 中未提及以上情况,但温度交变试验可能会使样品出现以上问题。

5. (1)ABCD (2)ABC (3)BCD (4)B (5)D
6. (1)ABC (2)AC (3)B (4)AD (5)A

【解析】(1)不需要鼓风机。

(2)《外壳防护等级(IP 代码)》(GB/T 4208—2017)。

(3)滑石粉应符合人体健康与安全的各项规定,用金属方孔筛滤过,用量为 $2kg/m^3$,且使用次数不得超过 20 次。

(4)《外壳防护等级(IP 代码)》(GB/T 4208—2017)。

(5)如是第一种类型设备(设备工作时壳内气压低于周围气压)做试验,除上述过程外,试验时要对壳内抽真空,抽气速度不超过每小时 60 倍外壳容积,但压差不得超过 2kPa (20mbar)。

7. (1)AB (2)B (3)ABC (4)ABC (5)ABD

【解析】(1)仅有选项 A、B 两种类型,选项 C、D 为干扰选项。

(2)《公路机电系统设备通用技术要求及检测方法》(JT/T 817—2011)5.11.1。

(3)绝缘电阻测试仪只有 3 个端子:E"地"、L"线"、G"屏"。

(4)、(5)《绝缘电阻测试仪使用说明书》。

8. (1)C (2)A (3)ABD (4)ABC (5)AD

【解析】(1)《公路机电系统设备通用技术要求及检测方法》(JT/T 817—2011)4.8.2。

(2)《公路工程质量检验评定标准 第二册 机电工程》(JTG 2182—2020)4.1.2。

注意:机电设备安装前,单机测试绝缘电阻值应大于或等于 $100M\Omega$,适用标准 JT/T 817—2011;机电设备安装到系统后,测试绝缘电阻值应大于或等于 $50M\Omega$,适用标准 JTG 2182—2020。

(3)《公路机电系统设备通用技术要求及检测方法》(JT/T 817—2011)4.8.3。

(4)《公路机电系统设备通用技术要求及检测方法》(JT/T 817—2011)4.8.4。

(5)TT 系统(见下图)接地方式俗称为保护接地方式,它的整个电力系统有一点直接接地,用电设备的外露可导电部分通过保护线接在与电力系统接地点无直接关联的接地极,故障电压不互窜,电气装置正常工作时外露可导电部分为地电压,比较安全;但其相线与用电设备的外露可导电部分短路时,仍有触电的可能,须与漏电保护开关合用。外场设备用该种方式较好。

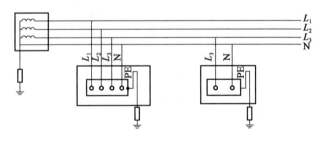

TT 系统

IT 系统(见下图)接地方式也称为经高阻接地方式,其电力系统的中性点不接地或经很大阻抗接地,用电设备的外露可导电部分经保护线接地,由于电源侧接地阻抗大,当某相线与用电设备的外露可导电部分短路时,一般短路电流不超过70mA,这种保护接地方式特别适用于环境特别恶劣的场合。

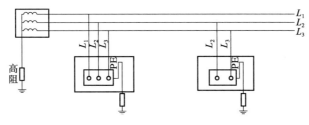

IT 系统

在 TN-C-S 系统(见下图)接地方式中,系统中电源至用户的馈电线路 N 线与 PE 线是合一的,而在进户处分开,此方式经济性较差、安全性最好。

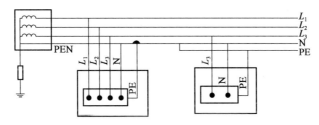

TN-C-S 系统

9.(1)ABCD　　(2)AD　　(3)ACD　　(4)ABD　　(5)ABCD

【解析】(1)电磁干扰指电磁骚扰引起设备传输通道或系统性能下降;传导骚扰指通过一个或多个导体传导能量的电磁骚扰;辐射骚扰指以电磁波的形式通过空间传播能量的电磁骚扰;静电放电指有不同静电电位的物体相互靠近或直接接触引起的电荷转移。静电放电轻者引起干扰,重者损坏设备。

(2)电磁兼容性(EMC)指设备或系统在其电磁环境中能正常工作且不对该环境中任何事物构成不能承受的电磁骚扰的能力。

(3)试验电压为 4kV。《公路机电系统设备通用技术要求及检测方法》(JT/T 817—2011)。

(4)发射场强为 3V/m。《公路机电系统设备通用技术要求及检测方法》(JT/T 817—2011)。

(5)《公路机电系统设备通用技术要求及检测方法》(JT/T 817—2011)。

10.(1)B　　(2)ABC　　(3)ABCD　　(4)ABD　　(5)ABCD

【解析】(1)《公路机电系统设备通用技术要求及检测方法》(JT/T 817—2011)4.8.3。

(2)选项 D 应为"高压测试棒开路"。

(3)《公路机电系统设备通用技术要求及检测方法》(JT/T 817—2011)4.8.3。

(4)选项 C 应为"接至被测设备的电源接线 N 端"。《公路机电系统设备通用技术要求及检测方法》(JT/T 817—2011)4.8.3。

(5)《耐压测试仪说明书》。

第十四章 监控设施

复习提示

本章引用的标准有《公路工程质量检验评定标准 第二册 机电工程》(JTG 2182—2020)、《环形线圈车辆检测器》(GB/T 26942—2011)、《交通信息采集 微波交通流检测器》(GB/T 20609—2023)、《交通信息采集 视频车辆检测器》(GB/T 24726—2021)、《地磁车辆检测器》(GB/T 35548—2017)、《道路交通气象环境 能见度检测器》(JT/T 714—2008)、《道路交通气象环境 埋入式路面状况检测器》(JT/T 715—2022)、《视频交通事件检测器》(GB/T 28789—2012)、《高速公路 LED 可变信息标志》(GB/T 23828—2023)、《高速公路 LED 可变限速标志》(GB 23826—2009)、《高速公路监控系统软件测试方法》(JT/T 965.1、965.2—2015)、《公路机电系统设备通用技术要求及检测方法》(JT/T 817—2011)、《高速公路监控设施通信规程》(GB/T 34428.1~34428.4—2017)、《LED 车道控制标志》(JT/T 597—2022)、《综合布线系统电气特性通用测试方法》(YD/T 1013—2013)。而《公路工程质量检验评定标准 第二册 机电工程》(JTG 2182—2020)还将在第十五至第十九章中引用。

习题

一、单项选择题

1. 公路气象检测器温度、相对湿度检测时,在被测检测器的正面、背面、左侧面、右侧面分别用数字温湿度计连续测试并记录,连续测量的时间不应超过( )。
   A. 1min B. 3min C. 5min D. 10min

2. 《公路工程质量检验评定标准 第二册 机电工程》(JTG 2182—2020)规定,视频交通事件检测器车速检测相对误差为( )。
   A. ≤3% B. ≤5% C. ≤10% D. ≤15%

3. 环形(线圈、地磁)车辆检测器车速检测相对误差为( )。
   A. ≤1% B. ≤2% C. ≤3% D. ≤5%

4. 《交通信息采集 微波交通流检测器》(GB/T 20609—2023)规定,分车道车流量精度应不低于( )。
   A. 80% B. 85% C. 90% D. 95%

5. 《交通信息采集 微波交通流检测器》(GB/T 20609—2023)规定,分车道时间占有率精度应不低于( )。

  A.80%　　　　　　B.85%　　　　　　C.90%　　　　　　D.95%

6.交通信息采集微波交通流检测器所检测的分车道平均车间时距精度应不低于( )。

  A.80%　　　　　　B.85%　　　　　　C.90%　　　　　　D.95%

7.微波、视频、超声波式车辆检测器车流量检测相对误差为( )。

  A.≤1%　　　　　　B.≤2%　　　　　　C.≤3%　　　　　　D.≤5%

8.微波、视频、超声波式车辆检测器车速检测相对误差为( )。

  A.≤1%　　　　　　B.≤2%　　　　　　C.≤3%　　　　　　D.≤5%

9.《视频交通事件检测器》(GB/T 28789—2012)不适用于( )。

  A.语音设备　　　　　　　　　　　　B.视频设备

  C.图像存取设备　　　　　　　　　　D.只对交通参数进行检测的设备

10.交通事件检测器在路段及大桥安装高度在7m时,对行人的有效检测范围应( )。

  A.≥80m　　　　　　B.≥100m　　　　　C.≥120m　　　　　D.≥150m

11.《公路工程质量检验评定标准　第二册　机电工程》(JTG 2182—2020)规定,视频交通事件检测器车流量检测相对误差为( )。

  A.≤3%　　　　　　B.≤5%　　　　　　C.≤8%　　　　　　D.≤10%

12.环形线圈车辆检测器安装到位后的绝缘电阻要求为( )。

  A.≥20MΩ　　　　　B.≥30MΩ　　　　　C.≥50MΩ　　　　　D.≥100MΩ

13.检测车辆检测器数据传输性能的仪器为( )。

  A.数据传输测试仪　　B.频谱仪　　　　　C.场强仪　　　　　D.信号发生器

14.环形线圈车辆检测器产品的绝缘电阻要求为( )。

  A.≥20MΩ　　　　　B.≥30MΩ　　　　　C.≥50MΩ　　　　　D.≥100MΩ

15.环形线圈车辆检测器安装到系统后的绝缘电阻要求为( )。

  A.≥20MΩ　　　　　B.≥30MΩ　　　　　C.≥50MΩ　　　　　D.≥100MΩ

16.光纤护层绝缘电阻的标准值为( )。

  A.≥100MΩ·km　　　　　　　　　　B.≥300MΩ·km

  C.≥500MΩ·km　　　　　　　　　　D.≥1000MΩ·km

17.车辆检测器的保护接地电阻要求为( )。

  A.≤4Ω　　　　　　B.≤5Ω　　　　　　C.≤8Ω　　　　　　D.≤10Ω

18.光纤护层绝缘电阻测试的仪器为( )兆欧表。

  A.300V　　　　　　B.500V　　　　　　C.1000V　　　　　　D.1500V

19.监控系统计算机网络实测项目中,以太网系统性能要求丢包率要求( )。

  A.不大于50%流量负荷时:≤0.1%　　　B.不大于60%流量负荷时:≤0.1%

  C.不大于70%流量负荷时:≤0.1%　　　D.不大于80%流量负荷时:≤0.1%

20.《公路工程质量检验评定标准　第二册　机电工程》(JTG 2182—2020)中,气象检测器分项工程增加了( )。

  A.数据传输性能　　　　　　　　　　B.自检功能

  C.复原功能　　　　　　　　　　　　D.路面状态检测器功能

21. 环形(线圈、地磁)车辆检测器车流量检测相对误差为( )。
　　A.≤0.5%　　B.≤1%　　C.≤2%　　D.≤3%
22. 气象检测器、车辆检测器等外场设备的共用接地电阻为( )。
　　A.≤1Ω　　B.≤4Ω　　C.≤10Ω　　D.≤30Ω
23.《综合布线系统电气特性通用测试方法》(YD/T 1013—2013)适用于4对特性阻抗为( )的对绞电缆。
　　A.25Ω　　B.50Ω　　C.75Ω　　D.100Ω
24. 车辆检测器、气象检测器、可变信息标志等外场设备的数据传输性能标准为( )。
　　A.BER≤10^{-6},以太网传输丢包率≤0.5%
　　B.BER≤10^{-7},以太网传输丢包率≤0.3%
　　C.BER≤10^{-8},以太网传输丢包率≤0.1%
　　D.BER≤10^{-9},以太网传输丢包率≤0.05%
25. 根据《道路交通气象环境　埋入式路面状况检测器》(JT/T 715—2022),关于路面水分子覆盖物检测方法,下列说法正确的是( )。
　　A.通过温湿度控制设备实现温度环境和湿度环境的控制
　　B.将待测埋入式路面状况检测器埋入地下
　　C.制备不同的路面水分子覆盖物分别覆盖待测埋入式路面状况检测器
　　D.对不同覆盖物覆盖后分别进行检测
26. 闭路电视传输通道指标中的视频信噪比要求大于( )。
　　A.36dB(加权)　　B.56dB(加权)　　C.76dB(加权)　　D.96dB(加权)
27. 闭路电视监视系统属于( )。
　　A.信息采集系统　　B.信息处理系统　　C.信息提供系统　　D.信息传输系统
28. 闭路电视监视系统实测项目亮度非线性的标准值为( )。
　　A.≤1%　　B.≤2%　　C.≤3%　　D.≤5%
29. 闭路电视监视系统中,视频电平的标准值为( )。
　　A.300mV±30mV　　　　　　B.500mV±30mV
　　C.700mV±30mV　　　　　　D.900mV±30mV
30. 视频通道传输参数色度/亮度增益不等的标准值为( )。
　　A.±1%　　B.±3%　　C.±5%　　D.±7%
31. 高速公路LED可变限速标志在正常工作条件下,整体产品的平均无故障时间(MTBF)不小于( )。
　　A.1000h　　B.2000h　　C.5000h　　D.10000h
32. 车辆检测器、可变信息标志等外场设备的防雷接地电阻一般要求为( )。
　　A.≤4Ω　　B.≤8Ω　　C.≤10Ω　　D.≤12Ω
33. 能够反映电缆在施工中是否损坏了的电缆外护层指标是( )。
　　A.误码率　　B.衰耗　　C.直流电阻　　D.绝缘电阻
34. 可变标志的动态视认距离为( )。
　　A.60km/h,≥300m　B.80km/h,≥300m　C.100km/h,≥250m　D.120km/h,≥250m

35. 高速公路 LED 可变限速标志在正常工作条件下,像素的年失控率应不大于( )。
　　A.0.1‰　　　　B.1‰　　　　C.2‰　　　　D.1%
36. 高速公路 LED 可变限速标志产品的视认角不小于( )。
　　A.15°　　　　B.18°　　　　C.20°　　　　D.25°
37.《高速公路 LED 可变信息标志》(GB/T 23828—2023)规定,像素由直插式 LED 组成时,Ⅰ类红色单粒 LED 在额定电流时的法向发光强度( )。
　　A.≥6000mcd　　B.≥7000mcd　　C.≥8000mcd　　D.≥9000mcd
38.《高速公路 LED 可变信息标志》(GB/T 23828—2023)规定,像素由直插式 LED 组成时,Ⅲ类单粒 LED 的半强角应( )。
　　A.≥15°　　　　B.≥20°　　　　C.≥25°　　　　D.≥30°

二、判断题

1. 测高清视频信号 G、B、R 信号的非线性失真(≤5%)时,用数字信号发生器发送高清晰度 $\sin x/x$ 信号,用数字视频测试仪测量。　　　　　　　　　　　　　　　　　(　　)
2. 监控系统计算机网络实测项目中,双绞线链路现场实测共有 13 个参数测试项目,其中接线图、回波损耗、插入损耗 3 项为关键项目。　　　　　　　　　　　　　　　　(　　)
3. 车辆检测器实测项目中逻辑识别线路功能为模拟状态实测,一辆车作用于两个车道的两个线圈时,要求处理器逻辑正常,输出的检测信息正确。　　　　　　　　　　　(　　)
4. 车辆检测器测试的平均速度为某台车走的路程/时间。　　　　　　　　　　　　(　　)
5. 气象检测器、可变信息标志、闭路电视系统设备等外场设备的防雷接地电阻一般要求为≤15Ω。　　　　　　　　　　　　　　　　　　　　　　　　　　　　　　　　(　　)
6. 车辆检测器实测项目中复原功能测试为实际操作,要求先断电,加电后硬件恢复和重新设置时,原存储数据保持不变。　　　　　　　　　　　　　　　　　　　　　　　(　　)
7. 如外场设备的保护接地体和防雷接地体未分开设置,则共用接地电阻≤1Ω。　(　　)
8. 气象检测器的数据传输性能用数据传输测试仪实测,要求为 24h 观察时间内失步现象不大于 1 次或 BER≤10^{-8}。　　　　　　　　　　　　　　　　　　　　　　　　　(　　)
9. LED 车道控制标志在视场角 1°时显示屏平均亮度:红色亮度应不小于 5000cd/m²,黄色亮度应不小于 6000cd/m²,绿色亮度应不小于 8000cd/m²。　　　　　　　　　　(　　)
10. 测视频电平时,用电视信号发生器发送 75% 彩条信号,用视频测试仪检测。(　　)
11. 视频传输通道实测项目视频信噪比准值为≥56dB(加权)。　　　　　　　　　(　　)
12. 高清 Y、$C_R(P_R)$、$C_B(P_B)$ 视频信号中,Y 信号输出量化误差为 -10% ~ +10%。(　　)
13. 依据《高速公路 LED 可变信息标志》(GB/T 23828—2023),按环境温度适用等级分为 S1 型(-5 ~ +70℃)、S2 型(-5 ~ +55℃)、A 型(-20 ~ +55℃)、B 型(-40 ~ +50℃)、C 型(-55 ~ +45℃)五种。　　　　　　　　　　　　　　　　　　　　　　　　　(　　)
14. 视频传输通道实测项目视频电平标准值为 700mV ± 30mV。　　　　　　　　(　　)
15. LED 车道控制标志的静态视认距离应不小于 250m;动态视认距离应不小于 210m。
　　　　　　　　　　　　　　　　　　　　　　　　　　　　　　　　　　　　(　　)
16. 高清 G、B、R 视频信号中,G/B/R 信号幅频特性为 30MHz 带宽内 ±3dB。(　　)

17. 视频交通事件检测器是采用图像处理、目标识别等技术等进行道路交通事件、交通参数检测的设备。（   ）

18. 视频交通事件检测器在有效检测范围内的检测的每路视频24h虚报次数应不超过一次。（   ）

19. 多模光纤接头衰耗应小于0.2dB。（   ）

20. 光电缆的绝缘电阻随长度的增加而变小。（   ）

21. 同轴电缆、光缆的弯曲半径应大于缆线外径的15倍。（   ）

22. 高清G、B、R视频信号中，G、B、R信号的非线性失真为≤5%。（   ）

23. 视频信号的数据传输性能IP网络吞吐率要求1518帧长≥99%。（   ）

24. 视频信号的数据传输性能IP网络丢包率要求不大于70%流量负荷时≤0.1%。（   ）

25. 《公路工程质量检验评定标准 第二册 机电工程》（JTG 2182—2020）中，交通情况调查设施的传输性能的技术要求为24h观察时间内失步现象≤1次或BER≤10^{-8}；以太网传输丢包率≤0.01%。（   ）

26. 外场可变信息标志、可变限速标志显示屏最大亮度≥8000cd/m²，隧道内可变信息标志最大亮度≥5000cd/m²，LED车道控制标志、交通信号灯最大亮度≥1500cd/m²。（   ）

27. 光缆布线信道分为OF-300、OF-500和OF-2000三个等级，各等级支持的应用长度应分别不小于300m、500m及2000m。（   ）

28. 近端串音衰减比是指来自同一信道内主串线对的近端串音衰减与被串线对的插入损耗之间的差值，单位为dB。（   ）

29. FA级布线使用7A类电缆及同类别组件（连接硬件、接插软线和跳线）进行安装，最高工作频率为1000MHz。（   ）

三、多项选择题

1. 微波、视频、超声波车辆检测器、气象检测器、可变信息标志等外场设备的数据传输性能标准为（   ）。
   A. BER≤10^{-8}　　　　　　　　B. BER≤10^{-9}
   C. 以太网传输丢包率≤0.05%　　D. 以太网传输丢包率≤0.1%

2. 道路车辆检测器可以检测（   ）。
   A. 交通流　　　B. 车速　　　C. 车高　　　D. 道路占有率

3. 车辆检测器安装质量检验项目主要包括（   ）。
   A. 交通量计数精度　　　　　B. 传输性能
   C. 视认距离　　　　　　　　D. 安装位置与安装质量

4. 微波车辆检测器发射的收敛型微波频率为（   ）。
   A. 10.525GHz　　B. 24.20GHz　　C. 32.20GHz　　D. 50.20GHz

5. 视频车辆检测器所利用的技术主要为（   ）。
   A. 视频技术　　B. 计算机精密算法　　C. 视频应用软件　　D. 拓扑技术

6. 常用于交通流状态检测的传感器有（   ）。

A. 微波 B. 红外 C. 环形线圈 D. 视频

7. 《公路工程质量检验评定标准 第二册 机电工程》(JTG 2182—2020)规定,气象检测器实测项目中,环境检测性能应满足下列( )要求。

A. 温度检测器测量误差：±1.0℃ B. 湿度检测器测量误差：±5%RH
C. 能见度检测器测量误差：±10% D. 风速检测器测量误差：±5%

8. LED 车道控制标志单粒发光二极管在额定电流时的法向发光强度及半强角应满足下列( )要求。

A. 红色不小于 4000mcd B. 黄色不小于 5500mcd
C. 绿色不小于 6000mcd D. 发光二极管的半强角应不小于 12.5°

9. 视场角 1°时 LED 车道控制标志显示屏的平均亮度为( )。

A. 红色亮度应不小于 5000cd/m² B. 绿色亮度应不小于 8000cd/m²
C. 黄色亮度应不小于 6000cd/m² D. 白色亮度应不小于 9000cd/m²

10. LED 可变限速板应具备的功能有显示内容和( )。

A. 手动功能 B. 自动功能 C. 自检功能 D. 调光功能

11. 大屏幕显示系统的关键实测项目有( )。

A. 亮度 B. 亮度不均匀度(不大于 10%)
C. 窗口缩放 D. 多视窗显示

12. 工程质量检验评定时,监控系统光缆实测项目包括( )。

A. 光纤护层绝缘电阻(≥1000MΩ·km) B. 单模光纤接头损耗(≤0.1dB)
C. 多模光纤接头损耗(≤0.2dB) D. 低速误码率(BER≤10^{-8})

13. 监控中心计算机系统的硬件包括( )。

A. 系统主机 B. 交通监控计算机
C. 可变信息显示控制计算机 D. 通信监控计算机

14. 监控中心的接地有( )。

A. 工作接地(≤4Ω) B. 安全接地(≤4Ω)
C. 防雷接地(≤10Ω) D. 共用接地(≤1Ω)

15. 单模光纤的标称工作波长为( )。

A. 850nm B. 1300nm C. 1310nm D. 1550nm

16. 对称布线信道测试参数有( )。

A. 回波衰减 B. 插入损耗
C. 近端串音衰减 D. 近端串音衰减比功率和

17. 交通事件主要指( )。

A. 停止事件 B. 逆行事件 C. 行人事件 D. 拥堵事件

18. 视频交通事件检测器至少具备的功能有( )。

A. 典型交通事件检测功能 B. 自动录像功能
C. 自诊断和报警功能 D. 时钟同步功能

19. 下列属于交通情况调查设施的实测项目有( )。

A. 共用接地电阻 B. 车流量相对误差

C. 复原功能　　　　　　　　　　　　D. 机动车分类或分型误差

20. 监控系统计算机网络实测项目双绞线链路现场实测中,以太网系统性能要求为(　　)。

A. 链路传输速率符合 10Mbps、100Mbps、1000Mbps 的规定

B. 吞吐率:1518 帧长≥99%

C. 传输时延:≤15ms

D. 丢包率:不大于 70% 流量负荷时≤0.1%

21. 监控系统计算机网络实测项目双绞线链路现场实测中,以太网链路层健康状况性能要求为(　　)。

A. 链路利用率:≤70%　　　　　　　　B. 错误率及各类错误:≤1%

C. 广播帧及组播帧:≤50fps　　　　　D. 冲突(碰撞)率:≤1%

22. LED 车道控制标志的电气强度的技术要求为(　　)。

A. 在其电源接线端子与机壳之间施加频率 50Hz、有效值 1500V 正弦交流电压

B. 历时 3min

C. 应无火花、闪络和击穿现象

D. 漏电电流应不大于 5mA

23. 视频传输通道中高清 Y、$C_R(P_R)$、$C_B(P_B)$ 视频信号实测项目应满足(　　)。

A. Y 信号输出量化误差: $-10\% \sim +10\%$

B. $C_R(P_R)$ 信号输出量化误差: $-10\% \sim +10\%$

C. $C_B(P_B)$ 信号输出量化误差: $-10\% \sim +10\%$

D. $C_G(P_G)$ 信号输出量化误差: $-10\% \sim +10\%$

24. 监控系统中,高清 G、B、R 视频信号的技术要求为(　　)。

A. R 信号输出量化误差为 $-10\% \sim +10\%$

B. G、B、R 信号的非线性失真≤3%

C. 亮度通道的线性响应(G、B、R 信号的 K 系数)≤3%

D. G/B、G/R、B/R 信号时延差 ±10ns

25. 《公路工程质量检验评定标准　第二册　机电工程》(JTG 2182—2020)中,要求道路视频交通事件检测系统的有效检测范围分别为(　　)。

A. 停止事件:≥300m　　　　　　　　B. 逆行事件:≥200m

C. 行人事件:≥100m　　　　　　　　D. 抛洒物事件:≥100m

四、综合题

1. 请根据相关规范,回答车辆检测器有关问题。

(1)目前公路用车辆检测器有(　　)。

A. 环形线圈车辆检测器　　　　　　B. 地磁车辆检测器

C. 微波车辆检测器　　　　　　　　D. 视频车辆检测器

(2)车辆检测器测试环境条件要求为(　　)。

A. 温度、湿度:在检测器及现场测试设备的工作湿度范围之内

B.能见度:满足对检测区域进行固定拍摄的摄像机的工作要求

C.车流量:在真实路段测试时,测断面的车流量不小于 800 辆/h

D.断面平均车速:在真实路段测试时,检测断面的平均车速不小于 20km/h

(3)车辆检测器外观质量测试方法为( )。

A.采用主观评定方式对检测器的外壳及镀层进行检查

B.用 92 号汽油棉球擦拭铭牌,其上的文字、符号等不应被擦除

C.检测器外壳上不应有明显凹痕、划伤及影响使用的变形、裂缝,镀层应光滑平整,颜色一致,不应有皱纹、起泡和龟裂等缺陷

D.检测器机身上铭牌的文字、符号应清晰、端正、牢靠,正常工作环境中,在检测器整个寿命期间不应脱落,也不易被磨损或擦除。文字、符号的内容应符合有关标准的要求

(4)测试交通流参数分真实路段和试验场两种测试环境,真实路段的测试项目有( )。

A.车流量　　　　　　　　　　B.分车道车流量

C.分车道平均车速　　　　　　D.分车道时间占有率

(5)测试交通流参数分真实路段和试验场两种测试环境,试验场的测试项目有( )。

A.断面平均车速　　　　　　　B.分车道时间占有率

C.分车道平均车头时距　　　　D.分车道平均车间时距

2.请根据《交通信息采集　微波交通流检测器》(GB/T 20609—2023),回答微波交通流检测器功能测试问题。

(1)微波交通流检测器应至少具有以下参数的功能:检测车流量、断面平均车速、分车道车流量及( )。

A.分车道平均车速　　　　　　B.分车道时间占有率

C.分车道车头时距　　　　　　D.分车道车间时距

(2)测试精度应不低于 95% 的参数有( )。

A.车流量　　　　　　　　　　B.断面平均车速

C.分车道车流量　　　　　　　D.分车道平均车速

(3)测试精度应不低于 90% 的参数有( )。

A.分车道时间占有率　　　　　B.分车道平均车头时距

C.分车道平均车间时距　　　　D.断面平均车速

(4)参数值应保留到小数点后 2 位参数为( )。

A.分车道平均车头时距　　　　B.分车道时间占有率

C.分车道平均车间时距　　　　D.断面平均车速

(5)微波交通流检测器射频性能技术要求为( )。

A.频率范围:24～24.25GHz

B.使用频率上下限处的辐射功率应不大于 −80dBm/Hz(e.i.r.p)

C.占用带宽:不大于 250MHz

D.发射功率:不大于 30mW(e.i.r.p)

3.试回答监控系统中高清 G、B、R 视频信号实测项目的问题。

(1)监控系统中高清 G、B、R 视频信号的实测项目为( )。

A. R 信号输出量化误差为 –10% ~ +10%

B. G 信号输出量化误差为 –10% ~ +10%

C. B 信号输出量化误差为 –10% ~ +10%

D. 微分相位≤10°

(2) 监控系统中高清 G、B、R 视频信号的实测项目还有（　　）。

A. G、B、R 信号的信噪比≥56dB

B. G、B、R 信号的非线性失真≤3%

C. 亮度通道的线性响应（G、B、R 信号的 K 系数）≤3%

D. G/B、G/R、B/R 信号时延差 ±10ns

(3) 高清视频信号监视器画面指标有失真及（　　）。

A. 拖尾≥4 分　　　B. 跳帧≥4 分　　　C. 抖动≥4 分　　　D. 马赛克≥4 分

(4) 监控系统中高清视频信号的数据传输技术要求为（　　）。

A. IP 网络吞吐率：1518 帧长≥99%

B. IP 网络传输时延：≤10ms

C. IP 网络丢包率：不大于 70% 流量负荷时≤0.1%

D. 上述参数用以太网性能测试仪测量

(5) 数字信号发生器发送静默行信号，用数字视频测试仪测量的实测参数有（　　）。

A. G、B、R 信号幅频特性　　　　　　B. G、B、R 信号的非线性失真

C. G、B、R 信号的 K 系数　　　　　　D. G、B、R 信号的信噪比

4. 请根据《道路交通气象环境　埋入式路面状况检测器》（JT/T 715—2022），回答埋入式路面状况检测器功能测试相关问题。

(1) 关于检测器开机稳定时间/无故障连续工作时间试验方法和技术要求，下列说法正确的是（　　）。

A. 测量从启动传感器开始进行检测到接收到稳定准确的测量数据的时间间隔

B. 重复测量上述稳定时间，共测量 5 次

C. 无故障连续工作时间测试可与上述仪器性能试验同时进行

D. 平均无故障连续工作时间不小于 30000h

(2) 关于检测器输出接口/采样周期试验方法和技术要求，下列说法正确的是（　　）。

A. 根据检测器输出接口，选择相应的数据接收接口设备进行测试

B. 分别设定检测器的数据输出周期间隔：1min、2min、5min、1h

C. 检查检测数据是否输出正常（包括 3 种数据输出接口或 2 种模拟输出接口）

D. 采样周期间隔应从 1min ~ 2h 按分钟分档设置

(3) 关于检测器抗干扰灵敏度试验方法和技术要求，下列说法正确的是（　　）。

A. 检测器正常工作

B. 检测器与数据接收器正常通信

C. 将检测器的接口板置于控制器机柜内任意 3 个不同位置

D. 检查任意 3 个不同位置时检测器是否能正常工作，否则其电磁屏蔽功能不合格

(4) 关于检测器工作环境的变化试验方法和技术要求，下列说法正确的是（　　）。

A. 交流电源测试:50Hz电源应在规定的范围内连续变化,如以每分钟改变10VAC的速度从低限到高限再返回,重复1次

B. 直流电源测试:以每分钟改变0.3V的速度从低限到高限再返回,重复1次

C. 在规定的工作温度与湿度范围内按温度变化15℃/h重复1次

D. 检测器均能正常工作为合格

(5)关于检测器抗交通重压试验方法和技术要求,下列说法正确的是(　　)。

A. 将传感器平放于压力试验机平台上

B. 传感器上覆盖8～15mm厚的软橡胶片

C. 逐步加载,加载速度为10～20kN/min

D. 传感器加载至180kN,传感器不应有任何破损开裂现象

5. 依据《高速公路LED可变信息标志》(GB/T 23828—2023),回答LED可变信息标志相关问题。

(1)像素由直插式LED组成时,Ⅱ类绿色单粒LED在额定电流时的法向发光强度、半强角和偏差角应为(　　)。

A. 法向发光强度≥18000mcd　　B. 半强角≥15°

C. 偏差角≤3°　　D. 偏差角≥3°

(2)像素为贴片式LED时,单粒绿LED在额定电流时的法向发光强度、半强角和偏差角应为(　　)。

A. 法向发光强度≥2000mcd　　B. 半强角≥30°

C. 偏差角≤2°　　D. 偏差角≥2°

(3)汉字LED屏体结构技术要求为(　　)。

A. 48×48点阵字符　　B. 32×32点阵字符

C. 各像素点间距最大允许误差±1mm　　D. 屏体不平整度应不大于2mm/m²

(4)LED屏体光度性能测试的参数及仪器为(　　)。

A. 发光亮度　　B. 亮度比　　C. 太阳能模拟器　　D. 亮度计

(5)检测器抗交通重压试验方法为(　　)。

A. 暗室中进行,太阳光模拟器法线与亮度计法线夹角为10°

B. 关闭LED屏体,调节太阳光模拟器,使屏体表面平均照度满足GB/T 23828—2023表3的要求,测试屏体亮度并记录为L_b

C. 打开LED屏体,测试屏体亮度L_a

D. 屏体法向发光亮度$L = L_b - L_a$

6. 请根据《道路交通气象环境　埋入式路面状况检测器》(JT/T 715—2022),回答埋入式路面状况检测器路面温度检测相关问题。

(1)埋入式路面状况检测器路面温度检测环境技术要求为(　　)。

A. 密闭房间温度可控制,房间面积不小于2m×2m

B. 高度不低于3m

C. 房间内温度不低于-20℃

D. 房间内有照明、通风设施,房间地面有排水管道

(2)埋入式路面状况检测器路面温度检测设备要求为(　　)。

　　A. 基准温度检测设备宜采用铂电阻或热电偶

　　B. 温度范围：-55～150℃

　　C. 温度误差范围：±0.1℃

　　D. 最大互换误差：±0.2℃

(3)埋入式路面状况检测器路面温度检测系统配置为(　　)。

　　A. 将基准温度检测器埋在被测埋入式路面状况检测器的旁边

　　B. 基准温度检测器的测量值作为实际的路面温度

　　C. 将路面状况检测器传感器测量的温度值和基准温度检测器的测量值进行对比

　　D. 两个检测器的温度值读数应保留小数点后 2 位

(4)埋入式路面状况检测器路面温度检测方法为(　　)。

　　A. 在固定温度点对埋入式路面状况检测器温度传感器进行测量

　　B. 分别是 60℃、5℃、0℃、-6℃ 和 -17℃

　　C. 路面温度检测从常温到低温,逐渐降温

　　D. 降温速度为 5℃/h

(5)埋入式路面状况检测器路面温度按以下(　　)步骤测试。

　　A. 每个温度传感器贴相应标签,将待测的温度传感器与基准温度检测器(温度误差为 ±0.1℃ 以内)放入温度可控的环境中

　　B. 调节温度至 25℃,保持 2h,升温 60℃,保持 2h,分别收集两检测器温度数据

　　C. 温控设备分降温至 5℃、0℃、-6℃ 和 -17℃,降温速度为 5℃/h,各保持 2h 并采数

　　D. 以较待测的温度传感器与基准温度检测器是否其误差在 ±0.5℃ 范围内

7. 回答下列对称双绞电缆(UTP)布线系统检测相关问题。

(1)测试仪器及计量性能要求为(　　)。

　　A. 网络线缆分析仪

　　B. 网络认证测试仪

　　C. 光网络测试仪

　　D. 其计量性能要求参考《网络线缆分析仪校准规范》(JJF 1494)

(2)该仪器应能测试相应布线等级的(　　)。

　　A. 布线的各种电气性能

　　B. 布线的各种传输特性

　　C. 自动测试 5 类以下(C 级布线)、5 类/5E 类(D 级布线)

　　D. 自动测试 6 类(E 级布线)

(3)该仪器测试相应测量范围为(　　)。

　　A. 直流环路阻抗测量范围:0～50Ω;最大允许误差：±(1% 读数 +1Ω)

　　B. 传播时延测量范围:0～500ns;最大允许误差：±(4% 读数 +5ns)(在 10MHz)

　　C. 插入损耗频率范围:1～250MHz;测量范围:0～40dB;最大允许误差：±1.2dB(在 100MHz)/±1.9dB(在 250MHz)

　　D. 近端串扰频率范围:1～250MHz;测量范围:20～70dB;最大允许误差：±1.8dB(在

100MHz)/±2.8dB(在250MHz)

(4)双绞电缆线对及表面绝缘层颜色为( )。
   A. 线对一:蓝,白蓝
   B. 线对二:橙,白橙
   C. 线对三:绿,白绿
   D. 线对四:棕,白棕

(5)测试仪器组成及永久链路测试连接方式为( )。
   A. 主机
   B. 副机
   C. 专用测试缆线32根
   D. 测试时,主机用一根专用标准测试电缆与跳线架(近端)上UTP插座连接,副机用一根专用标准测试电缆与相对应的信息插座(远端)连接

习题参考答案及解析

一、单项选择题

1. A
   【解析】《公路机电工程测试规程》(JTG/T 3520—2021)T 8103—2021。

2. D
   【解析】《公路工程质量检验评定标准 第二册 机电工程》(JTG 2182—2020)4.5.2。

3. D
   【解析】《公路工程质量检验评定标准 第二册 机电工程》(JTG 2182—2020)4.1.2。

4. D
   【解析】《交通信息采集 微波交通流检测器》(GB/T 20609—2023)4.1.4。

5. C
   【解析】《交通信息采集 微波交通流检测器》(GB/T 20609—2023)4.1.6。

6. C
   【解析】《交通信息采集 微波交通流检测器》(GB/T 20609—2023)4.1.8。

7. D
   【解析】《公路工程质量检验评定标准 第二册 机电工程》(JTG 2182—2020)4.1.2。

8. D
   【解析】《公路工程质量检验评定标准 第二册 机电工程》(JTG 2182—2020)4.1.2。

9. D
   【解析】《视频交通事件检测器》(GB/T 28789—2012)1。

10. B
    【解析】《视频交通事件检测器》(GB/T 28789—2012)5.4.1。

11. D
    【解析】《公路工程质量检验评定标准 第二册 机电工程》(JTG 2182—2020)4.5.2。

12. C

【解析】用500V绝缘电阻测试仪测试。《公路工程质量检验评定标准 第二册 机电工程》(JTG 2182—2020)4.6.2。

13. A

【解析】数据传输测试仪测试的数据传输参数有误码测试、帧结构分析、时隙分析、信令测试、PCM仿真环路时延、倒换时延、输出波形、输出抖动、信号电平等。

14. D

【解析】《环形线圈车辆检测器》(GB/T 26942—2011)5.5.1。

15. C

【解析】安装到位后,其绝缘电阻要求≥50MΩ。《公路工程质量检验评定标准 第二册 机电工程》(JTG 2182—2020)4.1.2。

16. D

17. A

【解析】采用接地电阻测量仪测量。

18. C

19. C

【解析】《公路工程质量检验评定标准 第二册 机电工程》(JTG 2182—2020)4.9.2。

20. D

【解析】《公路工程质量检验评定标准 第二册 机电工程》(JTG 2182—2020)4.2.2。

21. C

【解析】《公路工程质量检验评定标准 第二册 机电工程》(JTG 2182—2020)4.1.2。

22. A

【解析】《公路工程质量检验评定标准 第二册 机电工程》(JTG 2182—2020)4.1.2、4.2.2。

23. D

【解析】《综合布线系统电气特性通用测试方法》(YD/T 1013—2013)1。

24. C

【解析】《公路工程质量检验评定标准 第二册 机电工程》(JTG 2182—2020)4.2.2。

25. ACD

【解析】选项B:将待测埋入式路面状况检测器埋入测试槽中。《道路交通气象环境埋入式路面状况检测器》(JT/T 715—2022)6.3.3.1。

26. B

【解析】闭路电视传输通道指标中的视频信噪比越大越好,大于56dB(加权)时,噪声信号对图像的影响才可忽略。

27. A

【解析】其不是信息处理系统,又不是信息提供系统,也不是信息传输系统(有传输系统只传本系统的视频信号,不传别的系统的信号),所以选A。

28. D

29. C
30. C
31. D
32. C
33. D

【解析】损坏了电缆外护层后绝缘电阻会下降较多。

34. D
35. B
36. A
37. D

【解析】《高速公路 LED 可变信息标志》(GB/T 23828—2023)5.2.2。

38. D

【解析】《高速公路 LED 可变信息标志》(GB/T 23828—2023)5.2.2。

二、判断题

1. ×

【解析】应发送高清晰度五阶梯波信号。

2. ×

【解析】接线图、回波损耗、近端串音 3 项为关键项目。《公路工程质量检验评定标准 第二册 机电工程》(JTG 2182—2020)4.9.2。

3. √
4. ×

【解析】车辆检测器测试的平均速度为单位时间内通过道路上某一设定点全部车辆瞬时速度的算术平均值。

5. ×

【解析】《公路工程质量检验评定标准 第二册 机电工程》(JTG 2182—2020)中,防雷接地电阻要求为≤10Ω。

6. √
7. √

【解析】《公路工程质量检验评定标准 第二册 机电工程》(JTG 2182—2020)4.1.2。

8. √
9. √

【解析】《LED 车道控制标志》(JT/T 597—2022)5.5.4。

10. √

【解析】标准值为 700mV±30mV,若不发送 75% 彩条信号而用 100% 彩条信号,所测电平值在 1000mV 左右,可能导致误判。

11. √
12. √

【解析】《公路工程质量检验评定标准　第二册　机电工程》(JTG 2182—2020)4.3.2。

13. ×

【解析】漏掉"J型(-55~+85℃)"。《高速公路LED可变信息标志》(GB/T 23828—2023)4.1.3。

14. √

15. √

【解析】《LED车道控制标志》(JT/T 597—2022)5.6.2。

16. √

【解析】《公路工程质量检验评定标准　第二册　机电工程》(JTG 2182—2020)4.3.2。

17. ×

【解析】漏掉"目标跟踪"。《视频交通事件检测器》(GB/T 28789—2012)3.2。

18. √

【解析】《视频交通事件检测器》(GB/T 28789—2012)5.4.2。

19. √

20. √

【解析】光电缆越长,并联的电阻越多,电阻值越小。

21. √

【解析】小于15倍有可能损伤线芯。

22. √

【解析】《公路工程质量检验评定标准　第二册　机电工程》(JTG 2182—2020)4.3.2。

23. √

【解析】《公路工程质量检验评定标准　第二册　机电工程》(JTG 2182—2020)4.3.2。

24. √

【解析】《公路工程质量检验评定标准　第二册　机电工程》(JTG 2182—2020)4.3.2。

25. ×

【解析】以太网传输丢包率≤0.1%。《公路工程质量检验评定标准　第二册　机电工程》(JTG 2182—2020)4.6.2。

26. √

【解析】《公路工程质量检验评定标准　第二册　机电工程》(JTG 2182—2020)4.4.2。

27. √

【解析】《综合布线系统电气特性通用测试方法》(YD/T 1013—2013)4。

28. √

【解析】《综合布线系统电气特性通用测试方法》(YD/T 1013—2013)4。

29. √

【解析】《综合布线系统电气特性通用测试方法》(YD/T 1013—2013)4.1.6。

三、多项选择题

1. AD

【解析】旧规范中只有BER≤10^{-8}一项,新规范中BER≤10^{-8}和以太网传输丢包率≤0.1%两个参数均用。《公路工程质量检验评定标准 第二册 机电工程》(JTG 2182—2020)4.1.2。

2. ABD

【解析】只能检测车行驶方向的参数。

3. ABD

【解析】视认距离属于可变标志系统检验项目。

4. AB

5. ABC

【解析】拓扑技术用于网络。

6. ABCD

【解析】以上4种车辆检测器均为公路常用。

7. ABCD

【解析】《公路工程质量检验评定标准 第二册 机电工程》(JTG 2182—2020)4.2.2。

8. ABC

【解析】半强角应不小于15°。《LED车道控制标志》(JT/T 597—2022)5.2。

9. ABC

【解析】无白色亮度要求。《LED车道控制标志》(JT/T 597—2022)5.5.4。

10. ABCD

11. ACD

【解析】亮度不均匀度为非关键项目。

12. ABCD

13. ABCD

【解析】系统主机负责网络操作、系统进程的管理和运行。主机常作为系统数据库服务器,存储监控系统的数据,大型通用软件有时也存储于此,供各客户机调用。

交通监控计算机监视各路段外场监控站设备的运行,收集和处理车辆、交通环境和隧道的监测数据,运行各种优化控制模型,发出控制指令和数据越限报警,生成和打印各种报表。

可变信息显示控制计算机:接收主机数据,根据控制指令,编辑需要显示的图文,并向现场发出执行指令。

通信控制计算机:与路段现场监控站的通信控制单元连接,监视各条传输信道的工作状态,并做出越限报警。

14. ABCD

15. CD

【解析】《综合布线系统电气特性通用测试方法》(YD/T 1013—2013)4.1.6。

16. BCD

【解析】选项A应为回波损耗。《综合布线系统电气特性通用测试方法》(YD/T 1013—2013)6。

17. ABCD

【解析】《视频交通事件检测器》(GB/T 28789—2012)3.1。

18. ABCD

【解析】《视频交通事件检测器》(GB/T 28789—2012)5.3。

19. ABCD

【解析】《公路工程质量检验评定标准 第二册 机电工程》(JTG 2182—2020)4.6.2。

20. ABD

【解析】传输时延:≤10ms。《公路工程质量检验评定标准 第二册 机电工程》(JTG 2182—2020)4.9.2。

21. ABCD

【解析】《公路工程质量检验评定标准 第二册 机电工程》(JTG 2182—2020)4.9.2。

22. ACD

【解析】历时1min。《LED车道控制标志》(JT/T 597—2022)5.7.2。

23. ABC

【解析】《公路工程质量检验评定标准 第二册 机电工程》(JTG 2182—2020)4.3.2。

24. ACD

【解析】G、B、R信号的非线性失真≤5%。《公路工程质量检验评定标准 第二册 机电工程》(JTG 2182—2020)4.3.2。

25. ABCD

【解析】《公路工程质量检验评定标准 第二册 机电工程》(JTG 2182—2020)4.5.2。

四、综合题

1. (1) ABCD (2) ABD (3) ACD (4) AB (5) ABCD

【解析】(1)四种车辆检测器都在高速上使用,且都有相应规范。

(2)选项C:测断面的车流量不小于1000辆/h。《交通信息采集 微波交通流检测器》(GB/T 20609—2023)A.1.2。

(3)选项B:用酒精棉球擦拭铭牌。

(4)选项C"分车道平均车速"和选项D"分车道时间占有率"应在试验场测试。

(5)《交通信息采集 微波交通流检测器》(GB/T 20609—2023)附录A.1.1。

2. (1) ABCD (2) ABCD (3) ABC (4) ABC (5) ABC

【解析】(1)《交通信息采集 微波交通流检测器》(GB/T 20609—2023)4.1.1。

(2)《交通信息采集 微波交通流检测器》(GB/T 20609—2023)4.1。

(3)选项D:断面平均车速测试精度应不低于95%。《交通信息采集 微波交通流检测器》(GB/T 20609—2023)4.1。

(4)选项D:断面平均车速不要求保留到小数点后2位。《交通信息采集 微波交通流检测器》(GB/T 20609—2023)4.1。

(5)选项D:发射功率不大于20mW(e.i.r.p)。《交通信息采集 微波交通流检测器》(GB/T 20609—2023)4.3。

3. (1) ABC (2) ACD (3) ABCD (4) ABCD (5) D

第一部分／第十四章　监控设施

【解析】(1)微分相位为标清模拟复合视频信号的实测项目。《公路工程质量检验评定标准　第二册　机电工程》(JTG 2182—2020)4.3.2。

(2)G、B、R信号的非线性失真≤5%。《公路工程质量检验评定标准　第二册　机电工程》(JTG 2182—2020)4.3.2。

(3)《公路工程质量检验评定标准　第二册　机电工程》(JTG 2182—2020)4.3.2。

(4)《公路工程质量检验评定标准　第二册　机电工程》(JTG 2182—2020)4.3.2。

(5)《公路工程质量检验评定标准　第二册　机电工程》(JTG 2182—2020)4.3.2。

4.(1)ABC　　(2)ABC　　(3)ABCD　　(4)ACD　　(5)AB

【解析】(1)选项D:平均无故障连续工作时间不小于20000h。《道路交通气象环境　埋入式路面状况检测器》(JT/T 715—2022)6.1.2.2、5.3.4。

(2)选项D:采样周期间隔应从1min～1h按分钟分档设置。《道路交通气象环境　埋入式路面状况检测器》(JT/T 715—2022)6.1.2.3、5.3.6。

(3)《道路交通气象环境　埋入式路面状况检测器》(JT/T 715—2022)6.1.2.4。

(4)选项B:每分钟改变0.5V的速度。《道路交通气象环境　埋入式路面状况检测器》(JT/T 715—2022)6.1.2.6。

(5)选项C:加载速度为20～30kN/min;选项D:传感器加载至160kN。《道路交通气象环境　埋入式路面状况检测器》(JT/T 715—2022)6.1.2.7。

5.(1)ABC　　(2)AB　　(3)ABCD　　(4)ABCD　　(5)ABC

【解析】(1)《高速公路LED可变信息标志》(GB/T 23828—2023)5.2.2。

(2)像素为贴片式LED时,无偏差角要求。《高速公路LED可变信息标志》(GB/T 23828—2023)5.2.3。

(3)《高速公路LED可变信息标志》(GB/T 23828—2023)5.3。

(4)《高速公路LED可变信息标志》(GB/T 23828—2023)6.5.1。

(5)选项D:屏体法向发光亮度$L = L_a - L_b$。《高速公路LED可变信息标志》(GB/T 23828—2023)6.5.2。

6.(1)ACD　　(2)ABC　　(3)ABC　　(4)ABCD　　(5)ABCD

【解析】(1)选项B:高度不低于2.5m。《道路交通气象环境　埋入式路面状况检测器》(JT/T 715—2022)6.2.1。

(2)选项D:最大互换误差为±0.1℃。《道路交通气象环境　埋入式路面状况检测器》(JT/T 715—2022)6.2.2。

(3)无选项D条件。《道路交通气象环境　埋入式路面状况检测器》(JT/T 715—2022)6.2.3。

(4)《道路交通气象环境　埋入式路面状况检测器》(JT/T 715—2022)6.2.4.1。

(5)《道路交通气象环境　埋入式路面状况检测器》(JT/T 715—2022)6.2.4.2。

7.(1)ABD　　(2)ABCD　　(3)ABCD　　(4)ABCD　　(5)ABCD

【解析】《公路机电工程测试规程》(JTG/T 3520—2021)T 8003—2021。

第十五章 通信设施

复习提示

本章引用的标准有《公路地下通信管道高密度聚乙烯硅芯塑料管》(JT/T 496—2018)、《地下通信管道用塑料管 第1部分:总则》(YD/T 841.1—2016)、《地下通信管道用塑料管 第3部分:双壁波纹管》(YD/T 841.3—2016)、《公路用玻璃纤维增强塑料产品 第1部分:通则》(GB/T 24721.1—2023)、《公路用玻璃纤维增强塑料产品 第2部分:管箱》(GB/T 24721.2—2023)、《公路用玻璃纤维增强塑料产品 第3部分:管道》(GB/T 24721.3—2023)、《塑料 试样状态调节和试验的标准环境》(GB/T 2918—2018)、《公路工程质量检验评定标准 第二册 机电工程》(JTG 2182—2020)、《信息安全技术 路由器安全技术要求》(GB/T 18018—2019)、《以太网交换机技术要求》(YD/T 1099—2013)。

习题

一、单项选择题

1.《公路用玻璃纤维增强塑料产品 第1部分:通则》(GB/T 24721.1—2023)规定,公路用玻璃纤维增强塑料产品耐酸性能试验酸液配比为(   )。

    A. 30%的 H_2SO_4 溶液   B. 50%的 H_2SO_4 溶液

    C. 30%的 HCl 溶液   D. 50%的 HCl 溶液

2.《公路用玻璃纤维增强塑料产品 第1部分:通则》(GB/T 24721.1—2023)规定,公路用玻璃纤维增强塑料产品烟密度不应大于(   )。

    A. 0.65   B. 0.70   C. 0.75   D. 0.80

3. 普通型玻璃钢塑料管箱宽度、高度允许偏差均为(   )。

    A. ±2mm   B. ±3mm   C. ±4mm   D. ±5mm

4. 根据《公路地下通信管道高密度聚乙烯硅芯塑料管》(JT/T 496—2018),硅芯管耐落锤冲击性能试验是在高度2m处,用总质量15.3kg的落锤冲击(   )个试样。

    A. 3   B. 5   C. 10   D. 20

5. 通信设施中,波分复用(WDM)光纤传输系统实测项目线路侧接收、发送参考点中心频率偏移为(   )GHz。

    A. ±5   B. ±7.5   C. ±10.0   D. ±12.5

6. 公路 IP 网络系统网络吞吐率测试时，测试数据包(帧)长值最大值为(　　)。
   A. 256 字节　　　　B. 512 字节　　　　C. 1024 字节　　　　D. 1518 字节
7. 玻璃钢管箱长度允许偏差为(　　)。
   A. [-4, +6]mm　　B. [-2, +8]mm　　C. [0, +10]mm　　D. [+2, +12]mm
8. 普通型玻璃钢管箱壁厚允许偏差为(　　)。
   A. ±0.05mm　　　B. ±0.1mm　　　C. ±0.2mm　　　D. ±0.3mm
9. 高强型玻璃钢管箱壁厚度允许偏差为(　　)。
   A. [-0.1, +0.1]mm　　　　　　　　B. [0, +0.2]mm
   C. [+0.1, +0.3]mm　　　　　　　　D. [+0.2, +0.4]mm
10. 高强型玻璃钢管箱的拉伸强度(管箱长度方向)为(　　)。
    A. ≥560MPa　　B. ≥660MPa　　C. ≥760MPa　　D. ≥860MPa
11. 高强型玻璃钢管箱的弯曲强度(管箱宽度方向)为(　　)。
    A. ≥560MPa　　B. ≥590MPa　　C. ≥620MPa　　D. ≥650MPa
12. 《公路用玻璃纤维增强塑料产品 第1部分:通则》(GB/T 24721.1—2023)规定,公路用玻璃纤维增强塑料产品耐碱性能试验碱液配比为(　　)。
    A. 5% 的 NaOH 溶液　　　　　　　B. 10% 的 NaOH 溶液
    C. 15% 的 NaOH 溶液　　　　　　　D. 20% 的 NaOH 溶液
13. 梅花管的内孔尺寸允许偏差均为(　　)。
    A. ±0.1mm　　　B. ±0.2mm　　　C. ±0.3mm　　　D. ±0.5mm
14. 公称外径 100mm 的双壁波纹管的层压壁厚为(　　)。
    A. 0.5mm　　　B. 0.6mm　　　C. 0.8mm　　　D. 1.0mm
15. 公称外径 100mm 的双壁波纹管的公称外径允许误差为(　　)。
    A. +0.2mm, -0.4mm　　　　　　　B. +0.4mm, -0.6mm
    C. +0.6mm, -0.8mm　　　　　　　D. +0.8mm, -1.0mm
16. 公称外径 100mm 的双壁波纹管的内层壁厚为(　　)。
    A. 0.5mm　　　B. 0.6mm　　　C. 0.8mm　　　D. 1.0mm
17. 双壁波纹管标称外径≤110mm,其落锤冲击试验的落锤质量和冲击高度为(　　)。
    A. 0.5kg, 1600mm　　　　　　　　B. 0.8kg, 1800mm
    C. 1.0kg, 2000mm　　　　　　　　D. 1.6kg, 2000mm
18. 160mm <标称外径≤200mm 双壁波纹管,其落锤冲击试验的落锤质量为(　　)。
    A. 0.5kg　　　B. 0.8kg　　　C. 1.0kg　　　D. 1.6kg
19. φ32/26 规格硅芯管的壁厚及允许误差分别为(　　)。
    A. 2.0mm, (+0.25, -0.20)　　　　　B. 2.5mm, (+0.30, -0.20)
    C. 2.7mm, (+0.30, -0.20)　　　　　D. 3.0mm, (+0.35, -0.25)
20. φ63/54 规格硅芯管的壁厚及允许误差分别为(　　)。
    A. 3.5mm, (+0.30, -0.25)　　　　　B. 4.0mm, (+0.30, -0.25)
    C. 4.5mm, (+0.40, -0.30)　　　　　D. 5.0mm, (+0.40, -0.30)
21. 硅芯管外壁识别用色谱颜色有(　　)。

A. 9 色　　　　B. 10 色　　　　C. 11 色　　　　D. 12 色

22. 硅芯管静态内壁摩擦系数为(　　)。
　　A. ≤0.15　　B. ≤0.20　　C. ≤0.25　　D. ≤0.30

23. 硅芯管动态内壁摩擦系数为(　　)。
　　A. ≤0.15　　B. ≤0.20　　C. ≤0.25　　D. ≤0.30

24. 硅芯管的外壁硬度应(　　)。
　　A. ≥59HD　　B. ≥62HD　　C. ≥65HD　　D. ≥68HD

25. $\phi50/41$ 规格硅芯管的环刚度应(　　)。
　　A. ≥40kN/m²　　B. ≥45kN/m²　　C. ≥50kN/m²　　D. ≥55kN/m²

26. 硅芯管的脆化温度为(　　)。
　　A. －60℃　　B. －65℃　　C. －70℃　　D. －75℃

27. SDH 同步数字传输系统中 STM－1 等级代表的传输速率为(　　)。
　　A. 155.080Mbps　　B. 155.520Mbps　　C. 622.080Mbps　　D. 622.520Mbps

28. 通信系统的同步数字传输统称为(　　)。
　　A. PDH　　B. SDH　　C. PCM　　D. SPDH

29. 通信单模光纤接头损耗平均值为(　　)。
　　A. ≤0.1dB　　B. ≤0.15dB　　C. ≤0.2dB　　D. ≤0.25dB

30. 通信多模光纤接头损耗平均值为(　　)。
　　A. ≤0.05dB　　B. ≤0.08dB　　C. ≤0.10dB　　D. ≤0.15dB

31. 光分波器和光合波器在光纤通信的光电器件中属于(　　)。
　　A. 光发送器件
　　B. 光波系统互联器件
　　C. 光接收器件
　　D. 光电集成器件

32. 当光功率以 dBm 表示时,光接收机动态范围可表示为(　　)。
　　A. $P_{max} < P_R$　　B. $P_{max} - P_R$　　C. $P_{max} > P_R$　　D. $P_{max} = P_R$

注: P_{max} 为以 dBm 表示时不误码条件下能收的最大信号平均功率, P_R 为以 dBm 表示时接收器的接收灵敏度。

33. 光纤数字传输系统 2M 电口的误差秒比率 ESR 标准值为(　　)。
　　A. ≤1.1×10⁻⁵　　B. ≤1.1×10⁻⁶　　C. ≤1.1×10⁻⁷　　D. ≤1.1×10⁻⁸

34. 光纤数字传输系统 2M 电口的严重误码秒比特 SESR 标准值为(　　)。
　　A. ≤5.5×10⁻⁵　　B. ≤5.5×10⁻⁶　　C. ≤5.5×10⁻⁷　　D. ≤5.5×10⁻⁸

35. 光纤数字传输系统 2M 电口的背景块误码比 BBER 标准值为(　　)。
　　A. ≤5.5×10⁻⁵　　B. ≤5.5×10⁻⁶　　C. ≤5.5×10⁻⁷　　D. ≤5.5×10⁻⁸

36. 通信管道一般沿高速公路埋设部位为(　　)。
　　A. 公路边坡　　B. 排水沟外侧　　C. 中央分隔带　　D. 路肩

37. 通信光缆护层绝缘电阻要求(　　)。
　　A. ≥50MΩ·km
　　B. ≥100MΩ·km
　　C. ≥500MΩ·km

二、判断题

1. 公路通信塑料管主要有高密度聚乙烯硅芯塑料管、双壁波纹管、公路用玻璃纤维增强塑料管道、公路用玻璃纤维增强塑料管箱。（　　）
2. 光、电缆横穿路基时应加钢管保护,钢管的型号规格和防腐措施应符合设计要求。（　　）
3. 硅芯管是由高密度聚乙烯(HDPE)外壁、外层色条和永久性固体硅质内润滑层组成的单孔塑料管。（　　）
4. 双壁波纹管公称外径系列为 100mm、110mm、125mm、140mm、160mm、200mm。（　　）
5. 聚乙烯双壁波纹管扁平试验垂直方向外径形变量达到 40% 时,立即卸荷,试样应无破裂。（　　）
6. 双壁波纹管要求复原率≥90%,且试样不破裂、不分层。（　　）
7. 双壁波纹管静摩擦系数要求≤0.55。（　　）
8. $\phi32/26$ 硅芯管冷弯曲半径为 300mm。（　　）
9. $\phi34/28$ 硅芯管环刚度≥$50kN/m^2$。（　　）
10. $\phi32/26$ 硅芯管最大牵引负荷≥8000N。（　　）
11. 硅芯管耐落锤冲击性能分常温(23℃)和低温(−25℃)两种试验。（　　）
12. 光纤接续损耗主要包括光纤本征因素造成的固有损耗、非本征因素造成的熔接损耗及活动接头损耗三种。（　　）
13. SDH 的帧结构以字节为单位进行传输。（　　）
14. 各种业务信号要进入 SDH 帧都要经过映射、定位和复用三个步骤。（　　）
15. 光波分复用(WDM)是在一根光纤中同时传输多个波长光信号的技术。（　　）
16. 按照用户对数据传输速率的不同需求和不同应用场合,将对称布线分类为:C 级(3 类电缆布线,最高工作频率16MHz)、D 级(5/5e 类电缆,100MHz)、E 级(6 类电缆,250MHz)、EA 级(6A 类电缆,500MHz)、F 级(7 类电缆,600MHz)、7A 级(7A 类电缆,1000MHz)6 个级别。（　　）
17. 波分复用(WDM)光纤传输系统实测项目光信噪比(OSNR)>25dB。（　　）
18. 平均发送光功率是指在正常工作条件下,光端机光源尾纤输出的平均光功率,也称入纤平均光功率。（　　）
19. 光接收灵敏度是指在给定的误码率(10^{-10})的条件下,光接收机所能接收的最小平均功率。（　　）
20. 光纤通信中,光发送端机是把光信号换成电信号,光接收端机则是把电信号转换成光线号。（　　）
21. 光纤接续点接头损耗值只需要用后向散射法(COTR)在一个方向上测试即可得出。（　　）
22. 单模光纤接头损耗平均值≤0.1dB。（　　）
23. 光接收灵敏度用光功率计和误码仪检测。（　　）
24. 光纤数字传输系统输出抖动用 PDH/SDH 通信性能分析仪检测。（　　）

25. 通信系统中 IP 网络接口接收灵敏度 ≤ -19dBm(1000BASE-LX)及 ≤ -17dBm(1000BASE-SX)。( )

26. 光纤数字传输系统应具有丢失(LOM)告警功能。( )

27. 光纤数字传输系统应具有信号大误码($BER > 1 \times 10^{-3}$)告警功能。( )

28. 对程控数据交换系统进行接通率测试时,用模拟呼叫器接入程控交换机,运行指标应达到99.96%。( )

29. 光口的光接收灵敏度应小于同一光口的接收光功率。( )

30. 固定电话交换系统实测项目软交换 IP 承载网的包差错率 $\leq 1 \times 10^{-4}$。( )

31. 通信设施 IP 网络系统实测项目中,IP 网络接口平均发送光功率技术要为: -11.5dBm ≤ 光功率 ≤ -3dBm(1000BASE-LX);-9.5dBm ≤ 光功率 ≤ -4dBm(1000BASE-SX)。( )

三、多项选择题

1. 公路常用通信管道的类型按位置划分为( )。
   A. 干线通信管道 B. 分歧通信管道
   C. 钢管通信管道 D. 硅芯管通信管道

2. BD90×5×4000 玻璃纤维增强塑料管的结构尺寸为( )。
   A. 内径 90mm B. 壁厚 5mm
   C. 承插端内径 110mm D. 管长 4000mm

3. 玻璃纤维增强塑料管的增强材料为( )。
   A. 无碱玻璃纤维织物 B. 无碱玻璃纤维纱制品
   C. 中碱玻璃纤维织物 D. 中碱玻璃纤维纱制品

4. 根据《公路用玻璃纤维增强塑料产品 第1部分:通则》(GB/T 24721.1—2023)相关规定,公路用玻璃纤维增强塑料产品耐碱性能试验方法为( )。
   A. 10%的 NaOH 溶液
   B. 20%的 NaOH 溶液
   C. 常温(10~35℃)浸泡168h 后检查试样的外观质量
   D. 常温(10~30℃)浸泡168h 后检查试样的外观质量

5. 平均外径测试要点为( )。
   A. 用精度为 0.02mm 的游标卡尺
   B. 取3个试样测量每试样同一截面相互垂直的两外径
   C. 以两外径的算术平均值为管材的平均外径
   D. 用测量结果计算外径偏差,取3个试样测量值中与标称值偏差最大的为测量结果

6. 塑料管环刚度测试要点为( )。
   A. 从3根管材上各取1根 200mm±5mm 管段为试样
   B. 试样两端应垂直切平
   C. 试样垂直方向的外径变形量 Y_i 为原内径 d_i 的5%时,记录试样所受的负荷 F_i
   D. 试样的环刚度 $S = (0.0186 + 0.025 \times Y_i/d_i) \times F_i/(Y_i \times L)(kN/m^2)$

7. 双壁波纹管的连接方式有( )。
   A. 承插式连接　　B. 套筒连接　　C. 哈夫外固连接　　D. 胶粘连接
8. 彩条硅芯管的色条一般沿硅芯管外壁均布 4 组,下列描述正确的是( )。
   A. 每组 1~2 条　　　　　　　　B. 同组色条宽度 2mm±0.5mm
   C. 间距 2.0mm±0.5mm　　　　　D. 厚度 0.1~0.3mm
9. 硅芯管复原率试验要点为( )。
   A. 垂直方向加压至外径变形量为原外径的 50%
   B. 立即卸荷
   C. 试样不破裂、不分层
   D. 10min 外径能自然恢复到原来的 85% 以上
10. 后向散射法测试光纤链路接头损耗及总损耗,测试仪器光时域反射计应满足下列( )技术要求。
    A. 输出光中心波长(1310±20)nm 和(1550±20)nm
    B. 事件盲区长度:≤1m;衰减盲区长度:≤4m
    C. 损耗阈值:≤0.01dB;损耗分辨率:≤0.001dB
    D. 最小脉冲宽度:≤5ns
11. 信号沿链路传输损失的能量称衰减。造成衰减的原因有( )。
    A. 集肤效应　　B. 绝缘损耗　　C. 阻抗不匹配　　D. 接触电阻
12. IP 网络性能测试仪测试 IP 数据网络及其设备性能参数主要有( )。
    A. 模拟网络终端产生流量　　　　B. 进行网络性能测试
    C. 对网络状态进行实时监测　　　D. 对网络状态进行分析和统计结果
13. 波分复用 WDM 主要有三种复用方式:1310nm 和 1550nm 波长的波分复用、稀疏波分复用(CWDM)和密集波分复用(DWDM)。密集波分复用(DWDM)是指相邻波长间隔较小的 WDM 技术,主要为( )。
    A. 相邻信道的间隔为 0.4~1.2nm　　B. 工作波长位于 1550nm 窗口
    C. 一根光纤上可承载 8~160 个波长　D. 主要用于短距离传输系统
14. 《公路工程质量检验评定标准　第二册　机电工程》(JTG 2182—2020)中,通信设施的数字传输系统有( )。
    A. 准同步数字体系 PDH 系统　　　B. 同步数字体系(SDH)光纤传输系统
    C. IP 网络系统　　　　　　　　　D. 波分复用(WDM)光纤传输系统
15. 光波分复用(WDM)基本原理是( )。
    A. 发送端将不同波长的光信号组合起来(复用)
    B. 组合光信号在同一根光纤中进行传输
    C. 在接收端再将组合波长的光信号分离(解复用)
    D. 处理后恢复出原来的信号
16. 监控系统计算机网络双绞线链路现场实测中,以太网系统性能要求为( )。
    A. 链路传输速率符合 10Mbps、100Mbps、1000Mbps 的规定
    B. 吞吐率 1518 帧长≥99%

C. 传输时延≤15ms

D. 丢包率不大于70%流量负荷时≤0.1%

17. 数据信号在信道中传输时,衡量传输损耗的指标有(　　)。
   A. 衰减　　　　　B. 有限带宽　　　　C. 误码率　　　　D. 延迟失真

18. 通信系统的中继器可分为(　　)。
   A. 模拟中继　　　B. 数字中继　　　　C. 信号中继　　　D. 编码中继

19. UTP(8芯网络线)综合布线的允许极限长度为(　　)。
   A. 信道方式 <100m　　　　　　　　B. 通道链路方式 <96m
   C. 基本链路方式 <94m　　　　　　　D. 永久链路方式 <90m

20. 错误的网线连接有(　　)。
   A. 线对交叉或交叉线对　　　　　　B. 反向线对
   C. 短路或开路　　　　　　　　　　D. 串绕线对

21. 光接口测试内容主要有(　　)。
   A. 系统接收光功率　　　　　　　　B. 平均发送光功率
   C. 光接收机灵敏度　　　　　　　　D. 消光比

22. 公路光纤通信主要设备有(　　)。
   A. 光发射端机　　B. 光接收端机　　C. 光中继器　　　D. 光解码器

23. 光纤数字通信的特点是(　　)。
   A. 容量大,频带宽,传输速率高　　　B. 损耗低
   C. 可靠性高　　　　　　　　　　　D. 抗干扰性强,保密性好

24. 时分复用系统(TDM)的应用十分广泛,常用的技术类型为(　　)。
   A. PDH　　　　　B. SDH　　　　　　C. ATM　　　　　D. WDM

四、综合题

1. 试回答高密度聚乙烯硅芯管型式检验的问题。

(1) JT/T 496—2018 中,硅芯管理化性能检验项目有(　　)。
   A. 外壁硬度、内壁摩擦系数、拉伸屈服强度、断裂伸长率、环刚度、最大牵引负荷
   B. 热弯曲性能、复原率、耐落锤冲击性能、耐水压密封性能、与管接头的连接力
   C. 抗裂强度、纵向收缩率、耐环境应力开裂、脆化温度、熔体流动速率
   D. 耐热应力开裂、工频击穿强度、耐化学介质腐蚀、耐碳氢化合物性能

(2) JT/T 496—2018 中,生产前要检测的理化性能指标有(　　)。
   A. 熔体流动速率　　　　　　　　　B. 耐热应力开裂
   C. 工频击穿强度　　　　　　　　　D. 耐化学介质腐蚀

(3) JT/T 496—2018 中,作为电力保护管要检测的理化性能指标有(　　)。
   A. 熔体流动速率　　　　　　　　　B. 耐热应力开裂
   C. 工频击穿强度　　　　　　　　　D. 耐化学介质腐蚀

(4) JT/T 496—2018 中,现场有强烈酸碱盐环境要检测的理化性能指标有(　　)。
   A. 耐热应力开裂　　　　　　　　　B. 熔体流动速率

C. 耐化学介质腐蚀 　　　　　　　　D. 耐碳氢化合物性能

（5）GB/T 24456—2009 比 JT/T 496—2018 少的理化性能检验项目有脆化温度、与管接头的连接力、抗裂强度、熔体流动速率和（　　）。

　　A. 复原率 　　　　　　　　　　　B. 热弯曲性能
　　C. 工频击穿强度 　　　　　　　　D. 耐化学介质腐蚀

2. 回答下列光纤数字传输系统实测项目的问题。

（1）光接口实测的关键项目有（　　）。

　　A. 系统接收光功率,用光功率计测试
　　B. 平均发送光功率,用光功率计测试
　　C. 光接收灵敏度,用光功率计和误码仪测试
　　D. 激光器自动关断功能,无光输入信号时应能自动关断,测试备用板的发光口

（2）2M 电接口误码指标为实测的关键项目,检测仪器用误码仪,误码指标为（　　）。

　　A. $BER \leqslant 1 \times 10^{-11}$ 　　　　　B. $ESR \leqslant 1.1 \times 10^{-5}$
　　C. $SESR \leqslant 5.5 \times 10^{-7}$ 　　　　D. $BBER \leqslant 5.5 \times 10^{-8}$

（3）系统功能实测关键项目有（　　）。

　　A. 管理授权功能：未经授权不能进入网管系统
　　B. 自动保护倒换功能：工作环路故障或大误码时,自动倒换到备用线路
　　C. 远端接入功能：能通过网管添加或删除远端模块
　　D. 配置功能：能对网元部件进行增加或删除,并以图形方式显示当前配置

（4）告警功能实测关键项目有（　　）。

　　A. 信号丢失告警 　　　　　　　　B. 电源故障告警
　　C. 帧失步告警 　　　　　　　　　D. AIS 告警

（5）告警功能实测非关键项目有（　　）。

　　A. 远端接收误码告警 　　　　　　B. 电接口复帧丢失告警
　　C. 信号大误码（$BER > 1 \times 10^{-3}$）告警 　　D. 环境检测告警

3. 试回答 IP 网络系统实测项目中的相关问题。

（1）IP 网络接口平均发送光功率技术要求为（　　）。

　　A. $-11.5dBm \leqslant 光功率 \leqslant -3dBm$（1000BASE-LX）
　　B. $-9.5dBm \leqslant 光功率 \leqslant -4dBm$（1000BASE-SX）
　　C. $-7.5dBm \leqslant 光功率 \leqslant -3dBm$（1000BASE-HX）
　　D. $-9.5dBm \leqslant 光功率 \leqslant -3dBm$（1000BASE-RX）

（2）IP 网络接口接收光功率为（　　）。

　　A. $P_1 \geqslant P_R + M_c + M_e$ 　　　B. P_1 为接收端实测系统接收光功率
　　C. P_R 为接收器的接收灵敏度 　　　D. M_c 为光缆富余度；M_e 为设备富余度

（3）IP 网络接口接收灵敏度为（　　）。

　　A. $\leqslant -19dBm$（1000BASE-LX） 　　B. $\leqslant -17dBm$（1000BASE-SX）
　　C. $\leqslant -13dBm$（1000BASE-HX） 　　D. $\leqslant -15dBm$（1000BASE-RX）

（4）IP 网络吞吐率技术要求为（　　）。

A. 1518 帧长≥96%   B. 1518 帧长≥97%

C. 1518 帧长≥98%   D. 1518 帧长≥99%

(5) IP 网络丢包率为(   )。

A. 不大于 50% 流量负荷时：≤0.1%   B. 不大于 60% 流量负荷时：≤0.1%

C. 不大于 70% 流量负荷时：≤0.1%   D. 不大于 80% 流量负荷时：≤0.1%

4. 根据《公路机电工程测试规程》(JTG/T 3520—2021)回答下列 WDM 光纤传输系统光波分复用器和光波分解复用器的插入损耗测试的问题。

(1) 测试仪器通信用光谱分析仪的技术指标为(   )。

A. 波长测量范围应覆盖 1250～1650nm   B. 其分辨力带宽≤0.1nm

C. 波长示值误差范围 ±0.5nm   D. 光功率示值误差范围 ±1dB

(2) 测试仪器宽带光源的技术指标为(   )。

A. 带宽范围应覆盖被测系统所有工作波长

B. 输出光功率稳定性 ±0.1dB/10min

C. 输出光功率频率稳定性 ≤0.1MHz/10min

D. 宽带光源的计量性能要求参考《光传输用稳定光源检定规程》(JJG 958)

(3) 解复用器插入损耗测试(   )。

A. 光谱分析仪测宽带光源在波长 λ_n 处的光功率(测点 A)$P_A(\lambda_n)$ 并记录

B. 再将宽带光源输出光信号光接入解复用器入口

C. 在解复用器各出口端

D. 读取被测通道(序号 n)在波长 λ_n 处的输出光功率 $P_B(\lambda_n)$ 并记录

(4) 复用器插入损耗测试(   )。

A. 使用光谱分析仪测宽带光源在波长 λ_n 处的光功率(测点 A)$P_A(\lambda_n)$ 并记录

B. 再将宽带光源输出光信号光接入复用器入口

C. 在复用器各出口端

D. 读取被测通道(序号 n)在波长 λ_n 处的输出光功率 $P_B(\lambda_n)$ 并记录

(5) 测试前的工作及各损耗计算(   )。

A. 测试前应断开复用器和解复用器各通道与工作光纤的连接

B. 设置光谱分析仪的测试参数

C. 分辨力带宽设置为最小值

D. 光通道在波长 λ_n 处插入损耗测试结果为 $IL(\lambda_n) = P_A(\lambda_n) - P_B(\lambda_n)$

习题参考答案及解析

一、单项选择题

1. A

【解析】《公路用玻璃纤维增强塑料产品 第 1 部分：通则》(GB/T 24721.1—2023)6.11.2。

2. C

【解析】《公路用玻璃纤维增强塑料产品 第1部分:通则》(GB/T 24721.1—2023)5.3.3。

3. D

【解析】《公路用玻璃纤维增强塑料产品 第2部分:管箱》(GB/T 24721.2—2023)4.2.2。

4. D

【解析】硅芯管耐落锤冲击性能试验含常温和低温两个耐落锤冲击性能试验,每个试验10个试件,故硅芯管耐落锤冲击性能试验总试件数应为20个。

5. D

【解析】《公路工程质量检验评定标准 第二册 机电工程》(JTG 2182—2020)5.5.2。

6. D

【解析】《公路机电工程测试规程》(JTG/T 3520—2021)T 8005—2021。

7. C

【解析】《公路用玻璃纤维增强塑料产品 第2部分:管箱》(GB/T 24721.2—2023)4.2.2。

8. C

【解析】同本章单选题7。

9. B

【解析】同本章单选题7。

10. A

【解析】《公路用玻璃纤维增强塑料产品 第2部分:管箱》(GB/T 24721.2—2023)5.2。

11. A

【解析】同本章单选题10。

12. B

【解析】《公路用玻璃纤维增强塑料产品 第1部分:通则》(GB/T 24721.1—2023)6.11.3。

13. D

14. D

15. B

16. C

17. A

18. D

19. B

【解析】《公路地下通信管道高密度聚乙烯硅芯塑料管》(JT/T 496—2018)4.2.1。

20. D

【解析】《公路地下通信管道高密度聚乙烯硅芯塑料管》(JT/T 496—2018)4.2.1。

21. D

【解析】《公路地下通信管道高密度聚乙烯硅芯塑料管》(JT/T 496—2018)4.1.3。

22. C

【解析】《公路地下通信管道高密度聚乙烯硅芯塑料管》(JT/T 496—2018)4.3.1。

23. A

【解析】《公路地下通信管道高密度聚乙烯硅芯塑料管》(JT/T 496—2018)4.3.1。

24. A

【解析】《公路地下通信管道高密度聚乙烯硅芯塑料管》(JT/T 496—2018)4.3.1。

25. A

【解析】《公路地下通信管道高密度聚乙烯硅芯塑料管》(JT/T 496—2018)4.3.1。

26. D

【解析】《公路地下通信管道高密度聚乙烯硅芯塑料管》(JT/T 496—2018)4.3.1。

27. B

【解析】同步数字体系信号最重要的基本模块信号是STM-1,其速率是155.520Mb/s,更高等级的STM-N信号是将基本模块信号STM-1按同步复用,经字节间插后的结果,其中N为正整数。目前SDH只能支持一定的N值,即N只能为1、4、16、64和256。

28. B

【解析】同步数字体系SDH。

29. A

【解析】《公路工程质量检验评定标准 第二册 机电工程》(JTG 2182—2020)5.2.2。

30. B

【解析】《公路工程质量检验评定标准 第二册 机电工程》(JTG 2182—2020)5.2.2。

31. B

【解析】二者都无源,光合波器将不同波长的光信号合并后由一根光纤传输;分波器将一根光纤传输来的不同波长的复合光信号按不同波长分开,二者既不是光发送器件又不是光接收器件,更和光电集成器件搭不上界,属于互连器件。

32. B

【解析】光接收机动态范围$D = 10\lg P_1/P_R = 10\lg P_1 - 10\lg P_R$。所以当光功率以dB表示时,有$D' = P_1 - P_R (\text{dB})$。

33. A

34. C

35. D

36. C

【解析】埋设在中央分隔带不另占地皮,前期施工方便。

37. D

二、判断题

1. √

【解析】这几种管道均有相应的国家标准。

2. √
3. √
4. √
5. √

6. √

7. ×

【解析】≤0.35。

8. √

9. √

【解析】《公路地下通信管道高密度聚乙烯硅芯塑料管》(JT/T 496—2018)4.3.1。

10. ×

【解析】≥5000N。《公路地下通信管道高密度聚乙烯硅芯塑料管》(JT/T 496—2018)4.3.1。

11. ×

【解析】低温(−20℃)。《公路地下通信管道高密度聚乙烯硅芯塑料管》(JT/T 496—2018)4.3.1。

12. √

【解析】固有损耗、熔接损耗、活动接头损耗称为光纤三大基本损耗。

13. √

【解析】SDH以字节(每字节8比特)为单位进行传输。

14. √

【解析】映射相当于对信号进行打包的过程,将各种速率的信号先经过码速调整装入相应的标准容器中,再加入通路开销形成虚容器;定位即加入调整指针,用来校正支路信号频差和实现相位对准,将帧偏移信息收进支路单元或管理单元的过程;复用是使多个低阶通道层的信号适配进高阶通道层或把多个高阶通道层适配进复用层的过程。

15. √

【解析】它使光纤上单个波长(一个波长为一个光信道)的传输变为多个波长同时传输(多个光信道),从而大大提高了信息传输容量。

16. √

【解析】《综合布线系统电气特性通用测试方法》(YD/T 1013—2013)4。

17. √

【解析】《公路工程质量检验评定标准 第二册 机电工程》(JTG 2182—2020)5.5.2。

18. √

19. √

【解析】该指标表示SDH网元光接收机接收微弱信号的能力。

20. ×

【解析】光发送端机是把电信号换成光信号,光接收端机则是把光信号转换成电线号。

21. ×

【解析】光纤是各向异性物质,测试应在两个方向测后取平均值。JTG 2182—2020中规定,单模光纤接头损耗平均值≤0.1dB,平均值不是所有接头的平均值,是同一个接头从两个方向测试的平均值。

22. √

23. √
24. √
25. √

【解析】《公路工程质量检验评定标准 第二册 机电工程》(JTG 2182—2020)5.4.2。

26. √
27. √
28. √
29. √

【解析】光口的光接收灵敏度应小于同一光口的接收光功率才会使光端机正常工作，否则传输信号会出现错误。

30. √

【解析】《公路工程质量检验评定标准 第二册 机电工程》(JTG 2182—2020)5.6.2。

31. √

【解析】《公路工程质量检验评定标准 第二册 机电工程》(JTG 2182—2020)5.4.2。

三、多项选择题

1. AB

【解析】此处是按位置划分。

2. ABCD
3. ABCD
4. AC

【解析】《公路用玻璃纤维增强塑料产品 第1部分：通则》(GB/T 24721.1—2023)6.11.3。

5. ABCD
6. ABCD
7. ABC
8. ABCD
9. ABC
10. ABCD

【解析】《公路机电工程测试规程》(JTG/T 3520—2021)T 8201—2021。

11. ABCD
12. ABCD

【解析】《公路机电工程测试规程》(JTG/T 3520—2021)"T 8004—2021 IP包丢失率测试"。

13. ABC

【解析】选项D：用于长距离传输系统。

14. BCD

【解析】《公路工程质量检验评定标准 第二册 机电工程》(JTG 2182—2020)目录。

15. ABCD

【解析】光波分复用(WDM)技术是在一根光纤中同时传输多个波长光信号,其基本原理是在发送端将不同波长的光信号组合起来(复用),并耦合到光缆线路上同一根光纤中进行传输,在接收端再将组合波长的光信号分离(解复用),进行处理后恢复出原来的信号。

16. ABD

【解析】传输时延≤10ms。《公路工程质量检验评定标准 第二册 机电工程》(JTG 2182—2020)4.9.2。

17. ACD

【解析】选项A好理解,肯定选;选项B有限带宽不是传输损耗的指标,是信道的频率特性指标,不选;选项C、D误码和延迟失真也会使传输损耗增大。

18. AB

【解析】只有模拟和数字两大类。

19. ACD

【解析】通道链路方式就是信道方式。

20. ABCD

21. ABC

【解析】《公路工程质量检验评定标准 第二册 机电工程》(JTG 2182—2020)5.3.2。

22. ABC

【解析】一般数百公里以上才用光中继器。光解码器是光接收端机内的设备。

23. ABCD

【解析】在目前是最佳选择。

24. ABC

【解析】时分复用是将提供给整个信道传输信息的时间划分为若干时隙,并将这些时隙分配给每一个信号源使用,每一路信号在自己的时隙内独占信道进行数据传输。WDM为光波分复用。

四、综合题

1. (1) ABCD (2) A (3) BC (4) C (5) BCD

【解析】(1)~(4)《公路地下通信管道高密度聚乙烯硅芯塑料管》(JT/T 496—2018)4.3.1。

(5) GB/T 24456—2009 中 5.3 和 JT/T 496—2018 中 4.3.1。

2. (1) ABC (2) ABCD (3) BCD (4) BCD (5) ABC

【解析】《公路工程质量检验评定标准 第二册 机电工程》(JTG 2182—2020)5.3.2。

3. (1) AB (2) ABCD (3) AB (4) D (5) C

【解析】《公路工程质量检验评定标准 第二册 机电工程》(JTG 2182—2020)5.4.2。

4. (1) ABCD (2) ABD (3) ABCD (4) ABCD (5) ABCD

【解析】《公路机电工程测试规程》(JTG/T 3520—2021)T 8216—2021。

(2)无输出光功率频率稳定性要求。

（3）、(4)测试图如下。

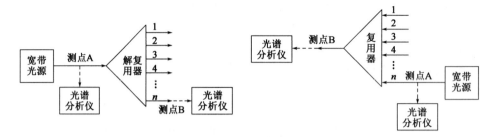

第十六章 收 费 设 施

复习提示

本章引用的标准有《公路工程质量检验评定标准 第二册 机电工程》(JTG 2182—2020)、《光栅车辆检测器》(GB/T 24966—2023)、《公路收费亭》(GB/T 24719—2009)、《公路收费车道控制机》(GB/T 24968—2010)、《收费专用键盘》(GB/T 24724—2009)、《公路收费用票据打印机》(GB/T 24723—2009)、《公路收费用费额显示器》(GB/T 27879—2011)、《收费公路联网收费系统软件测试方法》(JT/T 966.1、966.2—2015)、《汽车号牌视频自动识别系统》(JT/T 604—2024)、《公路汽车号牌视频自动识别补光装置》(JT/T 1531—2024)。

习题

一、单项选择题

1. 收费系统计算机网络实测项目中,以太网系统吞吐率要求为( )。
   A. 1428 帧长≥97%　B. 1458 帧长≥97%　C. 1488 帧长≥99%　D. 1518 帧长≥99%
2. ETC 门架系统实测项目 RSU 占用带宽( )。
   A. ≤3MHz　　　　B. ≤4MHz　　　　C. ≤5MHz　　　　D. ≤6MHz
3. ETC 收费车道路侧单元(RSU)通信区域测试用仪器频谱分析仪技术要求为( )。
   A. 具有场强测试功能;频率范围应覆盖 1～5GHz;分辨力带宽 1Hz～2MHz
   B. 具有场强测试功能;频率范围应覆盖 2～6GHz;分辨力带宽 5Hz～2MHz
   C. 具有场强测试功能;频率范围应覆盖 3～6GHz;分辨力带宽 8Hz～2MHz
   D. 具有场强测试功能;频率范围应覆盖 5～6GHz;分辨力带宽 10Hz～2MHz
4. 车道设备绝缘电阻测量用( )。
   A. 300V 绝缘电阻测试仪　　　　　　B. 500V 绝缘电阻测试仪
   C. 1000V 绝缘电阻测试仪　　　　　 D. 1500V 绝缘电阻测试仪
5. 安装后电动栏杆强电端子对机壳绝缘电阻为( )。
   A. ≥30MΩ　　　B. ≥50MΩ　　　C. ≥80MΩ　　　D. ≥100MΩ
6. 收费天棚车道控制标志的夜间亮度为( )。
   A. ≥200cd/m²　 B. ≥500cd/m²　 C. ≥800cd/m²　 D. ≥1000cd/m²
7. 车道设备共用接地电阻为( )。

A．≤1Ω　　　　　B．≤4Ω　　　　　C．≤8Ω　　　　　D．≤10Ω

8．车道专用费额信息显示屏亮度( )。
A．≥1000cd/m²　　B．≥1500cd/m²　　C．≥2000cd/m²　　D．≥2500cd/m²

9．电动栏杆机壳防腐涂层厚度为( )。
A．≥60μm　　　B．≥66μm　　　C．≥70μm　　　D．≥76μm

10．RSU(路侧单元)通信区域宽度要( )。
A．≤3.3m　　　B．≤3.8m　　　C．≤4.3m　　　D．≤4.8m

11．低速动态称重系统的速度为( )。
A．5km/h 以下　　B．10km/h 以下　　C．15km/h 以下　　D．20km/h 以下

12．低速动态称重系统称量精度一般为( )。
A．0.5%~1%　　B．1%~3%　　C．3%~5%　　D．5%~10%

13．汽车号牌视频自动识别系统能适应检测的车辆速度值为( )。
A．0~50km/h　　B．0~60km/h　　C．0~120km/h　　D．0~150km/h

14．汽车号牌视频自动识别系统输出的数字图片格式为( )。
A．BMP　　　　B．JPG　　　　C．PCX　　　　D．PNG

15．工地仓库中电动栏杆强电端子对机壳绝缘电阻为( )。
A．≥30MΩ　　　B．≥50Ω　　　C．≥80MΩ　　　D．≥100MΩ

16．收费天棚信号灯的色度测量仪器为( )。
A．亮度计　　　B．色度计　　　C．色品坐标计　　　D．分光计

17．车牌识别准确率测试时要求连续测试24h 以上，查验200 张以上图片，车牌识别准确率为( )。
A．≥90%　　　B．≥92%　　　C．≥95%　　　D．≥98%

18．ETC 门架系统防雷接地电阻为( )。
A．≤1Ω　　　　B．≤4Ω　　　　C．≤10Ω　　　　D．≤30Ω

19．收费站及收费中心的共用接地电阻值应为( )。
A．≤1Ω　　　　B．≤2Ω　　　　C．≤4Ω　　　　D．≤10Ω

20．在联网收费系统中，收费车道计算机系统应具有独立工作和降级使用功能，并且收费数据至少能保存( )。
A．30d 以上　　　B．40d 以上　　　C．7d 以上　　　D．60d 以上

21．票据打印机打印头寿命应大于( )。
A．1 亿字符　　　B．2 亿字符　　　C．3 亿字符　　　D．4 亿字符

22．非接触式 IC 卡与读写器(读写线圈)之间的距离为( )。
A．≤3cm　　　　B．≤5cm　　　　C．≤10cm　　　　D．≤20cm

23．ETC 系统中具有读写功能的设备为( )。
A．车载电子标签　　　　　　　　B．路侧无线读写器
C．车道控制计算机　　　　　　　D．车辆检测器

24．ETC 系统中与车载单元 OBU 通信完成收费交易的是( )。
A．车道天线　　　B．路测设备控制　　　C．车道控制器　　　D．路侧单元 RSU

25. 内部有线对讲机的错误功能是(   )。
    A. 主机全呼分机   B. 主机单呼分机
    C. 分机呼叫主机   D. 分机呼叫分机
26. 费额显示器视认性能为观察者(矫正视力5.0以上)视认角不小于30°,静态视认距离不小于(   )。
    A. 10m   B. 20m   C. 30m   D. 40m
27. 对于具有语音附加功能的费额显示器,在设备正前方1m、离地高1.2m处接收的等效连续声级值(可调)为(   )。
    A. 60～75dB(A)   B. 70～85dB(A)
    C. 80～95dB(A)   D. 90～105dB(A)
28. 汽车号牌视频自动识别补光装置红外型补光装置采用脉冲方式发光的,每次点亮时间应满足识别设备的要求,点亮时间应不大于(   )。
    A. 1ms   B. 2ms   C. 3ms   D. 5ms
29. 汽车号牌视频自动识别可见光型补光装置在水平距离20m、离地高度1.5m处,沿行车方向的局部亮度指标应(   )。
    A. ≤25cd/cm^2 B. ≤35cd/cm^2 C. ≤45cd/cm^2 D. ≤55cd/cm^2
30. 汽车号牌视频自动识别可见光型补光装置在水平距离20m、离地高度1.5m处,沿行车方向的平均亮度指标应为(   )。
    A. ≤20cd/cm^2 B. ≤25cd/cm^2 C. ≤30cd/cm^2 D. ≤35cd/cm^2
31. 《汽车号牌视频自动识别系统》(JT/T 604—2024)中规定汽车号牌视频自动识别系统相对湿度为(   )。
    A. ≤90%   B. ≤92%   C. ≤96%   D. ≤98%
32. 《汽车号牌视频自动识别系统》(JT/T 604—2024)中规定汽车号牌视频自动识别系统J型环境温度为(   )。
    A. -40～+70℃   B. -45～+75℃   C. -50～+80℃   D. -55～+85℃
33. 汽车号牌视频自动识别收费车道型系统能通过系统捕获区域的汽车号牌的汽车速度为(   )。
    A. 0～45km/h   B. 0～50km/h   C. 0～55km/h   D. 0～60km/h
34. 汽车号牌视频自动识别公路主线型系统能通过系统捕获区域的汽车号牌的汽车速度为(   )。
    A. 45km/h以上 B. 50km/h以上 C. 55km/h以上 D. 60km/h以上

二、判断题

1. ETC专用车道系统时钟应与北斗授时时钟同步。   (   )
2. 动态称重系统是对运动中的车辆进行称重,按称重车辆的速度可分为高速(120km/h)、中速(50km/h以下)和低速(15km/h以下)3类。   (   )
3. RSU前导码为16位"1"加16位"0"。   (   )
4. ETC门架系统如外场设备的保护接地体和防雷接地体未分开设置,则共用接地电阻≤

4Ω。 ( )

5. ETC收费系统中,OBU初始化设备与OBU微波通信接口的无线链路频率为5.8GHz。 ( )

6. 收费广场各车道宜采用集中供电方式。 ( )

7. 车道控制器应安放在收费亭的工业控制计算机上。 ( )

8. 车道信息指示屏的色度和亮度色度符合现行GB/T 23828的规定,亮度符合设计要求,无要求时亮度≥5000cd/m²。 ( )

9. F级电动栏杆打开时间和关闭时间分别不大于1s。 ( )

10. 0级电动栏杆打开时间和关闭时间分别不大于1s。 ( )

11. 入口混合车道实测项目为52个,出口混合车道实测项目为54个。 ( )

12. 站级收费系统是一个小的独立中心,当与上级通信故障或上级计算机出现故障时,应能全部代替上级计算机的功能。 ( )

13. 信息自动匹配指ETC交易记录、CPC卡通行记录应与车辆抓拍图片进行自动匹配。 ( )

14. 收费站图像稽查功能指能稽查所有出入口车道通行车辆图像,为非关键项目。 ( )

15. 断网测试为与收费中心计算机通信故障时,数据可在本地存储,并能在通信恢复后上传至收费中心计算机。 ( )

16. 双机热备份功能是当主机宕机时,从机能够自动接管,保证业务的连续性和正确性,且切换时间符合要求。 ( )

17. 有线对讲系统中,主机可与任一分机通话,但各分机之间通常不能直接通话。 ( )

18. 联网收费系统总体框架结构一般由收费结算中心和联网收费区域内各路段的收费系统两部分组成。 ( )

19. 超限检测系统中使用的计重承载器应通过相关部门的型式评价,取得相应证书并在有效期内。 ( )

20. ETC门架的保护接地体和防雷接地体未分开设置,则共用接地电阻应≤1Ω。 ( )

21. 车辆号牌所包含的汉字、英文字母、阿拉伯数字以及号牌颜色等信息。 ( )

22. 对于多发光二极管(LED)阵列组合的公路汽车号牌视频自动识别补光装置,局部亮度指单颗LED及其透镜发光面在某一已知角度的光强与该LED及其透镜在垂直于该方向的投影面积之比。 ( )

三、多项选择题

1. 收费系统的环形线圈车辆检测器在收费车道中主要作用是( )。
   A. 检测车速　　　B. 检测车辆通过　　　C. 检测车辆存在　　　D. 检测占有率

2. 出口混合车道主要设备有( )。
   A. 车道控制器　　B. 读写卡机　　　C. 费额显示器　　　D. 收费终端

3. 车道收费设备很多,其中主要的设备有( )。
   A. 车道控制器　　B. 收费员终端　　C. 栏杆　　　　D. 车辆检测器

4. 在封闭式收费系统中,收费车道处理机的主要功能是( )。
   A. 数据上传　　　　　　　　　　B. 上传参数表
   C. 外围设备状态测试　　　　　　D. 图像抓拍
5. 《收费用栏杆》(GB/T 24973—2023)中将电动栏杆的开闭时间分以下( )级别。
   A. F 级　　　　B. O 级　　　　C. S 级　　　　D. T 级
6. 下列检查项目中,属于收费设施入口混合车道功能测试的项目有( )。
   A. 车道信号灯　　　　　　　　　B. 自动栏杆动作
   C. 闪光报警器　　　　　　　　　D. 每辆车平均处理时间
7. 出口混合车道设备实测项目有( )。
   A. 闪光报警器　　B. 天棚信号灯　　C. 断网复原测试　　D. 专用键盘
8. 黄色闪光报警灯工作时(闪光)的状况为( )。
   A. 车辆违章　　B. 车辆冲关　　C. 设备报警　　D. 电源电压不正常
9. 收费专用键盘一般分为( )。
   A. 操作区　　　B. 功能键区　　　C. 数字键区　　　D. 字母键区
10. 收费系统亭内设备包括( )等。
    A. 费额显示器　　B. 车道控制机　　C. IC 卡读写器　　D. 内部对讲机
11. 下列属于收费车道设备实测项目的有( )。
    A. 打印机　　B. 车道控制机　　C. 天棚信号灯　　D. 车道通行信号灯
12. 出口混合车道设备用实际操作方法检测的项目有( )。
    A. 脚踏报警　　　　　　　　　　B. 收费参数接收与更新
    C. 数据传输　　　　　　　　　　D. 车道维修和复位操作处理
13. 下列检查项目中,属于收费站功能实测项目的有( )。
    A. 对车道设备的实时监控功能　　B. 费率表查看功能
    C. 原始数据查询统计功能　　　　D. 与车道控制机的数据通信功能
14. 收费站级计算机系统主要功能有( )。
    A. 数据处理功能　　　　　　　　B. 车道监视功能
    C. 时钟发布功能　　　　　　　　D. 数据后备及恢复功能
15. 收费站计算机系统的硬件有( )。
    A. 收费管理控制计算机　　　　　B. 收费服务器
    C. 各收费工作站　　　　　　　　D. 网络设备及其他辅助设备
16. 收费站计算机系统的主要功能有( )。
    A. 数据查询　　B. 信息上传　　C. 数据备份　　D. 收费监视
17. 收费分中心主要设备有( )。
    A. 服务器　　B. 管理计算机　　C. 通信计算机　　D. 打印机
18. 站级、分中心级计算机系统配置的软件有( )。
    A. 数据库管理系统　　　　　　　B. 网络管理软件
    C. 杀病毒软件　　　　　　　　　D. WINDOWS10
19. 站级、分中心级计算机配置的系统软件有( )。

A. 数据库管理系统 B. 网络管理软件
C. 杀病毒软件 D. WINDOWS10

20. 公路收费系统计算机软件按功能划分为( )。
A. 平台软件 B. 网络及通信软件
C. 应用软件 D. 道路交通分析软件

21. 关于费额显示器的 LED 显示面板发光亮度要求,描述正确的是( )。
A. 发光亮度不小于 $1500cd/m^2$
B. 发光时环境照度变化应介于 ±10% 之间
C. 光探头采集范围不少于 16 个相邻像素
D. 彩色分析仪误差应小于 3%

22. 费额显示器为( )。
A. 9 针 RS-232C 阴性插座 B. 25 针 RS-232C 阴性插座
C. 4 针 RS-485 阳性插座 D. 8 针 RS-485 阳性插座

23. 费额显示器的 LED 显示面板发光亮度现场测试要点有( )。
A. 费额显示器不通电情况下,用彩色分析仪测量显示面的背景亮度 L_N
B. 费额显示器通电并正常工作情况下,用彩色分析仪测量显示面的亮度 L_Y
C. 费额显示面板发光亮度 $L = L_N - L_Y$
D. 费额显示面板发光亮度 $L = L_Y - L_N$

24. RSU 的工作信号强度应( )。
A. 不低于 OBU 卡接收灵敏度
B. 不低于 CPC 卡接收灵敏度
C. 应满足 ETC 车辆通行时的数据交互要求
D. 应满足 CPC 卡车辆通行时的数据交互要求

25. RSU 的工作频率为( )。
A. 信道 1:5.830GHz B. 信道 2:5.840GHz
C. 信道 3:5.850GHz D. 信道 4:5.860GHz

26. 称重设备车牌识别及抓拍设备识别性能指标要求有( )。
A. 日间号牌号码识别准确率应不小于 95%,夜间号牌号码识别准确率应不小于 90%
B. 日间号牌颜色识别准确率应不小于 90%,夜间号牌颜色识别准确率应不小于 80%
C. 号牌种类识别准确率应不小于 95%
D. 未悬挂号牌的识别率应不小于 80%

27. 《公路工程质量检验评定标准 第二册 机电工程》(JTG 2182—2020)中,入口混合车道设备及软件实测项目 ETC 系统支持双片式 OBU、单片式 OBU 交易的技术要求为( )。
A. 支持双片式 OBU 交易 B. 支持单片式 OBU 交易
C. 可在 OBU 内写入入口信息 D. 可在 ETC 卡内写入入口信息

28. 《公路工程质量检验评定标准 第二册 机电工程》(JTG 2182—2020)中,承载 ETC 门架功能的技术要求为( )。
A. 接收更新省联网中心下发的本站收费费率

B. 可在OBU(CPU用户卡)内正确写入入口信息并计费同时形成通行记录

C. 可在CPC卡内正确写入入口信息并计费同时形成通行记录

D. 储值卡用户余额不足时,能按运营规则处置

29.《公路工程质量检验评定标准 第二册 机电工程》(JTG 2182—2020)中,ETC门架系统RSU(路侧单元)实测项目的技术要求为(　　)。

　　A. RSU工作频率:信道1为5.830GHz,信道2为5.840GHz

　　B. RSU占用带宽:≤5MHz

　　C. RSU前导码:16位"1"加16位"0"

　　D. RSU工作信号强度:不高于OBUCPC卡接收灵敏度

30. 汽车号牌视频自动识别补光装置按照光源发光方式分为(　　)。

　　A. LED光源　　B. 气体放电光源　　C. 荧光光源　　D. 其他光源

31. 汽车号牌视频自动识别系统按照环境温度适用等级为S1型、S2型和(　　)。

　　A. A型　　B. B型　　C. C型　　D. D型

32. 汽车号牌视频自动识别系统输出功能规定,系统输出应至少包括(　　)。

　　A. 车头全景图像和汽车号牌图像

　　B. 车头全景图像应为JPEG格式

　　C. 输出信息应至少包括汽车号牌识别结果

　　D. 输出信息应至少包括车辆通过识别区域的时间和预设地点等

33. 汽车号牌视频自动识别系统的环境适应性能试验项目有(　　)。

　　A. 耐低温、耐温度交变　　　　B. 耐高温、耐湿热

　　C. 耐机械振动、耐盐雾腐蚀　　D. 耐候性、可靠性

34. 汽车号牌视频自动识别系统的检验组批和抽样为(　　)。

　　A. 产品以批为单位检验,材料、工艺、生产设备相同的产品为一批

　　B. 型式检验的样品应从每批中随机抽取一个完整的产品

　　C. 批量不大于三台的产品,企业质量检验部门逐台进行检验

　　D. 批量大于三台的产品,出厂检验的样品应从生产线终端随机抽取不少于30%的样品,但不少于三台

四、综合题

1. 依据《收费用栏杆》(GB/T 24973—2023),回答收费用栏杆相关问题。

(1)《收费用栏杆》(GB/T 24973—2023)更改了环境温度,增加了(　　)。

　　A. S1级　　B. S2级　　C. S3级　　D. J级

(2)《收费用栏杆》(GB/T 24973—2023)更改了栏杆开闭时间,具体为(　　)。

　　A. F级:打开时间和关闭时间分别不大于0.6s

　　B. O级:打开时间和关闭时间分别不大于2s

　　C. S级:打开时间和关闭时间任意一项或两项分别大于2s

　　D. T级:打开时间和关闭时间任意一项或两项分别大于3s

(3)应用高速摄像机拍摄视频图像后,通过读取图像帧数的方法得出电动栏杆开闭时间,

方法步骤为( )。

  A. 高速摄像机对准栏杆起落拍摄视频图

  B. 检查视频图中对应栏杆起落位置的相应帧的时差得到电动栏杆开闭时间

  C. 要求视频图像的帧频不小于 100 帧/s

  D. 要求每帧图片分辨率不小于 720p

(4)《收费用栏杆》(GB/T 24973—2023)更改了栏杆耐高温性能按产品温度分级,温度条件分别在 +45℃、( )。

  A. +50℃   B. +55℃   C. +75℃   D. +85℃

(5)《收费用栏杆》(GB/T 24973—2023)更改了栏杆耐低温性能按产品温度分级,温度条件分别为( )。

  A. -5℃   B. -20℃   C. -35℃   D. -55℃

2. 回答出口混合车道的实测项目的相关问题。

(1)电气安全方面的关键实测项目为( )。

  A. 设备强电端子对机壳绝缘电阻(≥50MΩ)

  B. 车道控制器安全接地电阻(≤4Ω)

  C. 电动栏杆机安全接地电阻(≤4Ω)

  D. 车道设备共用接地电阻(≤1Ω)

(2)有关信号灯的实测关键项目为( )。

  A. 收费天棚信号灯的色度和亮度   B. 车道信息指示屏的色度和亮度

  C. 车道信息指示屏控制与显示   D. 收费天棚车道控制标志控制与显示

(3)有关电动栏杆和车道参数的实测项目为( )。

  A. 电动栏杆起/落时间(≤4.0s)

  B. 电动栏杆机壳防腐涂层厚度≥76μm

  C. 电动栏杆机功能

  D. 环形线圈电感量(50~1000μH),用电感测量仪器实测

(4)收费设备的实测项目为( )。

  A. 复合读写器能正确读写通行卡,满足国密要求

  B. 专用键盘操作灵活,响应准确

  C. 费额显示器正确显示费额

  D. 收据打印机能快速正确打印票据

(5)收费站交易流程的关键实测项目有( )。

  A. 正常 ETC 客车通行交易流程   B. MTC 货车通行交易流程

  C. MTC 专项作业车通行交易流程   D. 跟车干扰交易流程

3. 回答内部有线对讲及紧急报警系统检测相关问题。

(1)内部有线对讲及紧急报警系统检测的基本要求为( )。

  A. 内部有线对讲及紧急报警系统设备及配件的型号规格、数量应符合合同要求,部件完整

  B. 全部设备安装调试完毕,系统应处于正常工作状态

C. 分项工程自检和设备调试记录等资料齐全

D. 设备及附(备)件清单、有效的设备检验合格报告或证书等资料齐全

(2)涉及呼叫功能的有关实测项目和要求有( )。

　　A. 主机全呼分机　　　　　　　　　B. 主机单呼某个分机

　　C. 分机呼叫主机　　　　　　　　　D. 分机呼叫分机

(3)涉及通话声音质量的实测项目和要求有( )。

　　A. 分机之间的串音　　　　　　　　B. 扬声器音量调节(可调)

　　C. 话音质量　　　　　　　　　　　D. 音质调节

(4)本系统与报警功能有关的实测项目及要求有( )。

　　A. 手动/脚踏报警功能

　　B. 报警器故障监测功能

　　C. 报警器向 CCTV 系统提供报警输出信号

　　D. 报警器自检功能

(5)内部有线对讲系统要求为( )。

　　A. 主机与各分机间能呼叫通话　　　B. 通话话音清晰、音量适中

　　C. 无噪声缺陷　　　　　　　　　　D. 无断字缺陷

4. 请根据《公路汽车号牌视频自动识别补光装置》(JT/T 1531—2024),回答下列问题。

(1)补光区域为( )。

　　A. 宽度为 3.5m 的车道,主要补光距离 15～28m

　　B. 宽度为 3.5m 的车道,主要补光距离 18～28m

　　C. 宽度为 3.5m 的车道,辅助补光距离 28～33m

　　D. 宽度为 3.5m 的车道,辅助补光距离 28～35m

(2)补光装置横向角度为( )。

　　A. 全角,50% 中心光强角 9×(1±0.15)°

　　B. 全角,50% 中心光强角 11×(1±0.15)°

　　C. 全角,50% 中心光强角 13×(1±0.15)°

　　D. 全角,50% 中心光强角 15×(1±0.15)°

(3)水平距离 20m,车道边缘线上横向补光范围是( )。

　　A. 可见光型水平方向平均光照度不低于车道中心线上水平方向平均光照度的 20%

　　B. 可见光型水平方向平均光照度不低于车道中心线上水平方向平均光照度的 40%

　　C. 红外型补光装置辐照度不低于车道中心线上辐照度的 30%

　　D. 红外型补光装置辐照度不低于车道中心线上辐照度的 40%

(4)补光装置纵深角度为( )。

　　A. 全角,10% 中心光强角 13×(1±0.15)°

　　B. 全角,30% 中心光强角 9.5×(1±0.15)°

　　C. 全角,50% 中心光强角 7.5×(1±0.15)°

　　D. 全角,60% 中心光强角 6.0×(1±0.15)°

(5)可见光型补光装置车道中心线上纵深补光范围为( )。

A. 水平距离28~33m,其水平方向平均光照度不小于0.9lx

B. 水平距离28~33m,其水平方向平均光照度不小于1.5lx

C. 水平距离不小于40m,离地高度1.5m,其水平方向平均光照度不大于0.5lx

D. 水平距离不小于40m,离地高度1.5m,其水平方向平均光照度不大于1.2lx

习题参考答案及解析

一、单项选择题

1. D

【解析】《公路工程质量检验评定标准 第二册 机电工程》(JTG 2182—2020)表6.13.2。

2. C

【解析】《公路工程质量检验评定标准 第二册 机电工程》(JTG 2182—2020)6.4.2。

3. D

【解析】《公路机电工程测试规程》(JTG/T 3520—2021)T 8305—2021。

4. B

5. B

6. D　　　7. A　　　8. B　　　9. D　　　10. A

11. C

12. C

13. B

【解析】《汽车号牌视频自动识别系统》(JT/T 604—2011)5.3.1。

14. B

15. D

【解析】《收费用栏杆》(GB/T 24973—2023)5.1.13.1。

16. B　　　17. C　　　18. C　　　19. A　　　20. B

21. C

22. C

23. B

24. D

【解析】路侧单元RSU由车道天线、路测设备控制器和车道控制器组成,主要功能是与车载单元OBU通信完成收费交易。

25. D

26. C

【解析】《公路收费用费额显示器》(GB/T 27879—2011)5.6.2。

27. B

【解析】《公路收费用费额显示器》(GB/T 27879—2011)5.6.3。

28. B

【解析】《公路汽车号牌视频自动识别补光装置》(JT/T 1531—2024)5.3.2。

29. C

【解析】《公路汽车号牌视频自动识别补光装置》(JT/T 1531—2024)5.4.2。

30. C

【解析】《公路汽车号牌视频自动识别补光装置》(JT/T 1531—2024)5.4.2。

31. D

【解析】《汽车号牌视频自动识别系统》(JT/T 604—2024)5.1。

32. D

【解析】《汽车号牌视频自动识别系统》(JT/T 604—2024)5.1。

33. D

【解析】《汽车号牌视频自动识别系统》(JT/T 604—2024)5.3.1。

34. D

【解析】《汽车号牌视频自动识别系统》(JT/T 604—2024)5.3.1。

二、判断题

1. ×

【解析】车道系统时钟与上级收费系统时钟同步一致。《公路工程质量检验评定标准 第二册 机电工程》(JTG 2182—2020)6.3.2。

2. √

3. √

4. ×

【解析】共用接地电阻≤1Ω。

5. √

6. ×

【解析】各车道分散供电可提高用电可靠性。

7. ×

【解析】工业控制计算机是安放在车道控制器内的。

8. √

9. ×

【解析】不大于0.6s。《收费用栏杆》(GB/T 24973—2023)5.1.7。

10. ×

【解析】不大于2s。《收费用栏杆》(GB/T 24973—2023)5.1.7。

11. √

【解析】《公路工程质量检验评定标准 第二册 机电工程》(JTG 2182—2020)6.1、6.2。

12. ×

【解析】当与上级通信故障或上级计算机出现故障时,站级收费系统维持本级和下级系统(车道计算机)的正常运行,并将相关数据存储好,一旦和上级计算机链接,则迅速将要上传的和要接收的数据及时处理。

13. ×

【解析】漏掉"实时上传至收费站系统"。

14. ×

【解析】为关键实测项目。

15. √

16. √

17. √

18. √

【解析】《高速公路联网收费暂行技术要求》(交公路发[2000]463号)。

19. ×

【解析】漏掉"并通过计量部门的检定"。《公路工程质量检验评定标准 第二册 机电工程》(JTG 2182—2020)6.10.1。

20. √

【解析】《公路工程质量检验评定标准 第二册 机电工程》(JTG 2182—2020)6.4.2。

21. √

【解析】《汽车号牌视频自动识别系统》(JT/T 604—2024)3.2。

22. √

【解析】《公路汽车号牌视频自动识别补光装置》(JT/T 1531—2024)3.6。

三、多项选择题

1. BC

【解析】主要作用是为车道控制器(电动栏杆)提供车辆通过和车辆存在的信息,车道控制器根据其信息做出抬杆、落杆的指令。

2. ABCD

3. ABCD

【解析】这是最基本的配置,缺一不可。

4. ACD

【解析】车道不生成参数表。

5. ABC

【解析】《收费用栏杆》(GB/T 24973—2023)5.1.7。

6. ABCD

7. ABCD

【解析】断网复原测试实际上是测车道控制器(车道计算机)最重要的功能。

8. AB

【解析】黄闪灯是与感应线圈、自动栏杆抬杆动作相连锁的。

9. ABC

【解析】收费专用键盘无字母键区。

10. BCD

【解析】费额显示器不在亭内,而在车道上。

11. ABCD

12. ABCD

13. ACD

14. ABD

【解析】无时钟发布功能。

15. ABCD

【解析】选项 A:收费系统的核心;选项 B:数据库;选项 C:收费系统的二级计算机;选项 D:数据传输系统。4 个选项全选。

16. ABCD

【解析】《高速公路联网收费暂行技术要求》(交公路发[2000]463 号)。

17. ABCD

18. ABCD

19. AD

【解析】数据库管理系统是系统软件。

20. ABC

【解析】道路交通分析软件在监控计算机系统中。

21. ABC

【解析】彩色分析仪误差应小于5%。《公路收费用费额显示器》(GB/T 27879—2011)5.6.1。

22. ABC

【解析】无 8 针 RS-485 阳性插座。《公路收费用费额显示器》(GB/T 27879—2011)5.9。

23. ABD

【解析】《公路收费用费额显示器》(GB/T 27879—2011)6.5。

24. ABCD

25. AB

26. ABCD

【解析】《机动车号牌图像自动识别技术规范》(GA/T 833—2016)4.2.2.5。

27. ABCD

【解析】《公路工程质量检验评定标准 第二册 机电工程》(JTG 2182—2020)6.1.2。

28. ABCD

【解析】《公路工程质量检验评定标准 第二册 机电工程》(JTG 2182—2020)6.1.2。

29. ABC

【解析】RSU 工作信号强度:不低于 OBUCPC 卡接收灵敏度。《公路工程质量检验评定标准 第二册 机电工程》(JTG 2182—2020)6.4.2。

30. ABD

【解析】荧光光源已包含在气体放电光源中。《公路汽车号牌视频自动识别补光装置》(JT/T 1531—2024)4.2.2。

31. ABC

【解析】J型。《汽车号牌视频自动识别系统》(JT/T 604—2024)4.2.3。

32. ABCD

【解析】《汽车号牌视频自动识别系统》(JT/T 604—2024)5.3.4。

33. ABCD

【解析】《汽车号牌视频自动识别系统》(JT/T 604—2024)5.7。

34. ABCD

【解析】《汽车号牌视频自动识别系统》(JT/T 604—2024)7.3。

四、综合题

1. (1) ABD　　(2) ABC　　(3) ABCD　　(4) ABD　　(5) ABD

【解析】(1)《收费用栏杆》(GB/T 24973—2023)前言。

(2)《收费用栏杆》(GB/T 24973—2023)5.1.7。

(3)《收费用栏杆》(GB/T 24973—2023)6.1.7.2。

(4) 选项 C：+70℃。《收费用栏杆》(GB/T 24973—2023)5.1.15.1。

(5) 选项 C：-40℃。《收费用栏杆》(GB/T 24973—2023)5.1.15.2。

2. (1) AD　　(2) CD　　(3) BCD　　(4) ABD　　(5) ABC

【解析】《公路工程质量检验评定标准　第二册　机电工程》(JTG 2182—2020)6.2.2。

(3) 选项 A 应为：电动栏杆起/落时间(≤1.0s)。

3. (1) AB　　(2) ABC　　(3) ABC　　(4) AC　　(5) ABCD

【解析】《公路工程质量检验评定标准　第二册　机电工程》(JTG 2182—2020)6.9.2。

(2) 分机不能呼叫分机。

4. (1) BD　　(2) A　　(3) BD　　(4) ABC　　(5) AC

【解析】《公路汽车号牌视频自动识别补光装置》(JT/T 1531—2024)5.4.3。

第十七章 供配电设施

复习提示

本章引用的标准有《公路工程质量检验评定标准 第二册 机电工程》(JTG 2182—2020)、《公路沿线设施太阳能供电系统通用技术规范》(GB/T 24716—2009)等。

习题

一、单项选择题

1. 电力系统公共连接点正常电压不平衡度为2%,短时不超过(   )。
   A. 2.5%　　　　　B. 3%　　　　　C. 4%　　　　　D. 5%
2. 220V 单相供电电压为标称电压的(   )。
   A. +7%,-10%　　B. ±7%　　　　C. ±10%　　　　D. ±5
3. 公路机电系统产品的电压适应性为(   )。
   A. 交流 220×(1±5%)V　　　　　B. 交流 220×(1±10%)V
   C. 交流 220×(1±15%)V　　　　D. 交流 220×(1±20%)V
4. 公路沿线建筑物和设施一般属于(   )。
   A. 一类防雷　　B. 二类防雷　　C. 三类防雷　　D. 四类防雷
5. 发电机组控制柜绝缘电阻要求(   )。
   A. ≥2MΩ　　　B. ≥10MΩ　　　C. ≥50MΩ　　　D. ≥100MΩ
6. 单台不间断电源(UPS)给计算机系统(总功率$\sum P_{N_i}$)供电,其输出功率应大于(   )。
   A. $\sum P_{N_i}$　　B. $1.3\sum P_{N_i}$　　C. $1.5\sum P_{N_i}$　　D. $2\sum P_{N_i}$
7. 蓄电池充电装置的直流输出电压一般应(   )。
   A. 等于额定电压　　　　　　　B. 小于额定电压
   C. 高于额定电压5%　　　　　D. 无严格要求
8. 公路交通机电系统与电子信息设施的供电电源一般取自就近的公用电网,其电压通常为(   )。
   A. 10kV/6kV　　B. 15kV/10kV　　C. 20kV/15kV　　D. 30kV/20kV
9. 公路沿线站点的供电负荷级别通常为(   )。
   A. 特级　　　　B. 一级　　　　C. 二级　　　　D. 三级

10. 测公用电网谐波时,电能质量分析仪应满足的技术要求为( )。
　　A. A 级仪表,1~30 次谐波　　　　　　B. A 级仪表,1~50 次谐波
　　C. A 级仪表,直流和 1~30 次谐波　　　D. A 级仪表,直流和 1~50 次谐波
11. 中心(站)内低压配电设备实测项目规定,室内设备、列架的绝缘电阻( )。
　　A. ≥2MΩ　　　B. ≥10MΩ　　　C. ≥50Ω　　　D. ≥100MΩ

二、判断题

1. 公路供电电源一般取自就近的 10kV/6kV 公用电网。　　　　　　　　　　(　)
2. 公路变配电设计一般按三级用户配置。　　　　　　　　　　　　　　　　(　)
3. 高速公路设备配电箱中通常使用带漏电保护的自动开关。　　　　　　　　(　)
4. 隔离开关的主要作用是断开负荷电路。　　　　　　　　　　　　　　　　(　)
5. 配电系统的安全接地电阻要求≤4Ω。　　　　　　　　　　　　　　　　　(　)
6. 配电系统的共用接地电阻要求≤1Ω。　　　　　　　　　　　　　　　　　(　)
7. UPS 输出和 EPS 逆变应急输出总谐波畸变率应≤8%。　　　　　　　　　　(　)
8. 三相四线制的工作接地是为了保证各相电压平衡。　　　　　　　　　　　(　)
9. 配电装置主要包括控制电路、保护电路、计测电路三部分。　　　　　　　(　)
10. 公用电网谐波电压总谐波畸变率≤5.0%,奇次谐波电压含有率≤4.0%,偶次谐波电压含有率≤2.0%。　　　　　　　　　　　　　　　　　　　　　　　　　　　(　)
11. 为保证电源中断时公路重要设备能正常工作,备用电源一般配柴油发电机组。(　)
12. 快速启动柴油发电机组,适用于停电时间允许 15s 以上的场合。　　　　　(　)
13. 静止型 UPS 适用于允许停电时间为毫秒级且容量不大的重要交流负荷。　(　)
14. 公路沿线用电设施的特点是:容量一般比较大,用电点分散,距离供电点较远,配电系统的技术可靠性与经济可行性矛盾突出。　　　　　　　　　　　　　　(　)
15. 电能质量测试适用于变压器低压 380V 侧 50Hz 交流供电系统中电能质量参数测试,包括输出电压、输出频率、频率偏差、电压偏差。　　　　　　　　　　　(　)

三、多项选择题

1. 电压质量主要性能指标有( )。
　　A. 电压偏差　　　　　　　　　　B. 电压波动
　　C. 电压闪变　　　　　　　　　　D. 电压不对称(不平衡)
2. 某单相交流电路的负载为 2.2kW,若要测量其电流,则可用( )。
　　A. 万用表　　　B. 钳形表　　　C. 交流电流表　　　D. 直流电流表
3. 公路沿线用电设施的特点为( )。
　　A. 容量不大　　　B. 距供电点较远　　　C. 用电点分散　　　D. 绝大部分为单相
4. 低压电气设备常用的接地保护措施有( )。
　　A. 保护接地　　　B. 保护接零　　　C. 漏电保护　　　D. 工作接地
5. 在电源系统的接地系统中,交流接地形式主要包括( )。

A. 工作接地　　　B. 保护接地　　　C. 防震接地　　　D. 防雷接地

6. 低压配电系统按保护接地的形式可分为( )。

　A. TN 系统　　　B. TT 系统　　　C. IT 系统　　　D. TNT 系统

7. 自备发电机组的检测包括( )。

　A. 启动及启动时间　　　　　　B. 发电机组容量测试

　C. 发电机组相序　　　　　　　D. 输出电压稳定性

8. 公路机电系统的应急电源主要有( )。

　A. 蓄电池装置　　B. UPS　　　C. 柴油发电机　　　D. 市电

9. 下面叙述不正确的有( )。

　A. 高速公路收费、监控和通信系统建设时,应采用集中供电

　B. 三相供电时,零线上应装熔断器

　C. 交通工程及沿线设施的强电线路必须与弱电线路分别敷设

　D. 不同回路可以同管敷设

10. 公路低压配电系统的构成设施主要有隔离电器、配电电缆、设备侧配电柜(箱)、开关电器和( )。

　A. 保护电器　　　　　　　　　B. 接地装置

　C. 有功电容补偿　　　　　　　D. 故障保护与应急电源

11. 公路低压配电系统常用接线方式主要有( )。

　A. 放射式　　　B. 环网式　　　C. 树干式　　　D. 链式

12. 《公路工程质量检验评定标准　第二册　机电工程》(JTG 2182—2020)中,中心(站)内低压配电设备实测项目电能质量的技术要求为( )。

　A. 供电电压偏差:三相供电电压偏差为标称电压的 ±5%

　B. 三相电压不平衡:供电电压负序不平衡测量值的 10min 方均根值的 95% 概率值 ≤2%

　C. 电力系统频率偏差:限值为 ±0.2Hz

　D. 公用电网谐波(电网标称电压 380V):电压总谐波畸变率 ≤5.0%,奇次谐波电压含有率 ≤4.0%,偶次谐波电压含有率 ≤2.0%

13. 《公路工程质量检验评定标准　第二册　机电工程》(JTG 2182—2020)中,中心(站)内低压配电设备实测项目 UPS 和 EPS 功能及性能的技术要求为( )。

　A. UPS 输出电压偏差为标称电压的 ±5%,EPS 输出电压偏差为标称电压的 ±10%

　B. 频率偏差限值为 ±0.5Hz

　C. UPS 输出和 EPS 逆变应急输出总谐波畸变率 ≤5%

　D. 市电与备用电源切换时间符合设计要求

14. 《公路工程质量检验评定标准　第二册　机电工程》(JTG 2182—2020)中,风/光供电系统实测项目蓄电池管理功能的技术要求为( )。

　A. 控制器能对蓄电池进行温度补偿　　B. 控制器能对蓄电池限流充电

　C. 控制器能对蓄电池进行均充和浮充　D. 具备手动或自动转换功能

15. 《公路工程质量检验评定标准　第二册　机电工程》(JTG 2182—2020)中,供配电设

施分部工程新增的分项工程有( )和电动汽车充电系统。
　　A.中压配电设备　　　　　　　　　　B.中压设备电力电缆
　　C.风/光供电系统　　　　　　　　　　D.电力监控系统

四、综合题

1.试回答中心(站)内低压配电设备检测主要技术指标相关问题。
(1)基本要求有( )。
　　A.中心(站)内低压配电设备及配件的型号规格、数量应符合合同要求,部件完整
　　B.电气设备外露可导电部分,应与接地装置有可靠的电气连接;成排的配电装置的两端均应与接地线相连
　　C.变配电所配电装置各回路的相序排列应一致,硬导体应涂刷相色油漆或相色标志
　　D.变配电所列架布局应合理、安装稳固,无剧烈震动和无爆炸危险介质
(2)室内设备、列架的绝缘电阻的测量仪器为( )。
　　A.300V 绝缘电阻测试仪　　　　　　B.500V 绝缘电阻测试仪
　　C.300 型交流电桥　　　　　　　　　D.500 型交流电桥
(3)发电机组供电切换对机电系统影响的检查方法为( )。
　　A.机组并网测试　　　　　　　　　　B.机组容量测试
　　C.实际操作检验　　　　　　　　　　D.查有效的历史记录
(4)低压电器(三级配电系统中的第一级)的实测项目为( )。
　　A.低压电器连同所连接电缆及二次回路的绝缘电阻
　　B.电压线圈动作值校验
　　C.低压电器采用的脱扣器的整定
　　D.低压电器连同所连接电缆及二次回路的交流耐压
(5)发电机组的实测项目有( )。
　　A.发电机组控制柜绝缘电阻　　　　　B.发电机组启动及启动时间、相序
　　C.发电机组输出电压稳定性　　　　　D.发电机组和电网并网测试

2.配置合理的公路低压配电系统是满足公路专用电气负荷安全与电能质量的基础条件之一。请回答以下有关供配电系统原理和试验检测的问题。
(1)某配电箱内由直流供电电源和3个负载组成,其等效的电路如下图所示,供电电源输出电流为7A,3个负载分别可等效为4Ω、2Ω、1Ω 的电阻,则图示支路电流 i 等于( )。

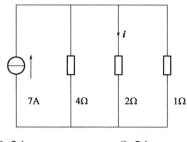

　　A.1A　　　　　　B.2A　　　　　　C.5A　　　　　　D.7A

(2)公路低压配电系统常用接线方式主要有( )。
A. 放射式　　　　B. 树干式　　　　C. 链式　　　　D. 联网式
(3)不间断电源一般组成部件有整流器蓄电池和( )。
A. 逆变器　　　　B. 静态开关　　　C. 动态开关　　D. 控制系统
(4)国内常用蓄电池计算方法有( )。
A. 容量换算法　　B. 电压换算法　　C. 电流换算法　　D. 阶梯负荷法
(5)低压设备电力电缆实测项目中相符的有( )。
A. 配电箱共用接地电阻≤1Ω　　　　B. 配电箱保护接地电阻≤10Ω
C. 配线架对配电箱绝缘电阻≥10MΩ　D. 不间断电源的绝缘电阻≥2MΩ

习题参考答案及解析

一、单项选择题

1. C

2. A

3. C

【解析】《公路机电系统设备通用技术要求及检测方法》(JT/T 817—2011)4.8.5。

4. C

【解析】一般工业民用建筑属于三类防雷。

5. A

6. B

7. C

【解析】一般充电电压为电瓶电压的1.05~1.1倍。

8. A

【解析】供电电源一般取自就近的10kV/6kV公用电网。

9. D

【解析】国家将供电负荷分为三级,一级为停电将造成重大政治影响或造成严重经济损失的负荷,公路供电负荷通常为三级。

10. D

【解析】《公路机电工程测试规程》(JTG/T 3520—2021)T 8401—2021。

11. A

【解析】《公路工程质量检验评定标准 第二册 机电工程》(JTG 2182—2020)表7.3.2。

二、判断题

1. √

2. √

　　【解析】一般工业民用建筑属于三级负荷。

3. √

　　【解析】可有效保证操作人员的安全。

4. ×

　　【解析】隔离开关主要起直观的隔离作用,是不能接通或断开负荷电路的。

5. √

6. √

7. ×

　　【解析】应≤5%。

8. √

　　【解析】工作接地主要指变压器中性点或中性线(N线)接地。三相四线供电系统中,若中性线断开了,将产生中性点位移,此时各相电压变化很大,三相电压严重不对称有可能损坏设备。中性点重复接地可有效限制中性点位移,保证各相电压平衡。

9. √

　　【解析】控制电路对各供电回路进行分合控制;保护电路对配电系统进行安全保护和设备保护;计测电路对用电量进行计量,对电压电流和$\cos\phi$电量进行测量等。

10. √

11. √

　　【解析】柴油发电机组相当于高速公路第二电源。

12. √

13. √

14. ×

　　【解析】公路沿线用电设施的容量一般不大,如气象检测器、车辆检测器等仅有十余瓦功率。

15. ×

　　【解析】漏掉"谐波、三相电压不平衡度"。《公路机电工程测试规程》(JTG/T 3520—2021)T 8401—2021。

三、多项选择题

1. ABCD

2. BC

　　【解析】万用表一般无交流电流挡,即使有,所测电流也很小(1A左右),题中的负载电流大于10A,万用表不能测;直流电流表也不能测。

3. ABCD

4. ABC

　　【解析】工作接地不属于接地保护措施。

5. ABD

【解析】防震接地是凑数的。
6. ABC

【解析】选项 D 是生造的。
7. ABCD
8. ABCD
9. ABD

【解析】选项 A：高速公路收费监控和通信系统建设时，不可能集中供电，外场设备的施工等往往借助车载发电机；选项 B：三相供电时，零线上严禁装熔断器；选项 D：不同回路不能同管敷设。

10. ABD

【解析】选项 C 应为"无功电容补偿"。

11. ACD

【解析】环网是网络用网。

12. BCD

【解析】选项 A：三相供电电压偏差为标称电压的 ±7%。《公路工程质量检验评定标准 第二册 机电工程》(JTG 2182—2020)7.3.2。

13. ABCD

【解析】《公路工程质量检验评定标准 第二册 机电工程》(JTG 2182—2020)7.3.2。

14. ABCD

【解析】《公路工程质量检验评定标准 第二册 机电工程》(JTG 2182—2020)7.5.2。

15. ABCD

【解析】《公路工程质量检验评定标准 第二册 机电工程》(JTG 2182—2020)前言。

四、综合题

1. (1) ABCD　　(2) B　　(3) CD　　(4) ABCD　　(5) ABC

【解析】《公路工程质量检验评定标准 第二册 机电工程》(JTG 2182—2020)7.3.2。

2. (1) B　　(2) ABC　　(3) ABD　　(4) ABCD　　(5) ACD

【解析】(1) 4Ω 和 1Ω 的并联等效电阻为 $R_D = (R_1 \times R_2)/(R_1 + R_2) = (4 \times 1)/(4 + 1) = 4/5(\Omega)$，由分流公式得 2Ω 电阻的支路电流 $i = (R_D \times I)/(R_D + R) = (4/5 \times 7)/(4/5 + 2) = 2(A)$。

(2) 联网式为凑数的。

(3) 无动态开关。

(4) 容量换算法也称电压换算法，电流换算法也称阶梯负荷法。

(5)《公路工程质量检验评定标准 第二册 机电工程》(JTG 2182—2020)7.4.2。

第十八章　道路照明设施

复习提示

本章引用的标准有《公路工程质量检验评定标准　第二册　机电工程》(JTG 2182—2020)、《升降式高杆照明装置》(GB/T 26943—2011)、《公路照明技术条件》(GB/T 24969—2010)、《公路LED照明灯具》(JT/T 939.1～939.5—2014)、《照明测量方法》(GB/T 5700—2008)。

习题

一、单项选择题

1. 公路照明灯的工作电压范围和照度调试范围为(　　)。
    A. 150～250V,0～50lx　　　　　　　　B. 150～280V,0～100lx
    C. 185～250V,0～50lx　　　　　　　　D. 185～250V,0～100lx

2. 路面照度不均匀时,可以通过调整实现的方法为(　　)。
    A. 调节灯杆的高度　　　　　　　　　B. 适当缩小灯杆间距
    C. 加大光源功率　　　　　　　　　　D. 改用截光型灯具

3. 《公路工程质量检验评定标准　第二册　机电工程》(JTG 2182—2020)规定,收费天棚照明设施实测项目中收费车道路面平均亮度为(　　)。
    A. $\geqslant 2.0 cd/m^2$　　B. $\geqslant 2.5 cd/m^2$　　C. $\geqslant 3.0 cd/m^2$　　D. $\geqslant 3.5 cd/m^2$

4. 《公路工程质量检验评定标准　第二册　机电工程》(JTG 2182—2020)规定,收费天棚在选择光源时,其显色指数(R_a)应为(　　)。
    A. $\geqslant 70$　　　　B. $\geqslant 40$　　　　C. $\geqslant 60$　　　　D. 不用考虑其显色性

5. 灯杆的防雷接地电阻为(　　)。
    A. $\leqslant 1\Omega$　　　　B. $\leqslant 4\Omega$　　　　C. $\leqslant 8\Omega$　　　　D. $\leqslant 10\Omega$

6. 升降式高杆灯安装完成后,使用经纬仪对灯杆杆梢做垂直度检验,其合格指标为垂直度偏差小于灯杆高度的(　　)。
    A. 0.1%　　　　B. 0.2%　　　　C. 0.3%　　　　D. 0.5%

7. 升降式高杆灯升降应具备电动、手动两种功能。电动升降时,灯盘的升降速度不宜超过(　　)。

A.1~2m/min   B.2~3m/min   C.2~6m/min   D.5~10m/min

8.升降式高杆照明装置升降系统采用单根钢丝绳时,其绳的设计安全系数不小于( )。

A.4   B.6   C.8   D.10

9.公路照明的维护系数通常取( )。

A.0.60   B.0.65   C.0.70   D.0.75

10.照明装置在使用一定周期后,在规定表面上的平均照度或平均亮度与该装置在相同条件下新装时在规定表面上所得到的平均照度或平均亮度之比,称为( )。

A.平均亮度   B.亮度总均匀度   C.维持值   D.维护系数

二、判断题

1.宜在气体放电灯的配电线路或灯具内设置补偿电容,使功率因数大于0.9。   (   )

2.公路照明灯杆的布置形式一般分为单侧布置、双侧交错布置、双侧对称布置和中心对称布置4种。   (   )

3.公路一级和二级照明的眩光限制阈值增量TI(%)均为10。   (   )

4.公路一级和二级照明的环境比(SR)均为0.5。   (   )

5.环境比定义为车道外缘带状区域(一般为5m宽)的平均照度与相邻的车道内缘带状区域(一般为5m宽)的平均照度之比。   (   )

6.公路照明质量宜优先符合亮度要求。   (   )

7.气体放电灯线路的功率因数应大于0.85。   (   )

8.路面亮度总均匀度为路面上最小亮度与平均亮度的比值。   (   )

9.路面亮度纵向均匀度为车道中心线上路面最小亮度与平均亮度的比值。   (   )

10.路面照度总均匀度为路面上最小照度与平均照度的比值。   (   )

11.为避免眩光,与灯具向下垂直轴夹角在80°和90°的观察方向上的光强应分别不大于30cd/1000lm和10cd/1000lm。   (   )

12.点光源S在与照射方向垂直的平面N上某点产生的照度E_n与光源在该方向的强度I_θ成正比,与光源至被照明的距离R成三次方反比。   (   )

13.公路照明应满足亮度、照度、眩光限制和诱导性4项主要指标。   (   )

三、多项选择题

1.《公路工程质量检验评定标准 第二册 机电工程》(JTG 2182—2020)中,收费大棚照明设施实测项目照度及显色指数的技术要求为( )。

A.收费车道路面平均照度≥50lx   B.收费车道路面平均亮度≥3.5cd/m²
C.收费车道路面亮度总均匀度≥0.5   D.显色指数≥70

2.公路照明等级可按适用条件分为一级和二级,一级照明质量的亮度要求有( )。

A.平均亮度L_{av}最小维持值为2.0cd/m²   B.亮度总均匀度U_o最小值为0.4
C.亮度纵向均匀度U_1最小值为0.7   D.维护系数可按0.70确定

3. 路面亮度测试仪器及检定要求为( )。
   A. 成(影)像式亮度计
   B. 垂直视场角小于或等于2′的带望远镜头的亮度计
   C. 光谱式亮度计
   D. 满足现行《亮度计检定规程》(JJG 211)规定的一级要求
4. 公路照明应采用的灯具类型为( )。
   A. 截光型　　　　B. 半截光型　　　　C. 非截光型　　　　D. 装饰型
5. 照明器沿车道布置形式的依据除了要考虑路面平均照度均匀度和眩光抑制等技术指标外,还要考虑( )。
   A. 诱导性良好　　B. 发光效率高　　C. 节能　　D. 安装尺寸
6. 照明设施实测项目中要测试照度及均匀度的场所有路段直线段、路段弯道段和( )。
   A. 大桥桥梁段　　B. 立交桥面段　　C. 收费广场　　D. 收费天棚
7. 在质量检验评定中,升降式高杆灯安装的实测项目包括( )。
   A. 高杆灯灯盘升降功能测试
   B. 亮度传感器与照明灯具的联动功能
   C. 自动、手动方式控制全部或部分光源开闭
   D. 定时控制功能
8. 照明设施灯杆的实测项目有( )。
   A. 灯杆基础尺寸　　B. 灯杆壁厚　　C. 灯杆垂直度　　D. 灯杆横纵向偏差
9.《公路工程质量检验评定标准　第二册　机电工程》(JTG 2182—2020)中,照明设施分部工程新增的分项工程有( )。
   A. 路段照明设施　　　　　　　　B. 收费广场照明设施
   C. 服务区照明设施　　　　　　　D. 收费天棚照明设施
10. 道路照明设计中,如路面照度均匀度不满足规定,应采取的措施为( )。
    A. 适当降低灯杆高度　　　　　B. 适当缩小杆距
    C. 加大光源功率　　　　　　　D. 改用截光型灯具

四、综合题

1. 某段沥青路面高速公路刚刚竣工验收,需测定照明参数,回答以下问题。
   (1) 测试平均照度最小维持值时,维护系数应取( )。
      A. 0.6　　　　B. 0.65　　　　C. 0.7　　　　D. 0.8
   (2) 若路面平均亮度最小维持值为2.0cd/m², 则平均亮度检测值为( )cd/m²。
      A. 2.5　　　　B. 2.9　　　　C. 3.1　　　　D. 3.3
   (3) 若路面平均照度最小维持值为30lx, 则平均照度检测值为( )lx。
      A. 37.5　　　B. 40　　　　C. 42.8　　　D. 46.2
   (4) 该路段应选用灯具类型为( )。
      A. 截光型　　　B. 半截光型　　　C. 非截光型　　　D. 漫反射型

(5)该路段应采用的光源为( )。
   A. 高压钠灯   B. 荧光高压汞灯   C. 低压钠灯   D. LED 灯

2. 某路段照度测试现场如下图,测试数据如下表所示。

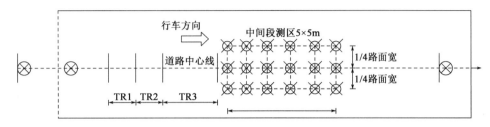

现场测试数据(单位:lx)

37.8	39.4	32.5	40.2	40.6	40.7
49.4	54.2	50.4	47.8	54.5	54.5
28.9	30.0	38.9	52.3	37.6	31.7

(1)路面平均照度为( )。
   A. 38.8lx   B. 39.9lx   C. 42.3lx   D. 44.1lx

(2)路面照度均匀度为( )。
   A. 0.66   B. 0.68   C. 0.72   D. 0.74

(3)路面照度纵向均匀度为( )。
   A. 0.73   B. 0.8   C. 0.88   D. 0.92

(4)该路面照度平均值为( )。
   A. 合格   B. 公路一级照明标准
   C. 不合格   D. 公路二级照明标准

(5)简述照度的测量方法( )。
   A. 在被测试路面上设定测点   B. 测量时将照度计感光面平行于被测面
   C. 测量时将照度计感光面垂直于被测面   D. 测时避免人或物遮挡照度计的光线

3. 按《照明测量方法》(GB/T 5700—2008),回答照明测量仪器相关问题。

(1)照度计的要求为( )。
   A. 不低于一级,道路和广场照明的照度测量分辨力应小于 0.1lx
   B. 相对示值误差绝对值:≤±4%
   C. 换挡误差绝对值:≤±1%
   D. 非线性误差绝对值:≤±3%

(2)亮度计的要求为( )。
   A. 不低于一级的亮度计
   B. 在道路照明测量中只要求测量平均亮度时,可采用积分亮度计;除测量平均亮度外,还要求得出亮度总均匀度和亮度纵向均匀度时,宜采用带望远镜头的光亮度计,其在垂直方向的视角应小于或等于 2′,在水平方向的视角应为 2′~20′
   C. 相对示值误差绝对值:≤±5%(0.02)

D. 非线性误差绝对值：≤±1.0%

(3) 光谱辐射计的要求为( )。

A. 现场测量色温、显色指数和色度参数

B. 波长范围为380～780nm，测光重复性应在1%以内，波长示值绝对误差≤±5.0nm

C. 光谱带宽＜8nm，光谱测量间隔＜5nm

D. A光源的色品坐标测量误差：|Δx|≤0.0015，|Δy|≤0.0015

(4) 功率计的要求为( )。

A. 精度不低于1.5级　　　　　　　　B. 数字功率计

C. 有谐波测量功能　　　　　　　　 D. 非线性误差绝对值：≤±1.0%

(5) 电压表、电流表的要求为( )。

A. 精度不低于1.5级　　　　　　　　B. 检定应符合现行JJG 34的规定

C. 有谐波测量功能　　　　　　　　 D. 非线性误差绝对值：≤±1.0%

习题参考答案及解析

一、单项选择题

1. C

【解析】电压的变化范围为220×(1±15%)V即187～253V，一级路面维持照度值为30lx，新灯时照度为30/0.7=42.9lx；综合二者选C。

2. B

【解析】选项A和C对改善照度不均匀基本无效或更差；选项B和D对改善照度不均匀有效，但只能选一项；而《公路照明技术条件》(GB/T 24969—2010)6.2.1规定，公路照明应采用截光型或半截光型灯具。由于已采用了截光型灯具，故只能选B。

3. D

【解析】《公路工程质量检验评定标准　第二册　机电工程》(JTG 2182—2020)8.4.2。

4. A

【解析】《公路工程质量检验评定标准　第二册　机电工程》(JTG 2182—2020)8.4.2。

5. D

6. C

7. C

8. C

9. C

【解析】《公路照明技术条件》(GB/T 24969—2010)5.3.2。

10. D

【解析】《公路照明技术条件》(GB/T 24969—2010)3.8。

二、判断题

1. √
2. √
3. √
4. √
5. √
6. √

【解析】相同的照度在不同路面亮度是不一样的,如30lx的照度在沥青路面产生的亮度为2.0cd,而在混凝土路面产生的亮度为2.6cd。所以亮度要求宜优先符合。《公路照明技术条件》(GB/T 24969—2010)5.3.2。

7. √
8. √

【解析】《公路照明技术条件》(GB/T 24969—2010)3.3。

9. ×

【解析】车道中心线上路面最小亮度与最大亮度的比值。《公路照明技术条件》(GB/T 24969—2010)3.4。

10. √

【解析】《公路照明技术条件》(GB/T 24969—2010)3.5。

11. √

【解析】《公路照明技术条件》(GB/T 24969—2010)5.3.3。

12. ×

【解析】与光源至被照明的距离 R 成二次方反比。

13. √

三、多项选择题

1. ABCD

【解析】《公路工程质量检验评定标准 第二册 机电工程》(JTG 2182—2020)8.4.2。

2. ABCD

【解析】《公路照明技术条件》(GB/T 24969—2010)5.3.2。

3. ABD

【解析】《公路机电工程测试规程》(JTG/T 3520—2021)T 8502—2021。

4. AB
5. ABC

【解析】选项A:采用截光型或半截光型灯具,实现好的诱导性及防眩光;选项B:选高压钠灯或LED灯,光效高,相应也节能;选项D:安装尺寸不是主要因素。

6. BC

7. ABD

8. ABC

【解析】选项 D 在 JTG 2182—2020 中已不作要求了。

9. ABCD

【解析】《公路工程质量检验评定标准 第二册 机电工程》(JTG 2182—2020)前言。

10. BD

【解析】选项 A 和 C 对改善照度不均匀基本无效,选项 B 和 D 对改善照度不均匀有效。

四、综合题

1. (1) C   (2) B   (3) B   (4) AB   (5) AD

【解析】《公路照明技术条件》(GB/T 24969—2010)。

2. (1) C   (2) B   (3) C   (4) AB   (5) ABD

【解析】(1) $E_{av} = \sum E/18 = 761.4/18 = 42.3 (\text{lx})$。

(2) $U_o = E_{min}/E_{av} = 28.9/42.3 = 0.68$。

(3) $U_中 = E_{中min}/E_{中max} = 47.8/54.5 = 0.88$。

3. (1) ABC   (2) ABCD   (3) ACD   (4) ABC   (5) AB

【解析】(1) 非线性误差绝对值:≤±1%。《照明测量方法》(GB/T 5700—2008)5.1。

(2)《照明测量方法》(GB/T 5700—2008)5.2。

(3) 波长示值绝对误差:≤±2.0nm。《照明测量方法》(GB/T 5700—2008)5.3。

(4)《照明测量方法》(GB/T 5700—2008)5.4。

(5)《照明测量方法》(GB/T 5700—2008)5.5。

第十九章　隧道机电设施

复习提示

本章引用的标准有《公路工程质量检验评定标准　第二册　机电工程》(JTG 2182—2020)、《高速公路隧道监控系统模式》(GB/T 18567—2010)、《隧道环境检测设备》(GB/T 26944.1~26944.4—2011)、《公路隧道发光型诱导设施》(JT/T 820—2011)、《公路隧道火灾报警系统技术条件》(JT/T 610—2024)、《公路隧道照明设计细则》(JTG/T D70/2-01—2014)、《公路隧道通风设计细则》(JTG/T D70/2-02—2014)、《公路隧道本地控制器》(JT/T 608—2024)。

习题

一、单项选择题

1. 隧道机电分部工程包含的分项工程有(　　)。
   A. 15个　　　　　　B. 16个　　　　　　C. 17个　　　　　　D. 18个

2. 隧道环境检测项目主要有CO检测、能见度检测和(　　)。
   A. 气象检测　　　　　　　　　　　B. 车辆检测器
   C. 风机运转噪声检测　　　　　　　D. 风向风速检测

3. 隧道CO检测器测量范围为$(10\sim50)\times10^{-6}$时,基本误差为(　　)。
   A. $\pm1\times10^{-6}$　　B. $\pm2\times10^{-6}$　　C. $\pm3\times10^{-6}$　　D. $\pm5\times10^{-6}$

4. 隧道能见度检测器测量误差为(　　)。
   A. $0.0001m^{-1}$　　B. $0.0002m^{-1}$　　C. $0.0003m^{-1}$　　D. $0.0005m^{-1}$

5. 采用纵向通风的隧道,隧道内换气风速不应低于(　　)。
   A. 2.5m/s　　　　　B. 3m/s　　　　　C. 5m/s　　　　　D. 无严格要求

6. 室内(控制室内)型公路隧道本地控制器防护措施应不低于(　　)。
   A. IP1X　　　　　　B. IP2X　　　　　　C. IP11　　　　　　D. IP21

7. 室外J级公路隧道本地控制器的使用环境温度为(　　)。
   A. $-45\sim+75℃$　　B. $-50\sim+80℃$　　C. $-55\sim+85℃$　　D. $-60\sim+90℃$

8. 公路隧道火灾报警系统视窗辐射通量透过率衰减干扰试验工况时,遮挡点型火焰探测器或图像型火灾探测器镜头的黑色纱网目数为(　　)。

A. 10目   B. 20目   C. 50目   D. 100目

9. 当主电源发生欠压、短路故障时,火灾报警控制器发出故障声、光信号的时间(　　)。

 A. 小于10s   B. 小于20s   C. 小于30s   D. 小于40s

10. 隧道报警与诱导设施数据传输性能要求24h观察时间内(　　)。

 A. BER≤10^{-6} B. BER≤10^{-7} C. BER≤10^{-8} D. BER≤10^{-9}

11. 隧道警报器音量要求为(　　)。

 A. 66~70dB(A)   B. 76~90dB(A)

 C. 96~120dB(A)   D. 116~140dB(A)

12. 为了消除隧道的黑洞或黑框现象,必须在隧道入口使路面(　　)。

 A. 亮度达到必要的水平   B. 照度达到必要的水平

 C. 必须消除眩光   D. 光强达到必要的水平

13. 应设置洞内照明的隧道长度为(　　)。

 A. 超过50m   B. 超过100m   C. 超过200m   D. 超过500m

14. 夜间出入口不设加强照明,洞外应设路灯照明,其亮度(　　)。

 A. 不低于洞内基本亮度的1/2   B. 与洞内基本亮度相同

 C. 大于洞内基本亮度的1/2   D. 不低于洞内基本亮度的1/10

15. 入口段的基本照明控制分(　　)。

 A. 2级控制   B. 4级控制   C. 5级控制   D. 6级控制

16. 入口段的照明可分为基本照明和(　　)。

 A. 加强照明   B. 重点照明   C. 晴天补偿照明   D. 夜间补偿照明

17. 隧道启用应急照明时,洞内路面亮度应不小于中间段亮度的(　　)。

 A. 30%和0.5cd/m²   B. 20%和0.3cd/m²

 C. 10%和0.2cd/m²   D. 5%和0.1cd/m²

18. 高速公路隧道应设置不间断照明供电系统。长度大于1000m的其他隧道应设置应急照明系统,并保证照明中断时间不超过(　　)。

 A. 0.3s   B. 0.4s   C. 0.5s   D. 0.6s

19. 隧道灯具的防雷接地电阻为(　　)。

 A. ≤1Ω   B. ≤4Ω   C. ≤8Ω   D. ≤10Ω

20. 隧道照明系统的路面亮度及亮度均匀度检测,工程上通常不直接测亮度,而是通过测别的参数换算得到,而直接测试的参数为(　　)。

 A. 亮度   B. 光通量   C. 照度   D. 眩光度

21. 隧道中采用显色指数33<R_a<60、相关色温2000~3000K的钠光源时,车速60km/h≤v<90km/h时的烟尘设计浓度上限为(　　)。

 A. 0.0055m^{-1} B. 0.0060m^{-1} C. 0.0065m^{-1} D. 0.0070m^{-1}

22. 平均亮度与平均照度间的换算系数宜实测确定;无实测条件时,黑色沥青路面可取15lx/(cd·m⁻²),水泥混凝土路面可取(　　)lx/(cd·m⁻²)。

 A. 5   B. 10   C. 15   D. 20

23. 《公路工程质量检验评定标准　第二册　机电工程》(JTG 2182—2020)规定,烟雾传感器测量误差为( )。

A. ±0.0001m⁻¹   B. ±0.0002m⁻¹   C. ±0.0003m⁻¹   D. ±0.0005m⁻¹

24.能见度检测器测量精度为( )。

A. ±0.0001m⁻¹   B. ±0.0002m⁻¹   C. ±0.0003m⁻¹   D. ±0.0005m⁻¹

25.《公路工程质量检验评定标准 第二册 机电工程》(JTG 2182—2020)规定,风速传感器测量误差为( )。

A. ±0.05m/s   B. ±0.1m/s   C. ±0.15m/s   D. ±0.2m/s

26.《公路工程质量检验评定标准 第二册 机电工程》(JTG 2182—2020)中,隧道电光标志实测项目电光标志的亮度为( )。

A. 疏散指示标志为5~100cd/m²,其他电光标志的白色部分为150~100cd/m²
B. 疏散指示标志为5~200cd/m²,其他电光标志的白色部分为150~200cd/m²
C. 疏散指示标志为5~300cd/m²,其他电光标志的白色部分为150~300cd/m²
D. 疏散指示标志为5~400cd/m²,其他电光标志的白色部分为150~400cd/m²

27.测试隧道断面平均风速的仪器数字式风速表技术要求为( )。(注:v 为标准风速)

A. 测最大风速不小于20m/s;最大允许误差为±(0.1m/s+0.02v)
B. 测最大风速不小于25m/s;最大允许误差为±(0.3m/s+0.02v)
C. 测最大风速不小于30m/s;最大允许误差为±(0.5m/s+0.02v)
D. 测最大风速不小于35m/s;最大允许误差为±(0.7m/s+0.02v)

28.隧道照明设施实测项目中基本照明折减50%(20%)的情况下,照明显色指数为( )。

A. ≥35   B. ≥45   C. ≥55   D. ≥65

二、判断题

1. 隧道警报器音量为96~120dB(A)。 ( )
2. 夜晚出口段的照明亮度应随离出口距离逐渐变暗。 ( )
3. 隧道应急供电系统的容量应和正常供电系统的容量一样大。 ( )
4. 公路隧道本地控制器除特殊规定外,一般试验条件为:温度+15~+35℃、相对湿度35%~75%、气压83~106kPa。 ( )
5. 室外(隧道洞身)型公路隧道本地控制器的使用环境温度分为S1、S2、A、B、C、J六个级别。 ( )
6. 固定火源试验条件下,点火后火灾声光警报器应在30s内分区发出声光报警信号。 ( )
7. 入口段照明可分基本照明和加强照明。 ( )
8. 隧道通风机械可采用射流风机、轴流风机和静电吸尘装置。 ( )
9. 公路隧道照明灯具效率不低于70%。 ( )
10. 隧道双路供电照明系统,主供电路停电时,应手动切换到备用供电线路上。 ( )
11. 隧道内用的可变标志主要是车道信号灯和车辆诱导信号灯。 ( )
12. 隧道通风设施关键实测项目有净空高度、绝缘电阻、接地电阻和风机运转时隧道断面平均风速。   (   )
13. 隧道照明设备实测项目有设备的安全保护、路面照度、照明灯具的控制方式与相应功能验证。   (   )
14. 当隧道烟雾浓度达到 $0.012m^{-1}$ 时,应考虑采取交通管制措施。   (   )
15. 隧道电光标志实测项目中电光标志的亮度:疏散指示标志为 $5\sim300cd/m^2$,其他电光标志的白色部分为 $150\sim300cd/m^2$。   (   )
16. 隧道环境检测设备的外壳防护等级按 GB/T 4208—2017 的规定应不低于 IP65 级。
                                                                      (   )
17. 风速检测器测量范围及精度的标定可在风洞中分别对以下风速值进行测试,分别为 1m/s、5m/s、10m/s、15m/s、20m/s,测试结果应满足 GB/T 26944.4—2011 的规定。 (   )
18. 接近段是指隧道入口外一个停车视距长度段。   (   )
19. 洞外亮度是指距洞口一个停车视距处离路面 1.5m 高,正对洞口方向 30°视场范围内环境的平均亮度。   (   )
20. 单向交通隧道照明可划分为入口段照明、过渡段照明、中间段照明、出口段照明、洞外引道照明设施。   (   )
21. 当两座隧道间的行驶时间按设计速度计算小于 15s,且通过前一座隧道的行驶时间大于 30s 时,后续隧道入口段亮度应进行折减。   (   )
22. 隧道环境传感器与风机照明消防报警诱导可变标志控制计算机有联动功能。(   )
23. 隧道紧急电话系统分项工程调整为紧急电话与有线广播系统分项工程。   (   )
24. 隧道环境检测设备实测项目中,要求烟雾传感器测量误差为 ±0.0002m。   (   )
25. 隧道轴流风机实测项目中响应时间从发送控制命令后至风机启动带动叶轮开始转动时的时间 ≤10s。   (   )

三、多项选择题

1. 隧道环境检测传感器主要类别有(   )。
   A. 一氧化碳传感器 B. 烟雾检测器   C. 照度传感器   D. 风向风速传感器
2. 隧道通风量的计算应考虑(   )。
   A. 一氧化碳浓度   B. 烟雾浓度   C. 行人呼吸量   D. 车流量
3. 隧道通风控制系统的组成部件有监控中心、计算机、风机控制柜、区域控制器和(   )。
   A. 光亮度检测器   B. 一氧化碳检测器
   C. 能见度检测器   D. 风向风速检测器
4. 隧道交通监控设备包括(   )。
   A. 车辆检测器   B. 通风机
   C. 闭路电视   D. 车道控制信号灯
5. 长隧道需要一个完整的安全保障系统,其子系统包括(   )。
   A. 通风   B. 照明   C. 消防   D. 监控
6. 隧道照明主要组成有(   )。

A.入口段照明 B.基本段照明
C.出口段照明 D.接近段减光措施

7.隧道照明划分的功能区段有( )。
A.洞外段 B.适应段和过渡段
C.引入段 D.基本段和出口段

8.和JT/T 608—2004相比,JT/T 608—2024删除的试验方法为( )。
A.试验结果判定、防护性能试验 B.结构稳定性试验、机械强度试验
C.布线和端接测试 D.电源性能试验和通讯规程测试

9.公路隧道本地控制器绝缘电阻测试方法为( )。
A.用准确度等级1.0级的绝缘电阻表
B.在电源接线端子与机壳之间施加500V直流电压
C.历时2min
D.读取测试结果

10.公路隧道本地控制器连接电阻测试方法为( )。
A.用空载电压不超过12V、产生不小于10A电流的接地导通测试仪
B.测量接地端子或接地触点与可触及金属部件或机壳的电压降
C.通过电压降和电流得出连接电阻
D.试验时间不少于3min

11.公路隧道火灾报警系统按探测原理主要分为( )。
A.点型火焰探测器 B.线型感温火灾探测器
C.面型感温火灾探测器 D.图像型火灾探测器

12.公路隧道火灾报警系统风速干扰试验工况为( )。
A.实体隧道:隧道断面风速维持在4.5m/s±0.5m/s
B.实体隧道:隧道横向风速维持在0.5m/s±0.5m/s
C.模拟隧道:使火盆中心位置风速维持在4.5m/s±0.5m/s
D.模拟隧道:使火盆中心位置横向风速维持在0.5m/s±0.5m/s

13.公路隧道火灾报警系统试验环境,如火灾报警场所没有特殊要求则按下述( )。
A.温度:-25~55℃ B.相对湿度:5%~95%
C.气压:86~106kPa D.风速:0~5m/s

14.隧道内的射流风机控制有( )。
A.机体控制 B.本地控制
C.监控中心控制 D.红外线遥控控制

15.隧道视频交通事件检测系统实测项目有( )。
A.中心设备接地连接 B.事件检测率
C.典型事件检测功能 D.自动录像功能

16.能见度检测器的测量范围和精度指标用标准样片测试时,其标称值分别为( )。
A.0 B.0.0015m^{-1} C.0.0050m^{-1} D.0.0075m^{-1}

17.《公路工程质量检验评定标准 第二册 机电工程》(JTG 2182—2020)中,隧道紧急

电话与有线广播系统实测项目电话及广播音量音质的技术要求为(　　)。
   A. 紧急电话分机音量≥90dB(A)
   B. 广播音量≥120dB(A)
   C. 广播声音质量环境噪声≤90dB时,话音清晰,隧道中能听清广播内容
   D. 具有音区多路切换选择广播功能,可进行单音区多音区广播

18. 隧道断面平均风速测试有多点法和特征点法,特征点法的测点布置要求为(　　)。
   A. 测试断面应距离隧道入口60m以上
   B. 测试断面应距离隧道出口60m以上
   C. 测点高度距离检修道(人行道)上方250cm
   D. 每个测试段应测试3个邻近断面,断面的间距宜为(100±10)m

19. 《公路工程质量检验评定标准　第二册　机电工程》(JTG 2182—2020)中,隧道环境检测设备实测项目技术要求有(　　)。
   A. CO传感器测量误差 $\pm 1 \times 10^{-6}$
   B. 烟雾传感器测量误差 ±0.0002m
   C. 照度传感器测量误差 ±2%
   D. 风速传感器测量误差 ±0.2m/s

四、综合题

1. 回答隧道环境检测设备技术要求的问题。
(1) 隧道环境检测设备主要质量评定标准是(　　)。
   A. 《隧道环境检测设备　第1部分:通则》(GB/T 26944.1—2011)
   B. 《隧道环境检测设备　第2部分:一氧化碳检测器》(GB/T 26944.2—2011)
   C. 《隧道环境检测设备　第3部分:能见度检测器》(GB/T 26944.3—2011)
   D. 《隧道环境检测设备　第4部分:风速风向检测器》(GB/T 26944.4—2011)

(2) 隧道环境检测设备的适用环境条件为(　　)。
   A. 相对湿度:不大于98%
   B. 环境温度:A级:−5~+55℃;B级:−20~+55℃;C级:−40~+50℃;D级:−55~+45℃
   C. 风速:0~10m/s
   D. 气压:760mmHg

(3) 隧道环境检测设备材料和外观要求为(　　)。
   A. 隧道环境检测设备应构件完整、装配牢固、结构稳定,边角过渡圆滑,无飞边、无毛刺,开关按键操作应灵活、可靠
   B. 隧道环境检测设备的外壳应经密封防水处理
   C. 外壳及连接件的防护层色泽应均匀,无划伤、无裂痕、无基体裸露等缺陷,其理化性能指标应符合相关标准的要求
   D. 壳内元器件安装应牢固端正、位置正确、部件齐全;出线孔开口合适、切口整齐,出线管与壳体连接密封良好;内部接线整齐,符合工艺和视觉美学要求

(4) 隧道环境检测设备的功能要求有(　　)。
   A. 实时检测功能
   B. 报警值设定功能

C.数据通信功能 D.信号输出功能
(5)隧道环境检测设备的供电要求与安全要求有( )。
A.设备电源输入端子与外壳的绝缘电阻应不小于100MΩ;设备电源输入端子与外壳之间施加频率50Hz、有效值1500V正弦交流电压,历时1min,应无闪络或击穿现象
B.隧道环境检测设备接地端子与外壳的接触电阻应小于0.1Ω
C.交流220×(1±15%)V,频率50×(1±4%)Hz,应可靠工作
D.隧道环境检测设备宜采取必要的过电压保护措施

2.回答隧道环境检测设备检验评定的问题。
(1)隧道环境检测设备检验评定的基本要求有( )。
A.环境检测设备应符合现行《隧道环境检测设备》(GB/T 26944)等相关标准的规定
B.环境检测设备及配件的型号规格、数量应符合合同要求,部件完整
C.环境检测设备及其配置的传感器安装位置应正确,符合设计要求
D.全部设备安装调试完毕,系统应处于正常工作状态
(2)环境检测器的测量误差为( )。
A.CO传感器测量误差:±1×10^{-6} B.烟雾传感器测量误差:±0.0002m^{-1}
C.照度传感器测量误差:±2% D.风速传感器测量误差:±0.2m/s
(3)环境检测器的接地实测项目有( )。
A.隧道共用接地电阻(≤1Ω) B.环境检测器共用接地电阻(≤1Ω)
C.环境检测器保护接地电阻(≤4Ω) D.环境检测器防雷接地电阻(≤10Ω)
(4)环境检测器的控制机箱接地连接为( )。
A.机箱接地线可靠连接到隧道接地汇流排上
B.机箱接地线可靠连接到就近敷设的接地体
C.机箱接地线可靠连接电源零线上
D.机箱接地线可靠连接网络线的地线上
(5)隧道环境检测设备的联动设备有( )。
A.与风机设备的联动功能 B.与照明设备的联动功能
C.与紧急电话设备的联动功能 D.与车辆检测器的联动功能

3.按照《公路隧道照明设计细则》(JTG/T D70/2-01—2014),试回答隧道照明各段配光的相关问题。
(1)入口段宜划分为( )。
A.入口照明1段TH$_1$ B.入口照明2段TH$_2$
C.入口照明3段TH$_3$ D.入口照明4段TH$_4$
(2)洞外亮度$L_{20}(S)$的影响因素有( )。
A.天空面积百分比 B.洞口朝向 C.洞外环境 D.设计速度
(3)在洞口土建完成时,宜进行洞外亮度$L_{20}(S)$实测;实测值与设计值偏差较大时应调整照明系统的设计,取值的误差为( )。
A.超出-25%时 B.超出+25%时 C.超出-35%时 D.超出+35%时
(4)过渡段宜按渐变递减原则划分,过渡段与之对应的亮度计算式分别为( )。

A. $TR_1, L_{tr1} = 0.15 \times L_{th1}$ B. $TR_2, L_{tr2} = 0.05 \times L_{th1}$
C. $TR_3, L_{tr3} = 0.02 \times L_{th1}$ D. $TR_4, L_{tr4} = 0.01 \times L_{th1}$

(5)单向交通隧道中间段亮度 L_{in} 为(　　)。

A. $N \geqslant 1200\text{veh}/(\text{h}\cdot\text{ln}), 120\text{km/h}; 10.0\text{cd/m}^2$

B. $N \geqslant 1200\text{veh}/(\text{h}\cdot\text{ln}), 100\text{km/h}; 6.5\text{cd/m}^2$

C. $350\text{veh}/(\text{h}\cdot\text{ln}) < N < 1200\text{veh}/(\text{h}\cdot\text{ln}), 120\text{km/h}; 6.0\text{cd/m}^2$

D. $350\text{veh}/(\text{h}\cdot\text{ln}) < N < 1200\text{veh}/(\text{h}\cdot\text{ln}), 80\text{km/h}; 2.5\text{cd/m}^2$

4. 根据《公路隧道火灾报警系统技术条件》(JT/T 610—2024),回答火灾探测器相关问题。

(1)公路隧道火灾报警系统组成部分为(　　)。
A. 火灾探测器、手动火灾报警按钮　　B. 火灾声光警报器、火灾报警控制器
C. 火灾报警管理装置　　　　　　　　D. 火灾报警系统管理软件

(2)按火灾探测器探测原理主要分为(　　)。
A. 点型火焰探测器　　　　　　　　　B. 线型感温火灾探测器
C. 面型感温火灾探测器　　　　　　　D. 图像型火灾探测器

(3)点型火灾探测器性能应满足下列(　　)要求。
A. 轴线火灾探测距离应不小于70m　　B. 径向火灾探测距离应不小于50m
C. 探测视场角应不小于90°　　　　　　D. 火灾响应时间应不超过30s

(4)图像型火灾探测器性能应满足下列(　　)要求。
A. 轴线火灾探测距离应不小于130m　　B. 探测视场角应不小于23°
C. 火灾响应时间应不超过20s　　　　　D. 感温报警温度小于200℃

(5)光纤光栅线型感温火灾探测器性能应满足下列(　　)要求。
A. 感温元件间距宜不大于5m
B. 线型感温火灾探测器响应时间应不超过60s
C. 感温元件间响应时间不大于5s
D. 感温报警温度小于250℃

习题参考答案及解析

一、单项选择题

1. D

【解析】《公路工程质量检验评定标准　第二册　机电工程》(JTG 2182—2020)表A.0.1。

2. D
3. B
4. B

5. A
6. B

【解析】《公路隧道本地控制器》(JT/T 608—2024)5.6。

7. C

【解析】《公路隧道本地控制器》(JT/T 608—2024)5.1。

8. B

【解析】《公路隧道火灾报警系统技术条件》(JT/T 610—2024)A.3.2.2。

9. D

【解析】《公路隧道火灾报警系统技术条件》(JT/T 610—2024)5.3.3。

10. C
11. C   12. A   13. B   14. A   15. A
16. A   17. C   18. A   19. D   20. C
21. D

【解析】《公路隧道通风设计细则》(JTG/T D70/2-02—2014)5.2.1。

22. A

【解析】《公路照明技术条件》(GB/T 24969—2010)5.2。

23. B

【解析】《公路工程质量检验评定标准 第二册 机电工程》(JTG 2182—2020)9.4.2。

24. B

【解析】《隧道环境检测设备 能见度检测器》(GB/T 26944.3—2011)3.1.2。

25. D

【解析】《公路工程质量检验评定标准 第二册 机电工程》(JTG 2182—2020)9.4.2。

26. C

【解析】《公路工程质量检验评定标准 第二册 机电工程》(JTG 2182—2020)9.7.2。

27. C

【解析】《公路机电工程测试规程》(JTG/T 3520—2021)T 8601—2021。

28. D

【解析】《公路工程质量检验评定标准 第二册 机电工程》(JTG 2182—2020)9.13.2。

二、判断题

1. √
2. √
3. ×
4. ×

【解析】气压 86~106kPa。《公路隧道本地控制器》(JT/T 608—2024)6.1。

5. √

【解析】《公路隧道本地控制器》(JT/T 608—2024)5.1.3。

6. ×

【解析】60s 内。《公路隧道火灾报警系统技术条件》(JT/T 610—2024)5.3.2.3。

7. √

【解析】《公路隧道照明设计细则》(JTG/T D70/2-01—2014)规定,入口段加强照明,白天分为晴天、云天、阴天、重阴 4 级控制,基本照明分为夜晚交通量大、交通量小 2 级控制,出口段加强照明分为白天、夜晚 2 级控制。

8. √

9. √

10. ×

【解析】自动切换到备用供电线路上。

11. √

12. √

13. √

14. √

15. √

【解析】《公路工程质量检验评定标准 第二册 机电工程》(JTG 2182—2020)9.7.2。

16. √

【解析】《隧道环境检测设备 通则》(GB/T 26944.1—2011)3.5.7。

17. √

【解析】《隧道环境检测设备 风速风向检测器》(GB/T 26944.4—2011)5.2.3。

18. √

【解析】《公路隧道照明设计细则》(JTG/T D70/2-01—2014)2.1.3。

19. ×

【解析】正对洞口方向 20°。《公路隧道照明设计细则》(JTG/T D70/2-01—2014)2.1.3。

20. ×

【解析】漏掉洞口接近段减光。《公路隧道照明设计细则》(JTG/T D70/2-01—2014)3.0.5。

21. √

【解析】《公路隧道照明设计细则》(JTG/T D70/2-01—2014)4.1.5。

22. √

23. √

【解析】《公路工程质量检验评定标准 第二册 机电工程》(JTG 2182—2020)前言。

24. ×

【解析】烟雾传感器测量误差为 $\pm 0.0002 m^{-1}$。《公路工程质量检验评定标准 第二册 机电工程》(JTG 2182—2020)9.4.2。

25. ×

【解析】≤5s。《公路工程质量检验评定标准 第二册 机电工程》(JTG 2182—2020)9.12.2。

三、多项选择题

1. ABCD

2. ABD

3. BCD

【解析】光亮度检测器的信号不参与对隧道风机的控制,选项B、C、D检测器的信号才参与对隧道风机的控制。

4. ACD

【解析】通风机不属于隧道交通监控设备,属于隧道通风设施。

5. ABCD

6. ABCD

7. BCD

8. ABCD

【解析】《公路隧道本地控制器》(JT/T 608—2024)前言h)。

9. ABD

【解析】历时1min。《公路隧道本地控制器》(JT/T 608—2024)6.5.1。

10. ABC

【解析】历时1min。《公路隧道本地控制器》(JT/T 608—2024)6.5.3。

11. ABD

【解析】《公路隧道火灾报警系统技术条件》(JT/T 610—2024)4.2.1。

12. AC

【解析】《公路隧道火灾报警系统技术条件》(JT/T 610—2024)A.3.2。

13. ABCD

【解析】《公路隧道火灾报警系统技术条件》(JT/T 610—2024)A.1.1。

14. BC

【解析】本地控制指机器附近的配电柜内开关手动控制,监控中心控制指在监控室通过指令控制或依检测器的信号自动控制(远程控制)。

15. ABCD

【解析】《公路工程质量检验评定标准 第二册 机电工程》(JTG 2182—2020)9.10.2。

16. ABD

【解析】《隧道环境检测设备 能见度检测器》(GB/T 26944.3—2011)4.2.1。

17. ACD

【解析】广播音量≥110dB(A)。《公路工程质量检验评定标准 第二册 机电工程》(JTG 2182—2020)9.3.2。

18. ABCD

【解析】《公路机电工程测试规程》(JTG/T 3520—2021)T 8601—2021。

19. ACD

【解析】选项 B:烟雾传感器测量误差 ±0.0002m^{-1}。《公路工程质量检验评定标准 第二册 机电工程》(JTG 2182—2020)表 9.4.2。

四、综合题

1. (1) ABCD　　(2) ABC　　(3) ABCD　　(4) ABCD　　(5) ABCD

【解析】(2)无气压要求。

2. (1) ABCD　　(2) ABCD　　(3) A　　(4) A　　(5) AB

【解析】《公路工程质量检验评定标准 第二册 机电工程》(JTG 2182—2020)9.4。

3. (1) AB　　(2) ABCD　　(3) AB　　(4) ABC　　(5) ABCD

【解析】(1)《公路隧道照明设计细则》(JTG/T D70/2-01—2014)4.1.1。

(2)《公路隧道照明设计细则》(JTG/T D70/2-01—2014)4.2。

(3)《公路隧道照明设计细则》(JTG/T D70/2-01—2014)4.2.2。

(4)《公路隧道照明设计细则》(JTG/T D70/2-01—2014)5.0.1。

(5)《公路隧道照明设计细则》(JTG/T D70/2-01—2014)6.1。

4. (1) ABCD　　(2) ABD　　(3) ACD　　(4) ABC　　(5) AB

【解析】(1)《公路隧道火灾报警系统技术条件》(JT/T 610—2024)5.3.1。

(2)《公路隧道火灾报警系统技术条件》(JT/T 610—2024)4.2.1。

(3)《公路隧道火灾报警系统技术条件》(JT/T 610—2024)5.3.1.1.a。

(4)《公路隧道火灾报警系统技术条件》(JT/T 610—2024)5.3.1.1.b。

(5)《公路隧道火灾报警系统技术条件》(JT/T 610—2024)5.3.1.1.c。

First: # 第二部分 典型易错题剖析

考生在做练习题或者考试中,会经常遇到各种所谓的难题和易错题。这些题目通常挖了一些"坑",考生往往不注意而导致解答出错。

易错的原因各不相同:有的是考生没能准确记忆一些常规数据;有的是题目的非主流选项干扰了考生对主流选项的把握,考生一旦分析不到位,便容易选择非主流选项;有的题目是按逆向思维设置,而考生却按正向思维作答;有的是考生对概念的理解不够清晰明确,容易被偷换概念的选项所迷惑;有的是没有弄清楚新规范和旧规范的不同处、考试用书修改或增加部分……上述原因造成考生作答不正确。

下面摘选了一些典型易错题目并进行剖析。

一、新规范和旧规范的不同处、考试用书修改或增加部分往往是考点

1. (多项选择题)《道路交通标线质量要求和检测方法》(GB/T 16311—2024)中标线按功能分为反光标线、突起(振动)标线和( )。

A. 抗裂标线　　B. 抗滑标线　　C. 自排水标线　　D. 其他功能标线

【答案】ABC

【解析】与2009版比较,2024版新增加了抗裂标线、抗滑标线、自排水标线。

2. (多项选择题)《道路交通标线质量要求和检测方法》(GB/T 16311—2024)规定标线光度性能测试要求有( )。

A. 沿行车方向,选取双车道路面中心线、车道分界线、车道边缘线等进行测试

B. 初始逆反射亮度系数应在标线施划48h后、30d内进行

C. Ⅰ型反光标线逆反射亮度系数的测试应在标线表面干燥状态下进行

D. Ⅱ型反光标线应分别在干燥、潮湿、连续降雨(专用连续降雨设备)条件下测试

【答案】ABCD

【解析】与2009版比较,2024版新增加了初始逆反射亮度系数测试时间、Ⅰ型与Ⅱ型反光标线各自的测试条件。

3. (单项选择题)《防眩板》(GB/T 24718—2023)中规定W型防眩板的疲劳荷载常数为( )。

A. $0.6 \times$(W型防眩板抗风荷载常数)　　B. $0.7 \times$(W型防眩板抗风荷载常数)

C. $0.8 \times$(W型防眩板抗风荷载常数)　　D. $0.9 \times$(W型防眩板抗风荷载常数)

【答案】C

【解析】W型防眩板抗风荷载常数为$2685.4N/m^2$。见《防眩板》(GB/T 24718—2023)附录B。此题中有3个新的变化:①增加了在沙漠及沿海等经常出现常年或季节性强风地区

使用的W型防眩板;②增加了W型防眩板的抗风荷载常数,为2685.4N/m²;③增加了W型防眩板的疲劳荷载试验及疲劳荷载常数。可见,考生要特别注意新规范和旧规范的不同点。

二、连环题

有的题目涉及多个标准与规范,甚至有时要求几个规范相比较。

1.(单项选择题)根据《路面标线涂料》(JT/T 280—2022)及相关规范规定,为确保路面标线涂料耐磨性试验的准确性,如果待测试样涂层表面有橘皮或皱纹等凹凸不平的现象,可以(　　)。

A.预磨规定转数　　B.重新制样　　C.不予理会　　D.用砂纸打磨

【答案】A

【解析】《路面标线涂料》(JT/T 280—2022)6.2.6 要求:按GB/T 1768进行试验。《色漆和清漆　耐磨性的测定　旋转橡胶砂轮法》(GB/T 1768—2006)8.4.2 规定:如果涂层表面因橘皮、刷痕等原因而不规则时,在测试前要先预磨50转,再用不起毛的纸擦净。如果进行了这一操作,则应在试验报告中注明。题干所提及的《路面标线涂料》(JT/T 280—2022)中未规定待测试样涂层表面有橘皮或皱纹等凹凸不平现象的处理方案,而是要在《色漆和清漆　耐磨性的测定　旋转橡胶砂轮法》(GB/T 1768—2006)中才能找到处理方案。

三、常规重要数据和逆反射体的相关空间角度不要记错

1.(单项选择题)根据《轮廓标》(GB/T 24970—2020)光度性能测试装置示意图,入射角包括β_1和β_2,轮廓标用微棱镜型反射器的发光强度系数中,β_1的含义为垂直目视反射面时的(　　)。

A.反射面前后俯仰角　　　　　　B.反射面左右旋转角
C.反射面内左右旋转角　　　　　D.反射面外左右旋转角

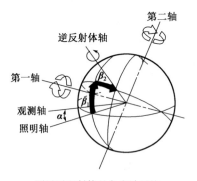

测量逆反射体的角度计系统

【答案】A

【解析】垂直目视反射面就是从逆反射器轴往逆反射面观察,β_1为俯仰角而非左右旋转角,故选A。

逆反射的理论及检测实践在道路交通标志及反光材料、道路交通标线及材料、突起路标及轮廓标中均为重要内容,其基本坐标体系为球坐标系统。建议考生理解和记住图中测量逆反

射体的角度球坐标系。

2.(单项选择题)交通安全设施一般项目的合格率应不低于(　　)。
　　A.75%　　　　　B.80%　　　　　C.85%　　　　　D.90%
【答案】B
【解析】《公路工程质量检验评定标准　第一册　土建工程》(JTG F80/1—2017)3.2.5。

3.(单项选择题)交通安全设施关键项目的合格率应不低于(　　)。
　　A.85%　　　　　B.90%　　　　　C.95%　　　　　D.100%
【答案】C
【解析】《公路工程质量检验评定标准　第一册　土建工程》(JTG F80/1—2017)3.2.5。

4.(单项选择题)《公路工程质量检验评定标准　第二册　机电工程》(JTG 2182—2020)规定,施工单位和监理单位在工程完工后进行质量检验时,所有项目合格率应为(　　)。
　　A.85%　　　　　B.90%　　　　　C.95%　　　　　D.100%
【答案】D
【解析】《公路工程质量检验评定标准　第二册　机电工程》(JTG 2182—2020)3.2.5。

注意:上面2、3两题,交通工程一般项目的合格率不低于80%,交通安全设施关键项目的合格率不低于95%。对于机电工程,施工单位和监理单位在工程完工后进行质量检验时,所有项目合格率应为100%;而检测单位在进行交工质量检测和竣工质量鉴定时,关键项目的合格率为100%,一般项目的合格率不低于90%。

四、弄清概念,防止偷换概念混淆概念

1.(单项选择题)公路监控设施分为(　　)。
　　A.A、B两个等级
　　B.A、B、C三个等级
　　C.A、B、C、D四个等级
　　D.A、B、C、D、E五个等级
【答案】C
【解析】监控设施分为A、B、C、D四个等级,其中A级的级别最高。公路A级监控应全线设置视频监控、动态信息发布及交通诱导设施,结合收费站、特大桥、隧道前、互通式立交、服务区等重点或有特殊需求路段,设置交通事件检测、交通量检测、环境信息检测、匝道控制设施。实现全线的全程监控、动态信息发布和交通诱导。详见《公路工程技术标准》(JTG B01—2014)10.4.2。

2.(单项选择题)公路服务水平最好的级别为(　　)。
　　A.一级　　　　　B.三级　　　　　C.四级　　　　　D.六级
【答案】A
【解析】《公路工程技术标准》(JTG B01—2014)附录A。

3.(单项选择题)公路按技术等级可分为(　　)。
　　A.3级　　　　　B.4级　　　　　C.5级　　　　　D.6级
【答案】C
【解析】公路分为高速公路、一级公路、二级公路、三级公路及四级公路等5个技术等级。详见《公路工程技术标准》(JTG B01—2014)3.1.1。

注意:以上三题涉及三个分级——公路监控设施分级、公路服务水平分级、公路技术等级分级,考生容易混淆。有意将此题放在一起,旨在加深考生对这几个概念的理解。

4.(多项选择题)白色反光膜在白天的色度性能指标有(　　)。
　　A.昼间色　　　　B.表面色　　　　C.色品坐标　　　　D.亮度因数
【答案】CD
【解析】色度性能指标是指可定量分析或描述反光膜颜色及明亮程度的物理量,而昼间色和表面色是描述反光膜在白天所呈现的定性颜色。此题的考点是定量和定性的概念。故正确答案只能选 CD。

5.(多项选择题)白色反光膜在白天的色度名词有(　　)。
　　A.昼间色　　　　B.表面色　　　　C.色品坐标　　　　D.亮度因数
【答案】ABCD
【解析】色度名词该范围就宽泛了,只要是和颜色有关的名词均可入选,故 A、B、C、D 四个选项均可选。

6.(单项选择题)白色反光膜在夜间的色度性能指标有(　　)。
　　A.夜间色　　　　B.逆反射色　　　　C.色品坐标　　　　D.亮度因数
【答案】C
【解析】本题要求定性描述反光膜在夜间的物理量。《道路交通反光膜》(GB/T 18833—2012)5.4.2 中,对白色和灰色反光膜在夜间亮度因数不作要求和规定,夜间不用亮度因数定性描述反光膜的色度性能,同时题意为单选题,故只能选 C。如该题放在多选题中,则应选 CD,因虽然白色和灰色反光膜在夜间不作要求和规定,但其亮度因数这个物理量是客观存在的。

7.(多项选择题)白色反光膜在夜间的色度名词有(　　)。
　　A.夜间色　　　　B.逆反射色　　　　C.色品坐标　　　　D.亮度因数
【答案】ABCD
【解析】只要是和颜色有关的名词均可入选,故 A、B、C、D 四个选项均可选。

五、用逆向思维和排除法解题

1.(单项选择题)路面照度不均匀时,可以通过调整实现的方法为(　　)。
　　A.调节灯杆的高度　　　　　　　　B.适当缩小灯杆间距
　　C.加大光源功率　　　　　　　　　D.改用截光型灯具
【答案】B
【解析】选项 A 和 C 对改善照度不均匀基本无效,选项 B 和 D 对改善照度不均匀有效;而《公路照明技术条件》(GB/T 24969—2010)6.2.1 规定:公路照明应采用截光型或半截光型灯具。由于已采用了截光型灯具,故只能选 B。若此题为多选题,则要选项 B 和 D。

第三部分 模拟试卷及参考答案

一、试验检测师模拟试卷

说明：

1. 本模拟试卷设置单选题30道、判断题30道、多选题20道、综合题7道，总计150分；模拟自测时间为150分钟。
2. 本模拟试卷仅供考生进行考前自测使用。

一、单项选择题(共30题，每题1分，共30分)

1. 单位立体角内发射1流明的光通量，其对应量为(　　)。
   A. 亮度：1 尼特(nt)　　　　　　　B. 光通量：1 流明(lm)
   C. 照度：1 勒克斯(lx)　　　　　　D. 发光强度：1 坎德拉(cd)

2. 光源的发光效率的单位为(　　)。
   A. 无单位　　　B. lx/W　　　C. lm/W　　　D. cd/W

3. 计算机中某模块缩语"RAM"，其为(　　)。
   A. 运算器　　　B. 外部存储器　　　C. 内部存储器　　　D. 输入接口

4. 中性盐雾试验溶液的pH值，应调整至使盐雾箱收集的喷雾溶液的pH值在25℃±2℃时处于(　　)。
   A. 5.5~6.2　　　B. 6.5~7.2　　　C. 7.5~8.2　　　D. 8.5~9.2

5. 《公路机电系统设备通用技术要求及检测方法》(JT/T 817—2011)规定，机电产品高温试验可选择45℃、50℃、55℃、70℃和85℃试验温度，时间根据应用情况分为(　　)。
   A. 8h 和 16h　　　B. 8h 和 24h　　　C. 12h 和 24h　　　D. 24h 和 48h

6. 某浪涌保护器(SPD)标注为 $I_N = 20kA(8~20\mu s)$，式中相关项说法正确的是(　　)。
   A. 该SPD保护电流有效值为20kA　　　B. 该保护器保护反应时间为8~20μs
   C. 8μs为雷电波头时间　　　　　　　D. 8~20μs为雷电波头时间

7. 交联聚乙烯绝缘钢带铠装聚乙烯护套铜芯电力电缆型号为(　　)。
   A. VV　　　B. VLV　　　C. ZA-YJV　　　D. ZB-YJV

8. 线逆反射系数 R_M 为( ),式中:R_I 为发光强度系数;l 为逆反射体的长度。
　　A. $R_M = R_I + l$　　B. $R_M = R_I - l$　　C. $R_M = R_I \times l$　　D. $R_M = R_I/l$

9. 公路工程质量检验评定标准中,实测项目给出的规定值或允许偏差一般是指( )。
　　A. 标准平均值　　B. 标准偏差值　　C. 最高限值　　D. 最低限值

10. 水性涂料标线湿膜厚度(WF)厚度范围为( )。
　　A. $0.2mm \leqslant WF \leqslant 1.5mm$　　　　B. $0.2mm \leqslant WF \leqslant 1.6mm$
　　C. $0.3mm \leqslant WF \leqslant 2.0mm$　　　　D. $0.3mm \leqslant WF \leqslant 2.5mm$

11. 《道路交通反光膜》(GB/T 18833—2012)规定,若反光膜不具备旋转均匀性时,标志板贴膜时应根据基准标记使之( )。
　　A. 与视读方向一致　　　　　　　　B. 与视读方向相反
　　C. 自视读方向左旋转90°　　　　　D. 自视读方向右旋转90°

12. 《LED 主动发光道路交通标志》(GB/T 31446—2015)中,单粒红色 LED 在额定电流时的法向发光强度不小于( )。
　　A. 3000mcd　　B. 4000mcd　　C. 5000mcd　　D. 6000mcd

13. 公路安全护栏碰撞能量的最高值为( )。
　　A. 520kJ　　B. 640kJ　　C. 760kJ　　D. 880kJ

14. 《隔离栅 第1部分:通则》(GB/T 26941.1—2011)规定,涂塑层厚度使用磁性测厚仪进行检测,对电焊网隔离栅产品,不使用磁性测厚仪测试其涂塑层厚度的零配件为( )。
　　A. 型钢　　B. 网片边框　　C. 斜撑　　D. 钢丝

15. 热熔反光涂料标线干膜厚度(DF)厚度范围为( )。
　　A. $0.5mm \leqslant DF \leqslant 2.0mm$　　　　B. $0.6mm \leqslant DF \leqslant 2.2mm$
　　C. $0.7mm \leqslant DF \leqslant 2.5mm$　　　　D. $0.8mm \leqslant DF \leqslant 3.0mm$

16. 观测角0.2°、入射角0°实测白色 A1 类逆反射式突起路标发光强度系数符合《突起路标》(GB/T 24725—2024)要求的值为( )。
　　A. $520mcd \cdot lx^{-1}$　　B. $540mcd \cdot lx^{-1}$　　C. $560mcd \cdot lx^{-1}$　　D. $580mcd \cdot lx^{-1}$

17. 根据《轮廓标》(GB/T 24970—2020)光度性能测试装置中,入射角包括 β_1 和 β_2,轮廓标用微棱镜型反射器的发光强度系数中 β_2 的含义是( )。
　　A. 垂直目视反射面时反射面前后俯仰角
　　B. 垂直目视反射面时反射面左右旋转角
　　C. 垂直目视反射面时反射面内上下旋转角
　　D. 垂直目视反射面时反射面外上下旋转角

18. 对于 A1 类、A2 类突起路标,当逆反射体轴左右对称的两入射角的平均发光强度系数大于《突起路标》(GB/T 24725—2024)规定基值时,其对应的任一个入射角最小值不应低于规定基值的( )。
　　A. 65%　　B. 70%　　C. 75%　　D. 80%

19. 补光装置按照光源光谱范围分为可见光型和红外型,其中红外型光源波段在( )范围内。
　　A. 550~2500nm　　B. 680~2500nm　　C. 750~2500nm　　D. 880~2500nm

20. 汽车号牌视频自动识别系统光照环境适应功能要求系统能正常抓拍的照度是( )。
  A. <0.01lx   B. <0.05lx   C. <0.1lx   D. <0.5lx

21. 根据《公路地下通信管道 高密度聚乙烯硅芯塑料管》(JT/T 496—2018)描述,取两段长度不小于250mm的管材试样按照GB/T 6111规定的A型密封方式对试样端头进行密封,将该试样加持到试验机上缓慢注水,水温为20℃±2℃,1min内达到规定压力后保持15min,观察管材试样,以上试验参数为( )。
  A. 耐液压性能   B. 耐水压密封性能   C. 耐热应力开裂   D. 抗裂强度

22. 公路汽车号牌视频自动识别补光装置采用频闪方式发光的,点亮时间应不大于( )。
  A. 1ms   B. 2ms   C. 3ms   D. 5ms

23. 通信设施中,波分复用(WDM)光纤传输系统实测项目线路侧接收、发送参考点中心频率偏移为( )。
  A. ±5GHz   B. ±7.5GHz   C. ±10.0GHz   D. ±12.5GHz

24. 《公路工程质量检验评定标准 第二册 机电工程》(JTG 2182—2020)中,视频交通事件检测器车速检测相对误差为( )。
  A. ≤3%   B. ≤5%   C. ≤10%   D. ≤15%

25. 公路隧道本地控制器的中央处理器(CPU)位数不低于( )。
  A. 16 位   B. 32 位   C. 64 位   D. 128 位

26. 收费系统计算机网络实测项目中,以太网系统吞吐率要求( )。
  A. 1428 帧长≥97%   B. 1458 帧长≥97%
  C. 1488 帧长≥99%   D. 1518 帧长≥99%

27. 测公用电网谐波时,电能质量分析仪应满足的技术要求为( )。
  A. A 级仪表,1~30 次谐波   B. A 级仪表,1~50 次谐波
  C. A 级仪表,直流和1~30 次谐波   D. A 级仪表,直流和1~50 次谐波

28. 路面照度不均匀时,可以通过调整实现的方法为( )。
  A. 调节灯杆的高度   B. 适当缩小灯杆间距
  C. 加大光源功率   D. 改用截光型灯具

29. ETC 收费车道路侧单元(RSU)通信区域测试用频谱分析仪技术要求为( )。
  A. 具有场强测试功能;频率范围应覆盖 1~5GHz;分辨力带宽 1Hz~2MHz
  B. 具有场强测试功能;频率范围应覆盖 2~6GHz;分辨力带宽 5Hz~2MHz
  C. 具有场强测试功能;频率范围应覆盖 3~6GHz;分辨力带宽 8Hz~2MHz
  D. 具有场强测试功能;频率范围应覆盖 5~6GHz;分辨力带宽 10Hz~2MHz

30. 火灾报警系统有快速移动火源探测功能时,火灾探测器响应时间应不超过( )。
  A. 1s   B. 2s   C. 3s   D. 5s

二、判断题(共30题,每题1分,共30分)

1. 《人造气氛腐蚀试验 盐雾试验》(GB/T 10125—2021)增加了140MPa、160MPa 和

170MPa 喷雾压力下饱和塔热水温度的指导值。（　　）

2. 室外流化床浸塑复合涂层宜选用静电喷涂聚酯涂层、流化床浸塑涂层。（　　）

3. 逆反射体轴通常选择照明方向的中心线。当逆反射体为轴对称时，逆反射体轴通常与逆反射体的对称轴一致。对于路面标线，逆反射体轴垂直于路面。（　　）

4. 在对某类反光膜逆反射系数测试多次之后所得结果与该类型反光膜标准规定值之差，称为随机误差。（　　）

5. 车距确认标志通常设置在无其他指路标志的平直路段。（　　）

6. 抽样时根据批量大小、接收质量限等因素决定样本大小和判定数组。（　　）

7.《路面标线用玻璃珠》(GB/T 24722—2020) 规定：850～600μm 范围内玻璃珠的成圆率不应小于75%。（　　）

8.《人造气氛腐蚀试验　盐雾试验》(GB/T 10125—2021) 中，溶液配制所用氯化钠中的铜、镍、铅等重金属总含量更改为低于0.005%(质量分数)。（　　）

9. 标志板面普通材料色白色的亮度因数要求≥0.75。（　　）

10. 热熔反光涂料标线湿膜厚度(WF)厚度范围为：0.7mm≤WF≤2.5mm。（　　）

11. 面向行车方向的坡度：A1 类突起路标不应大于45°，A2 类突起路标不应大于55°。（　　）

12. 交通流三参数的基本关系为：平均流量 Q(辆/h) = v(区间限速，km/h) × k(平均密度，辆/km)。（　　）

13. 波形梁钢护栏的技术要求有外观质量、外形尺寸、材料要求、防腐层厚度、防腐层附着量、防腐层均匀性、防腐层附着性、耐盐雾性能共8项。（　　）

14. 根据隔离栅电焊网焊点抗拉试验受力分析，焊点不受拉力，而应受剪切力。（　　）

15. 汽车号牌视频自动识别系统汽车号牌识别时间为：收费车道型系统的汽车号牌识别时间应不大于200ms；公路主线型系统的汽车号牌识别时间应不大于100ms。（　　）

16. 公路汽车号牌视频自动识别补光装置出光面的基准轴，为平行于出光面并通过出光面几何中心的一条直线。（　　）

17. 轮廓标经连续自然暴露或人工加速老化试验后，其蓄能自发光材料亮度性能应保持在试验前的85%以上。（　　）

18. 监控系统计算机网络实测项目中，双绞线链路现场实测共有13个参数测试项目，其中接线图、回波损耗、插入损耗3项为关键项目。（　　）

19. 微棱镜型轮廓标测试光学条件中，观测角包括0.2°、0.33°、0.5°。（　　）

20.《公路工程质量检验评定标准　第二册　机电工程》(JTG 2182—2020) 中，交通情况调查设施的传输性能24h观察时间内失步现象≤1次或BER≤10^{-8}。（　　）

21. 通信设施 IP 网络系统实测项目中，IP 网络接口平均发送光功率技术要为：−11.5dBm≤光功率≤−3dBm(1000BASE-LX)；9.5dBm≤光功率≤−4dBm(1000BASE-SX)。（　　）

22. ETC 专用车道系统时钟应与北斗授时时钟同步。（　　）

23. 测高清视频信号 G、B、R 信号的非线性失真(≤5%)时，用数字信号发生器发送高清晰度 $\sin x/x$ 信号，用数字视频测试仪测量。（　　）

24. 光纤接续损耗主要包括光纤本征因素造成的固有损耗、非本征因素造成的熔接损耗及

活动接头损耗三种。	( )

25. 根据《公路工程质量检验评定标准 第二册 机电工程》(JTG 2182—2020)规定,气象检测器分项工程实测时,绝缘电阻、保护接地电阻、防雷接地电阻、共用接地电阻和路面状况检测功能为关键检测项目。	( )

26. 收费天棚照明设施实测项目中,关键检测项目有照明设备控制装置、接地电阻、收费车道路面平均照度、收费车道路面照度总均匀度、收费车道路面平均亮度。	( )

27. 埋入式路面状况检测器在路面下不小于10cm处温度的检测应满足:检测分辨率为0.1℃、检测误差为±0.2℃。	( )

28. φ32/26硅芯管最大牵引负荷≥5000N。	( )

29. 固定火源试验条件下,点火后火灾声光警报器应在60s内分区发出声光报警信号。	( )

30. 公路隧道本地控制器电磁兼容性能试验含骚扰电压、静电放电抗扰度、射频电磁场辐射抗扰度、电快速瞬变脉冲群抗扰度、浪涌抗扰度、工频磁场抗扰度共六个试验。	( )

三、多项选择题(共20题,每题2分,共40分)

1. 下列关于设备机壳防水等级试验要求的说法,正确的是(　　)。
   A. 进行IPX1至IPX6试验时,水温与试验样品的温差应不大于5K(如果水温与试样温差超过5K,应使外壳内外保持压力平衡)
   B. IPX4试验时间为3min
   C. IPX5试验使用6.3mm喷嘴;IPX6试验使用12.5mm喷嘴
   D. IPX5及IPX6试验外壳表面每平方米喷水时间约1min,试验时间最少3min

2. 波分复用WDM主要有三种复用方式:1310nm和1550nm波长的波分复用、稀疏波分复用(CWDM)和密集波分复用(DWDM)。密集波分复用(DWDM)是指相邻波长间隔较小的WDM技术,主要为(　　)。
   A. 相邻信道的间隔0.4～1.2nm　　B. 工作波长位于1550nm窗口
   C. 一根光纤上可承载8～160个波长　　D. 主要用于短距离传输系统

3. 交安设施的中性盐雾试验时间分类为(　　)。
   A. 120h的有反光膜、交通标志及支撑件轮廓标
   B. 144h的有突起路标
   C. 168h的有波形梁钢护栏等其他交通安全设施钢构件金属涂层
   D. 200h的有隔离栅镀锌层、金属防眩板

4. 公路机电工程各分项工程抽样检查频率应符合(　　)。
   A. 施工单位自检为100%　　B. 监理单位抽检不低于30%
   C. 检测单位交工质量检测不低于30%　　D. 检测单位竣工质量鉴定不低于15%

5. 《路面标线涂料》(JT/T 280—2022)更改的溶剂型路面标线涂料技术要求为(　　)。
   A. 黏度　　B. 不粘胎干燥时间
   C. 耐磨性　　D. 抗压强度

6. 根据《隔离栅 第1部分:通则》(GB/T 26941.1—2011)规定,单涂层构件宜采用热塑

性涂塑层防腐。下列材料中,可用于热塑性粉末涂层的是( )。
　　A.聚酯　　　　B.聚乙烯　　　　C.聚氨酯　　　　D.聚氯乙烯

7. 两波形梁板截面可分为( )。
　　A.DB01～DB03　　B.DB01～DB05　　C.BB01～BB03　　D.BB01～BB05

8. 标志照明应满足下列( )要求。
　　A.采用白色光源
　　B.保证工作正常、稳定
　　C.内部照明标志应根据板面大小、所受风力等进行结构设计
　　D.夜间具有150m以上的视认距离

9. 按《公路用玻璃纤维增强塑料产品　第1部分:通则》(GB/T 24721.1—2023)的规定,公路用玻璃纤维增强塑料产品耐酸性能试验方法为( )。
　　A.30%的H_2SO_4溶液
　　B.常温(10～35℃)浸泡360h后检查试样的外观质量
　　C.完成800次循环后,测定试样的弯曲强度
　　D.抗变形量$R ≤ 8mm/m$

10. 突起(振动)标线厚度测量范围为( )。
　　A.基线厚度:0.8mm≤DF≤1.5mm　　B.基线厚度:1.0mm≤DF≤2.0mm
　　C.突起部分高度:3.0mm≤DF≤7.0mm　　D.突起部分高度:4.0mm≤DF≤7.0mm

11. 突起路标检测时入射角β的特点有( )。
　　A.照明轴与逆反射体轴之间的夹角
　　B.入射角通常不大于90°
　　C.考虑完整性将其规定为0°≤β≤180°
　　D.在CIE角度计系统中被分解为β_1和β_2两个分量

12. 可见光型补光装置在电子不停车收费系统(ETC)门架的安装设置方法是( )。
　　A.补光装置与地面的垂直距离不小于6m
　　B.补光装置可安装在对应车道中线上方,使光斑横向覆盖整条车道;也可安装在相邻车道中线的正上方,采用错车道补光的方式
　　C.可在补光区域前后设置过渡照明
　　D.补光区域设置在距离ETC门架水平方向10～40m范围内

13. 轮廓标蓄能自发光材料亮度性能检测条件为( )。
　　A.用照度1000lx的标准激发光源激发10min
　　B.停止激发以后10min的余辉亮度应大于1500mcd/m²
　　C.1h的余辉亮度应大于300mcd/m²
　　D.3h的余辉亮度应大于60mcd/m²

14. 视场角1°时LED车道控制标志显示屏的平均亮度为( )。
　　A.红色亮度应不小于5000cd/m²　　B.绿色亮度应不小于8000cd/m²
　　C.黄色亮度应不小于6000cd/m²　　D.白色亮度应不小于9000cd/m²

15. 汽车号牌视频自动识别系统的交流电源型系统性能测试项目为( )。

A. 绝缘电阻,应不小于100MΩ
B. 电气强度,测试频率50Hz,有效值1500V正弦交流电压,历时1min
C. 连接电阻,接地端子与机壳的连接电阻应小于0.5Ω
D. 电源适应性,电压:交流220×(1±15%)V、频率:50×(1±4%)Hz

16. 监控系统计算机网络双绞线链路现场实测中,以太网系统性能要求为(　　)。
   A. 链路传输速率符合10Mbps、100Mbps、1000Mbps的规定
   B. 吞吐率1518帧长≥99%
   C. 传输时延≤15ms
   D. 丢包率不大于70%流量负荷时≤0.1%

17. 汽车号牌视频自动识别系统的环境适应性能试验项目有(　　)。
   A. 耐低温、耐温度交变　　　　　　B. 耐高温、耐湿热
   C. 耐机械振动、耐盐雾腐蚀　　　　D. 耐候性、可靠性

18.《公路工程质量检验评定标准　第二册　机电工程》(JTG 2182—2020)中,收费天棚照明设施实测项目照度及显色指数的技术要求为(　　)。
   A. 收费车道路面照度总均匀度≥0.8　　B. 收费车道路面亮度纵向均匀度≥0.8
   C. 收费车道路面亮度总均匀度≥0.5　　D. 显色指数≥70

19.《公路隧道本地控制器》(JT/T 608—2024)与2004版相比,删除的技术要求为(　　)。
   A. 防护性能、结构稳定性　　　　　　B. 机械强度、布线和端接
   C. 后备电源、可靠性　　　　　　　　D. 通讯规程

20. 火灾报警系统模拟火源试验时试验场所满足下列(　　)要求。
   A. 长度不小于150m,宽度不小于10m
   B. 高度不小于6.5m
   C. 具备模拟各试验工况的条件
   D. 需要快速移动火源试验时,模拟隧道前后有长度≥200m的车辆加减速区域

四、综合题(从7道大题中选答5道大题,每道大题10分,共50分。请考生按照小题题号的答题卡相应位置填涂答案,如7道大题均作答,则按前5道大题计算分数。下列各题备选项中,有1个或1个以上是符合题意的,选项全部正确得满分,选项部分正确按比例得分,出现错误选项该题不得分)

1. 试根据《逆反射术语》(JT/T 688—2022),回答逆反射体的相关问题。
(1) 逆反射体的主要轴线为(　　)。
   A. 基准轴:从逆反射体中心发出,垂直于逆反射体轴的一条射线
   B. 照明轴:从逆反射体中心发出,通过光源点的射线
   C. 观测轴:从逆反射体中心发出,通过观测点的射线
   D. 第一轴:通过逆反射体中心且垂直于包含照明轴和观测轴的平面的射线
(2) 逆反射测试的固有系统为(　　)。
   A. α、β、γ、ω_s四个角组成固有系统

B. 通常逆反射体轴垂直于样品角度计的面,角 ω_s 和 γ 为正值

C. ω_s 为方位角,指位于垂直于逆反射体轴的平面内,从光源观察点逆时针测量,从入射半平面到基准轴之间的夹角

D. γ 为显示角,指从光源观察点逆时针测量,从入射半平面到观测半平面的二面角

(3)共平面测试时,入射半平面和观测半平面在同一个平面的样品测试几何条件为( )。

A. 在 CIE 角度计系统中 B. 相当于 $\beta_2 = 0°$
C. 入射角 β 始终为正值 D. 观测角 α 始终为正值

(4)逆反射测试的应用系统(如下图)为( )。

A. α、β、ε、ω_s 四个角组成应用系统

B. 角 ω_s 和 ε 位于垂直于逆反射体轴的平面内

C. 图中所示角 ω_s 和 ε 为正值

D. ε 为旋转角,指从逆反射体轴上的观察点逆时针测量,在垂直于逆反射体轴的平面上,从观测半平面到基准轴的夹角

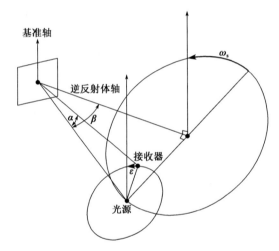

(5)逆反射道路标线系统(如下图)为( )。

A. a、b、e、d 四个角组成道路标线系统

B. 以两个角 a、e 限制道路标线

C. 道路标线一般在 $b = 180°$、$d = 0°$ 条件下测量

D. 该系统为半球形,多用于逆反射体入射余角(切线角)性能的研究

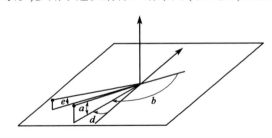

2. 请根据《突起路标》(GB/T 24725—2024),回答主动发光式突起路标相关电气问题。

(6) 主动发光式突起路标直流电源适应性为(　　)。

　　A. 额定电压不应高于 70V

　　B. 额定工作电压宜选用 5V、12V、24V 或 36V

　　C. 在输入电压波动 ±20% 的条件下,突起路标应工作正常

　　D. 直流电源输出端峰-峰值杂音电压≤200mV

(7) 主动发光式突起路标交流电源适应性为(　　)。

　　A. 额定电压不应高于 33V

　　B. 在输入电压波动 ±15%,突起路标应工作正常

　　C. 在电源频率波动 ±4% 条件下,突起路标应工作正常

　　D. 总谐波畸变率≤5%

(8) 太阳电池单独供电的单体主动发光式突起路标的太阳电池性能应包括(　　)。

　　A. 匹配性能　　　B. 耐久性能　　　C. 浮充性能　　　D. 可靠性能

(9) 采用太阳电池供电的主动发光式突起路标要求为(　　)。

　　A. 太阳电池和储能元件应匹配良好

　　B. 储能元件的额定容量应满足突起路标正常发光 72h 的需要

　　C. 若太阳电池在太阳光照度小于 1000lx,向储能元件充电 8h 后,储能元件的容量应满足突起路标正常发光 12h 的需要

　　D. 若太阳电池在太阳光照度小于 2000lx,向储能元件充电 4h 后,储能元件的容量应满足突起路标正常发光 12h 的需要

(10) 太阳电池供电的主动发光式突起路标要求为(　　)。

　　A. 储能元件耐久性能应满足充放电循环 1000 次时放电容量不低于初始容量的 80%

　　B. 充放电循环 2000 次时放电容量不低于初始容量的 65%

　　C. 充放电循环 3000 次时放电容量不低于初始容量的 55%

　　D. 充放电循环 4000 次时放电容量不低于初始容量的 45%

3. 请按《道路交通标线质量要求和检测方法》(GB/T 16311—2024),回答标线光度性能问题。

(11) 反光标线类型为(　　)。

　　A. Ⅰ型和Ⅱ型反光标线　　　　　　　B. Ⅰ型为非雨夜反光标线

　　C. Ⅱ型为雨夜反光标线　　　　　　　D. Ⅱ型适用于干燥、潮湿及连续降雨条件

(12) 反光标线规定的颜色有(　　)。

　　A. 白色　　　　　B. 黄色　　　　　C. 红色　　　　　D. 绿色

(13) 标线材料色测量核查区域选取为(　　)。

　　A. 纵向标线测量范围小于 10km 时,以整个测量范围为一个检测单位,在标线的起点、终点及中间位置,选取三个 100m 为核查区域

　　B. 纵向标线测量范围大于 10km 时,每 10km 为一个检测单位,选取三个 100m 为核查区域

　　C. 应沿行车方向,选取双车道路面中心线、车道分界线、车道边缘线等进行测试

D. 在每个核查区域内的车道中心线、车道分界线、车道边缘线等位置,以随机方式选取3个测试点取样,每个测试点测得9个数据

(14) I 型反光标线分为四个亮度等级,其逆反射亮度系数分别为( )mcd·m^{-2}·lx^{-1}。
  A. I 级(普亮级),白色:150≤$R_{L干燥}$<250、黄色:100≤$R_{L干燥}$<125
  B. II 级(中亮级),白色:250≤$R_{L干燥}$<350、黄色:125≤$R_{L干燥}$<150
  C. III 级(高亮级),白色:350≤$R_{L干燥}$<450、黄色:150≤$R_{L干燥}$<175
  D. IV 级(超亮级),白色:$R_{L干燥}$≥450、黄色:$R_{L干燥}$≥175

(15) II 型反光标线分为三个亮度等级,分别为( )。
  A. 干燥状态,白色:$R_{L干燥}$≥350、黄色:$R_{L干燥}$≥200mcd·m^{-2}·lx^{-1}
  B. 潮湿状态,白色:$R_{L潮湿}$<175、黄色:$R_{L潮湿}$≥100mcd·m^{-2}·lx^{-1}
  C. 连续降雨,白色:$R_{L连续降雨}$<75、黄色:$R_{L连续降雨}$≥75mcd·m^{-2}·lx^{-1}
  D. 潮湿状态、连续降雨状态需配备相应潮湿装置、喷水装置配合测试

4. 根据《道路交通标志和标线 第 2 部分:道路交通标志》(GB 5768.2—2022),回答下列标志的问题。

(16) 道路交通标志设置原则应符合( )。
  A. 满足道路使用者需求   B. 引起道路使用者关注
  C. 传递明确、简洁的含义   D. 获得道路使用者的遵从

(17) 道路交通标志的颜色有( )。
  A. 红色、蓝色、绿色、白色   B. 黄色、荧光黄色、荧光黄绿色
  C. 棕色、橙色、荧光橙色   D. 粉红色、荧光粉红色、黑色

(18) 有路缘石的道路,路侧标志下边缘距路缘石顶面的高度符合以下( )要求。
  A. 一般为 150~250cm   B. 小型车比例较大的道路不宜小于 120cm
  C. 路侧有行人时不小于 210cm   D. 有非机动车时应不小于 230cm

(19) 将光源安装于标志外部下前方或其他适当位置照亮标志面时要求( )。
  A. 照明光源的显色指数 R_a 不应低于 80
  B. 标志面上的照度应均匀,最大照度与最小照度之比应小于 4
  C. 在夜间具有 150m 以上的视认距离
  D. 外部照明光源不应造成眩目

(20) 标志安装时板面垂直于行车方向,并视实际情况调整其水平或俯仰角度( )。
  A. 标志安装应避免标志板面对驾驶人造成的眩光
  B. 禁令标志、指示标志与垂直于行车水平方向成 0°~10°或 30°~45°
  C. 其他标志与垂直于行车水平方向成 0°~10°
  D. 路上方标志的板面宜面向来车俯仰 0°~15°

5. 根据《汽车号牌视频自动识别系统》(JT/T 604—2024),回答相关问题。

(21) 系统的汽车号牌识别功能为系统应能识别( )。
  A. 大型汽车号牌、挂车号牌、大型新能源汽车号牌、教练汽车号牌
  B. 小型汽车号牌、小型新能源汽车号牌、使馆汽车号牌、领馆汽车号牌
  C. 港澳入出境车号牌及俄罗斯、巴基斯坦等友好国号牌

D. 警用汽车号牌及军队、武警汽车号牌

(22)系统号牌图像与信息输出功能为系统输出图片的类型应至少包括(　　)。

　　A. 车头全景图像和汽车号牌图像

　　B. 输出的车头全景图像应为 MGR 格式

　　C. 输出信息应包括汽车号牌识别结果

　　D. 输出信息应包括车辆通过识别区域的时间和预设地点等

(23)下列关于系统存储功能的说法,正确的有(　　)。

　　A. 系统至少能储存每个车头全景图像、汽车号牌图像

　　B. 系统至少能储存识别时间、识别结果、安装位置等信息

　　C. 断电时存储的信息不丢失

　　D. 存储信息能通过通信接口导出到外部存储器

(24)系统的数据通信接口功能为(　　)。

　　A. 通信接口应不低于 500Mbit/s 的以太网接口,接口应符合 IEEE802.3 的要求

　　B. 在使用其他接口时,应提供详细的接口参数和通信协议

　　C. 接口与外部的连接应便于安装和维护

　　D. 采取防水、防尘等措施

(25)系统的号牌识别性能为(　　)。

　　A. 系统输出的车头全景图像像素应不小于 300 万

　　B. 收费车道型系统有效汽车号牌识别正确率应不小于 99%

　　C. 公路主线型系统的有效汽车号牌识别正确率应不小于 98%

　　D. 收费车道系统、公路主线系统的号牌识别时间分别小于 100ms、200ms

6. 根据《公路隧道火灾报警系统技术条件》(JT/T610—2024),回答相关问题。

(26)固定火源试验条件下,点型火焰探测器性能应满足下列(　　)要求。

　　A. 其轴线火灾探测距离应不小于 70m　　B. 探测视场角应不小于 90°

　　C. 火灾探测器响应时间应不超过 30s　　D. 烟感响应时间应不超过 5s

(27)固定火源试验条件下,图像型火灾探测器性能应满足下列(　　)要求。

　　A. 轴线火灾探测距离应不小于 130m

　　B. 探测视场角应不小于 23°

　　C. 响应时间应不超过 20s

　　D. 探测器自身视频图像存储时间应≥40min(火灾前 10min 至火灾发生后 30min)

(28)固定火源试验条件下,光纤光栅线型感温火灾探测器性能应满足下列(　　)要求。

　　A. 感温元件间距宜不大于 5m

　　B. 线型感温火灾探测器响应时间应不超过 60s

　　C. 烟感响应时间应不超过 5s

　　D. 探测器自身数据存储时间应≥40min(火灾前 10min 至火灾发生后 30min)

(29)固定火源试验条件下,报警响应时间应满足下列(　　)要求。

　　A. 点型火焰探测器火灾报警系统的报警响应时间不超过 40s

B. 图像型火灾探测器火灾报警系统的报警响应时间不超过40s

C. 线型感温火灾探测器火灾报警系统的报警响应时间不超过60s

D. 面型感温火灾探测器火灾报警系统的报警响应时间不超过60s

(30) 系统发生下列( )故障之一时,控制器应在40s内发出故障声、光信号。

A. 主电源故障:主电源欠压、短路

B. 无应答故障:火灾探测器、手动火灾报警按钮、火灾声光警报器通信无应答

C. 短路故障:火灾探测器、手动火灾报警按钮、火灾声光警报器通信或供电短路

D. 通信网络故障:全部或局部断网

7. 根据《公路隧道本地控制器》(JT/T 608—2024),回答公路隧道本地控制器相关问题。

(31) 室外(隧道洞身)型公路隧道本地控制器的使用环境温度及适用等级为( )。

A. S1级:-5 ~ +70℃ 　　B. A级:-20 ~ +55℃

C. C级:-55 ~ +45℃ 　　D. J级:-55 ~ +85℃

(32) 隧道本地控制器电气安全性能要求为( )。

A. 绝缘电阻:其电源接线端子与机壳的绝缘电阻不应小于100MΩ

B. 电气强度:其应具备耐电压要求,试验中漏电电流不应大于2mA

C. 安全接地:其接地端子与机壳的连接电阻应小于0.1Ω

D. 电源适应性:在交流电压为220×(1±15%)V和频率为50×(1±4%)Hz条件下应可靠工作

(33) 隧道本地控制器电磁兼容性能试验包括骚扰电压、静电放电抗扰度和( )。

A. 射频电磁场辐射抗扰度　　B. 电快速瞬变脉冲群抗扰度

C. 浪涌抗扰度　　D. 工频磁场抗扰度

(34) 隧道本地控制器除特殊规定外,一般试验条件为( )。

A. 温度:+15 ~ +35℃ 　　B. 相对湿度:35% ~75%

C. 气压:86 ~106kPa 　　D. 0.5MHz以下频率电磁干扰≤0.1V/m

(35) 隧道本地控制器信息安全试验包括接入与访问控制、安全审计和( )。

A. 漏洞和恶意代码　　B. 通信安全

C. 数据安全　　D. 防火墙安全

模拟试卷参考答案及解析

一、单项选择题

1. D

【解析】依定义,发光强度为单位立体角内发射的光通量。

2. C

【解析】发光效率定义为光源发出的总光通量与该光源消耗的电功率比值。

3. C

【解析】RAM 为随机存取存储器也叫主存,是与 CPU 直接交换数据的内部存储器。

4. B

【解析】《人造气氛腐蚀试验　盐雾试验》(GB/T 10125—2021)5.2.2。

5. A

【解析】《公路机电系统设备通用技术要求及检测方法》(JT/T 817—2011)4.1.1.2。该规范规定的只有 16h。

6. C

【解析】额定工作保护电流为瞬时值 20kA,8μs 为雷电波头时间,20μs 为雷电波尾时间。

7. A

【解析】YJV 为交联聚乙烯绝缘聚氯乙烯护套铜芯电力电缆,ZA-YJV 为交联聚乙烯绝缘聚乙烯护套 A(B、C)类阻燃铜芯电力电缆。

8. D

【解析】《逆反射术语》(JT/T 688—2022)3.7。

9. D

【解析】《公路工程质量检验评定标准　第一册　土建工程》(JTG F80/1—2017)1.0.3。

10. D

【解析】《道路交通标线质量要求和检测方法》(GB/T 16311—2024)5.7。

11. A

【解析】《道路交通反光膜》(GB/T 18833—2012)5.3.2。反光膜如不具备旋转均匀性,即在不同旋转角条件下的光度性能存在差异时,制造商应沿其逆反射系数值较大方向做出基准标记。

12. C

【解析】《LED 主动发光道路交通标志》(GB/T 31446—2015)5.2.2。

13. C

【解析】《公路护栏安全性能评价标准》(JTG B05-01—2013)3.0.1。

14. D

【解析】被测表面的曲率对测试结果有很大影响,钢丝表面的曲率过大,无法测量或结果不准。《磁性基体上非磁性覆盖层　覆盖层厚度测量　磁性法》(GB/T 4956—2003)。

15. C

【解析】《道路交通标线质量要求和检测方法》(GB/T 16311—2024)5.7。

16. D

【解析】黄色颜色系数 1.0。《突起路标》(GB/T 24725—2024)5.1.3。

17. B

【解析】垂直目视反射面就是从逆反射器轴往逆反射面观察,β_2 为左右旋转角(纬线上旋转角),而非俯仰角。

18. D

【解析】《突起路标》(GB/T 24725—2024)5.1.3.4。

19. B

【解析】《公路汽车号牌视频自动识别补光装置》(JT/T 1531—2024)4.2.1。

20. C

【解析】《汽车号牌视频自动识别系统》(JT/T 604—2024)5.3.2。

21. D

【解析】此题选项A、C容易排除,选项B、D易混淆。见《公路地下通信管道高密度聚乙烯硅芯塑料管》(JT/T 496—2018)5.5.9和5.5.10。

22. B

【解析】《公路汽车号牌视频自动识别补光装置》(JT/T 1531—2024)5.3.1。

23. D

【解析】《公路工程质量检验评定标准 第二册 机电工程》(JTG 2182—2020)5.5.2。

24. D

【解析】《公路工程质量检验评定标准 第二册 机电工程》(JTG 2182—2020)4.5.2。

25. B

【解析】《公路隧道本地控制器》(JT/T 608—2024)5.3。

26. D

【解析】《公路工程质量检验评定标准 第二册 机电工程》(JTG 2182—2020)表6.13.2。

27. D

【解析】《公路机电工程测试规程》(JTG/T 3520—2021)T 8401—2021。

28. B

【解析】选项A和C对改善照度不均匀基本无效,选项B和C对改善照度不均匀有效;而《公路照明技术条件》(GB/T 24969—2010)6.2.1规定:公路照明应采用截光型或半截光型灯具,故选B。

29. D

【解析】《公路机电工程测试规程》(JTG/T 3520—2021)T 8305—2021。

30. D

【解析】《公路隧道火灾报警系统技术条件》(JT/T 610—2024)5.3.1.2。

二、判断题

1. ×

【解析】140MPa为原有。《人造气氛腐蚀试验 盐雾试验》(GB/T 10125—2021)表1。

2. ×

【解析】室外流化床浸塑复合涂层宜选用聚乙烯(PE)高分子涂料;静电喷涂聚酯涂层、流化床浸塑涂层宜适用于室内金属钢构件防腐。《公路交通工程钢构件防腐技术条件》(GB/T 18226—2015)5.2。

3. √

【解析】《逆反射术语》(JT/T 688—2022)4.4。

4. √

【解析】随机误差的定义:在重复性条件下,对同一被测量进行无限次测量所得结果与其平均值之差。注意,系统误差为在重复性条件下,对同一被测量进行无限次测量所得结果的平均值与被测量的真值之差。

5. ×

【解析】《道路交通标志和标线 第2部分:道路交通标志》(GB 5768.2—2022)中已取消了车距确认标志。

6. ×

【解析】漏掉"检验严格程度"。

7. ×

【解析】粒径在850~600μm范围内玻璃珠的成圆率不应小于70%。《路面标线用玻璃珠》(GB/T 24722—2020)5.3。

8. √

【解析】2012版标准为0.001%。《人造气氛腐蚀试验 盐雾试验》(GB/T 10125—2021)5.1.2。

9. ×

【解析】《道路交通标志板及支撑件》(GB/T 23827—2021)5.5。新规范除仅对黑色亮度因数要求小于0.03外,对其他颜色的亮度因数均不作要求。

10. ×

【解析】不测厚度。《道路交通标线质量要求和检测方法》(GB/T 16311—2024)5.7。

11. ×

【解析】A2类突起路标不应大于65°。《突起路标》(GB/T 24725—2024)5.1.2.3。

12. ×

【解析】v应为区间平均车速(km/h)。

13. √

【解析】《波形梁钢护栏 第1部分:两波形梁钢护栏》(GB/T 31439.1—2015)6.2.3。

14. ×

【解析】对焊点有抗拉力的要求。《隔离栅 第3部分:焊接网》(GB/T 26941.3—2011)6.4.4。

15. √

【解析】《汽车号牌视频自动识别系统》(JT/T 604—2024)5.4.3。

16. ×

【解析】垂直于出光面。《公路汽车号牌视频自动识别补光装置》(JT/T 1531—2024)3.2。

17. ×

【解析】75%以上。《轮廓标》(GB/T 24970—2020)5.11。

18. ×

【解析】接线图、回波损耗、近端串音3项为关键项目。《公路工程质量检验评定标准

第二册　机电工程》(JTG 2182—2020)4.9.2。

19. ×

【解析】无0.33°。《轮廓标》(GB/T 24970—2020)表3。

20. ×

【解析】以太网传输丢包率≤0.1%。《公路工程质量检验评定标准　第二册　机电工程》(JTG 2182—2020)4.6.2。

21. √

【解析】《公路工程质量检验评定标准　第二册　机电工程》(JTG 2182—2020)5.4.2。

22. ×

【解析】车道系统时钟与上级收费系统时钟同步一致。《公路工程质量检验评定标准　第二册　机电工程》(JTG 2182—2020)6.3.2。

23. ×

【解析】应发送高清晰度五阶梯波信号。

24. √

【解析】固有损耗、熔接损耗、活动接头损耗称为光纤三大基本损耗。

25. ×

【解析】路面状况检测功能为非关键检测项目。《公路工程质量检验评定标准　第二册　机电工程》(JTG 2182—2020)表4.2.2。

26. √

【解析】《公路工程质量检验评定标准　第二册　机电工程》(JTG 2182—2020)8.4.2。

27. ×

【解析】检测误差为±0.4℃。《道路交通气象环境　埋入式路面状况检测器》(JT/T 715—2022)5.3.2.3。

28. √

【解析】《公路地下通信管道高密度聚乙烯硅芯塑料管》(JT/T 496—2018)4.3.1。

29. √

【解析】《公路隧道火灾报警系统技术条件》(JT/T 610—2024)5.3.2.3。

30. √

【解析】《公路隧道本地控制器》(JT/T 608—2024)5.8。

三、多项选择题

1. CD

【解析】选项A:对水温无要求;选项B:试验时间为10min。见《外壳防护等级(IP代码)》(GB/T 4208—2017)14。

2. ABC

【解析】用于长距离传输系统。《公路机电工程测试规程》(JTG/T 3520—2021) T 8108—2021。

3. ABCD

【解析】按交安设施的相关规范规定的中性盐雾试验时间进行整理。

4．ABC

【解析】选项 D：不低于 10%。《公路工程质量检验评定标准　第二册　机电工程》（JTG 2182—2020）1.0.3。

5．ABC

【解析】《路面标线涂料》（JT/T 280—2022）5.3。

6．BD

【解析】热塑性粉末涂料有：聚氯乙烯、聚乙烯、聚丙烯、聚酰胺、聚碳酸酯、聚苯乙烯、含氟树脂、热塑性聚酯等。热固性粉末涂料有：聚酯树脂、环氧树脂、丙烯酸树脂、聚氨酯树脂等。

7．BD

【解析】《波形梁钢护栏　第 1 部分：两波形梁钢护栏》（GB/T 31439.1—2015）3.2.2。

8．ABCD

【解析】《道路交通标志和标线　第 2 部分：道路交通标志》（GB 5768.2—2022）4.8.16。

9．AB

【解析】选项 C：完成 500 次循环后；选项 D：抗变形量 $R \leqslant 10 mm/m$。《公路用玻璃纤维增强塑料产品　第 1 部分：通则》（GB/T 24721.1—2023）6.11.2。

10．BC

【解析】《道路交通标线质量要求和检测方法》（GB/T 16311—2024）5.7。

11．ABCD

【解析】《突起路标》（GB/T 24725—2024）3.4。

12．ABCD

【解析】《公路汽车号牌视频自动识别补光装置》（JT/T 1531—2024）附录 A。

13．ACD

【解析】选项 B：余辉亮度应大于 $1800 mcd/m^2$。《轮廓标》（GB/T 24970—2020）5.6。

14．ABC

【解析】无白色亮度要求。《LED 车道控制标志》（JT/T 597—2022）5.5.4。

15．ABD

【解析】小于 0.1Ω。《汽车号牌视频自动识别系统》（JT/T 604—2024）5.5.1。

16．ABD

【解析】传输时延 $\leqslant 10 ms$。《公路工程质量检验评定标准　第二册　机电工程》（JTG 2182—2020）4.9.2。

17．ABCD

【解析】《汽车号牌视频自动识别系统》（JT/T 604—2024）5.7。

18．BCD

【解析】选项 A：照度总均匀度 $\geqslant 0.6$。《公路工程质量检验评定标准　第二册　机电工程》（JTG 2182—2020）8.4.2。

19．ABD

【解析】可靠性未删。《公路隧道本地控制器》（JT/T 608—2024）前言 e）。

20. ABCD

【解析】《公路隧道火灾报警系统技术条件》(JT/T 610—2024)A.1.2。

四、综合题

1.（1）ABCD （2）ABCD （3）ABCD （4）ABCD （5）ABCD

【解析】《逆反射术语》(JT/T 688—2022)4。

2.（6）ABC （7）ABC （8）AB （9）ABC （10）AB

【解析】(6)《突起路标》(GB/T 24725—2024)5.2.8.1。

(7)《突起路标》(GB/T 24725—2024)5.2.8.2。

(8)《突起路标》(GB/T 24725—2024)5.2.8.3.1。

(9)《突起路标》(GB/T 24725—2024)5.2.8.3.2。

(10)《突起路标》(GB/T 24725—2024)5.2.8.3.3。

3.（11）ABCD （12）AB （13）ABCD （14）ABCD （15）ABCD

【解析】(11)《道路交通标线质量要求和检测方法》(GB/T 16311—2024)5.9。

(12)《道路交通标线质量要求和检测方法》(GB/T 16311—2024)5.9。

(13)《道路交通标线质量要求和检测方法》(GB/T 16311—2024)6.1.5 和 6.9。

(14)《道路交通标线质量要求和检测方法》(GB/T 16311—2024)5.9.1。

(15)《道路交通标线质量要求和检测方法》(GB/T 16311—2024)5.9.2。

4.（16）ABCD （17）ABCD （18）ABCD （19）ABCD （20）ABCD

【解析】(16)《道路交通标志和标线 第2部分:道路交通标志》(GB 5768.2—2022)4.1.2。

(17)《道路交通标志和标线 第2部分:道路交通标志》(GB 5768.2—2022)4.3.1。

(18)《道路交通标志和标线 第2部分:道路交通标志》(GB 5768.2—2022)4.8.11。

(19)《道路交通标志和标线 第2部分:道路交通标志》(GB 5768.2—2022)4.8.16。

(20)《道路交通标志和标线 第2部分:道路交通标志》(GB 5768.2—2022)4.8.9。

5.（21）ABD （22）ACD （23）ABCD （24）BCD （25）ABC

【解析】(21)《汽车号牌视频自动识别系统》(JT/T 604—2024)5.3.3。

(22)选项B:应为JPEG格式。《汽车号牌视频自动识别系统》(JT/T 604—2024)5.3.4。

(23)《汽车号牌视频自动识别系统》(JT/T 604—2024)5.3.5。

(24)选项A:应为100Mbit/s。《汽车号牌视频自动识别系统》(JT/T 604—2024)5.3.6。

(25)选项D:应分别小于200ms、100ms。《汽车号牌视频自动识别系统》(JT/T 604—2024)5.4。

6.（26）ABC （27）ABCD （28）AB （29）ABC （30）ABC

【解析】(26)~(28)《公路隧道火灾报警系统技术条件》(JT/T 610—2024)5.3.1.1。

(29)《公路隧道火灾报警系统技术条件》(JT/T 610—2024)5.3.2.2。

(30)《公路隧道火灾报警系统技术条件》(JT/T 610—2024)5.3.3。

7.（31）ABCD （32）ACD （33）ABCD （34）ABC （35）ABC

【解析】(31)《公路隧道本地控制器》(JT/T 608—2024)5.1。

(32)不应大于5mA。《公路隧道本地控制器》(JT/T 608—2024)5.5。
(33)《公路隧道本地控制器》(JT/T 608—2024)5.8。
(34)《公路隧道本地控制器》(JT/T 608—2024)6.1。
(35)《公路隧道本地控制器》(JT/T 608—2024)6.11。

二、助理试验检测师模拟试卷

说明:

1. 本模拟试卷设置单选题 30 道、判断题 30 道、多选题 20 道、综合题 7 道,总计 150 分;模拟自测时间为 150 分钟。
2. 本模拟试卷仅供考生进行考前自测使用。

一、单项选择题(共 30 题,每题 1 分,共 30 分)

1. 逆反射体系数 R_A 的单位为( )。
   A. $cd \cdot lx^{-1} \cdot m^2$　　B. $cd \cdot lx^1 \cdot m^2$　　C. $cd \cdot lx^2 \cdot m^2$　　D. $cd \cdot lx^{-1} \cdot m^{-2}$

2. 中性盐雾试验溶液的 pH 值应调整至使盐雾箱收集的喷雾溶液在 25℃ ±2℃ 时,测量 pH 值用( )。
   A. 精密 pH 试纸　　B. 离子 pH 计　　C. 电位 pH 计　　D. 光谱 pH 计

3. 《公路工程质量检验评定标准 第二册 机电工程》(JTG 2182—2020)规定:公路机电工程各分项工程检测单位交工质量检测不低于( )。
   A. 10%　　B. 15%　　C. 20%　　D. 30%

4. 交通标志中,蓝色代表( )。
   A. 指令、遵循　　B. 禁止、危险　　C. 警告　　D. 地名、路线

5. 某浪涌保护器(SPD)标注为 $I_N = 20kA(8 \sim 20\mu s)$,式中相关说法正确的是( )。
   A. $8\mu s$ 为雷电波头时间　　　　B. $8\mu s$ 为雷电波尾时间
   C. $8 \sim 20\mu s$ 为雷电波头时间　　D. $8 \sim 20\mu s$ 为雷电波尾时间

6. 根据《公路机电系统设备通用技术要求及检测方法》(JT/T 817—2011)规定,静电放电抗扰度试验时所确定的放电点采用接触放电,试验电压为( )。
   A. 3kV　　B. 4kV　　C. 5kV　　D. 6kV

7. 光源的发光效率的单位为( )。
   A. 无单位　　B. lx/W　　C. lm/W　　D. cd/W

8. 下列硬件部件中,不属于中央处理器(CPU)中控制器的部件是( )。
   A. 时序部件和微操作形成部件　　B. 程序计数器
   C. 外设接口部件　　　　　　　　D. 指令寄存器和指令译码器

9. 《道路交通标志和标线 第 2 部分:道路交通标志》(GB 5768.2—2022)增加了作为交通事故管理区的警告标志底色为( )。

A. 粉红色　　　　B. 蓝色　　　　C. 荧光粉红色　　　　D. 荧光黄绿色

10. 标线长度以及间断线纵向间距的允许误差为( )。

　　A. ±2%　　　　B. ±3%　　　　C. ±4%　　　　D. ±5%

11. 根据《路面标线用玻璃珠》(GB/T 24722—2020)规定,检测玻璃珠密度时需用化学试剂二甲苯,二甲苯的密度是( )。

　　A. 1.10g/cm³　　B. 1.02g/cm³　　C. 0.86g/cm³　　D. 0.96g/cm³

12. 带耐磨层的 A1 类突起路标,其发光强度系数基值不应低于《路面标线用玻璃珠》(GB/T 24722—2020)表 1 规定基值的( )。

　　A. 40%　　　　B. 50%　　　　C. 60%　　　　D. 70%

13. 反光型、突起型热熔型路面标线涂料中,预混玻璃珠含量(质量百分比)应( )。

　　A. ≥20%　　　B. ≥25%　　　C. ≥30%　　　D. ≥35%

14.《突起路标》(GB/T 24725—2024)规定,主动发光功能 S2 级突起路标的使用环境温度为( )。

　　A. −10~+55℃　　B. −5~+55℃　　C. 0~+55℃　　D. 5~+55℃

15. 下列选项中,哪个构件不属于高速公路路侧波形梁钢护栏的构件( )。

　　A. 立柱　　　　B. 连接螺栓　　　C. 横隔梁　　　　D. 托架

16. 机电设备做电气强度试验时,其漏电电流不大于( )。

　　A. 1mA　　　　B. 3mA　　　　C. 5mA　　　　D. 10mA

17. 轮廓标蓄能自发光材料经过连续自然暴露或人工加速老化试验后,其亮度性能应保持在试验前的( )。

　　A. 70% 以上　　B. 75% 以上　　C. 80% 以上　　D. 85% 以上

18. 防落物网的防雷接地电阻应小于( )。

　　A. 1Ω　　　　B. 4Ω　　　　C. 10Ω　　　　D. 30Ω

19. 路侧的护栏的防护等级为( )。

　　A. B、SB、SA、SS 五级
　　B. C、B、A、SB、SA、SS 六级
　　C. C、B、A、SB、SA、SS、HB 七级
　　D. C、B、A、SB、SA、SS、HB、HA 八级

20. 收费车道型系统的汽车号牌识别时间应不大于( )。

　　A. 50ms　　　　B. 100ms　　　C. 150ms　　　D. 200ms

21. 汽车号牌视频自动识别补光装置采用频闪方式发光的,每个频闪周期内的点亮时间应根据识别设备的要求进行调节,点亮时间应不大于( )。

　　A. 1ms　　　　B. 2ms　　　　C. 3ms　　　　D. 5ms

22. 监控系统计算机网络实测项目中,要求以太网系统性能要求丢包率( )。

　　A. 不大于 50% 流量负荷时:≤0.1%　　B. 不大于 60% 流量负荷时:≤0.1%
　　C. 不大于 70% 流量负荷时:≤0.1%　　D. 不大于 80% 流量负荷时:≤0.1%

23. 通信设施中,IP 网络系统实测项目网络吞吐率为( )。

　　A. 1518 帧长≥93%　　　　　B. 1518 帧长≥95%
　　C. 1518 帧长≥97%　　　　　D. 1518 帧长≥99%

24. ETC 门架系统实测项目 RSU 占用带宽( )。

A.≤3MHz　　　　B.≤4MHz　　　　C.≤5MHz　　　　D.≤6MHz

25.《公路工程质量检验评定标准 第二册 机电工程》(JTG 2182—2020)中,气象检测器分项工程增加了(　　)。
A.数据传输性能　　　　　　　　B.自检功能
C.复原功能　　　　　　　　　　D.路面状态检测器功能

26.根据《公路地下通信管道高密度聚乙烯硅芯塑料管》(JT/T 496—2018),硅芯管耐落锤冲击性能试验试样个数为(　　)。
A.3　　　　　　B.5　　　　　　C.10　　　　　　D.20

27.中心(站)内低压配电设备实测项目规定,室内设备、列架的绝缘电阻(　　)。
A.≥2MΩ　　　　B.≥10MΩ　　　　C.≥50Ω　　　　D.≥100MΩ

28.隧道环境检测设备实测项目中,CO 传感器测量误差为(　　)。
A.$\pm 1 \times 10^{-6}$　　B.$\pm 2 \times 10^{-6}$　　C.$\pm 3 \times 10^{-6}$　　D.$\pm 4 \times 10^{-6}$

29.室外(隧道洞身)型公路隧道本地控制器防护措施应不低于(　　)级。
A.IP45　　　　B.IP55　　　　C.IP65　　　　D.IP66

30.手动火灾报警按钮动作后,报警响应时间应不超过(　　)。
A.13s　　　　B.5s　　　　C.10s　　　　D.15s

二、判断题(共30题,每题1分,共30分)

1.中性盐雾试验溶液的 pH 值应调整至使盐雾箱收集的喷雾溶液的 pH 值在25℃±2℃时处于6.5~7.2之间。(　　)

2.当入射方向在较大范围内变化时,逆反射体反射光方向对应入射光相应变化。(　　)

3.公路机电系统产品检测时,一般可重复的客观测试项目进行3次测量,取其平均值作为测试结果,对于主观测试项目,测试人员应不少于3人。(　　)

4.电阻是判断电缆质量优劣的一个重要指标,通常用20℃时的导体电阻值来表征,其阻值与电缆的长度、温度和导体的电阻率有关。(　　)

5.光源的色温用摄氏度(℃)表示。(　　)

6.防直击雷装置包括接闪器、引下线和接地体。(　　)

7.车载机电设备做振动试验时,2~9Hz 按位移控制,位移幅值7.5mm;9~500Hz 按加速度控制,加速度为20m/s²。(　　)

8.标志板面普通材料色绿色的亮度因数要求≥0.05。(　　)

9.在Ⅰ类反光膜逆反射系数 R_A 值表中,逆反射系数值要求最小的颜色为白色。(　　)

10.《路面标线涂料》(JT/T 280—2022)增加了橙色、灰色、绿色、红色、蓝色、紫色、棕色涂料颜色。(　　)

11.《突起路标》(GB/T 24725—2024)中给定的逆反射体的颜色有白、黄、红、绿、蓝五种,其对应的颜色系数分别为1.0、0.6、0.3、0.2、0.1。(　　)

12.热熔反光涂料标线干膜厚度(DF)厚度范围为:0.7mm≤DF≤2.5mm。(　　)

13.标线材料色定义为路面标线涂料形成道路交通标线涂层后,其上撒布面撒玻璃珠后标线材料表面的普通色。(　　)

14. 三波形梁钢护栏由三波形梁板、过渡板、立柱、防阻块、横隔梁、端头、拼接螺栓、连接螺栓、加强横梁构件组成。（　　）

15. 具有主动发光功能的突起路标按使用环境温度分为S1级、S2级、A级、B级、C级、J级六个级别。（　　）

16. 在行车道左侧或中央分隔带上应安装含白色逆反射材料的轮廓标。（　　）

17. 整个公路汽车号牌视频自动识别补光装置的平均亮度为补光装置某一已知角度的光强与其在垂直于该方向包络所有发光源的投影面积之比。（　　）

18. 汽车号牌识别时间是指自触发信号发出到系统输出识别结果为止所用的时间。（　　）

19. 玻璃纤维增强塑料防眩板经144h加速耐水试验后，试样表面不应出现软化、皱纹、起泡、开裂、被溶解、溶剂浸入等痕迹。（　　）

20. 综合布线系统的八芯双绞线分类为：C级（3类电缆布线，最高工作频率16MHz）、D级（5/5e类电缆，100MHz）、E级（6类电缆，250MHz）、EA级（6A类电缆，500MHz）、F级（7类电缆，600MHz）、7A级（7A类电缆，1000MHz）6个级别。（　　）

21. 机电设备的联合接地电阻≤1Ω。（　　）

22. 根据《收费用电动栏杆》（GB/T 24973—2023）规定，电动栏杆在正常工作时噪声声压级应不大于65dB(A)。（　　）

23. 波分复用（WDM）是在一根光纤中同时传输多个波长光信号的技术。（　　）

24. 《公路机电系统设备通用技术要求及检测方法》（JT/T 817—2011）规定，公路系统设备应设安全保护接地端子，接地端子与机壳连接可靠，连接电阻应小于0.1Ω。（　　）

25. ETC专用车道系统时钟应与北斗授时时钟同步。（　　）

26. 公路照明的维护系数K通常取0.7。（　　）

27. 《公路工程质量检验评定标准　第二册　机电工程》（JTG 2182—2020）规定，收费车道路面平均亮度≥3.5lx。（　　）

28. 隧道环境检测设备实测项目中，要求烟雾传感器测量误差为±0.0002m^{-1}。（　　）

29. 公路隧道火灾报警系统中的点型火焰探测器和图像型火灾探测器均应采用开放式总线协议或干接点，宜具备以太网口并支持TCP/IP协议。（　　）

30. 公路隧道本地控制器耐温度交变性能试验过程为高温+80℃保持2h，在3min内转移到低温-40℃环境保持2h，在3min内再转移到高温环境，如此共循环5次。（　　）

三、多项选择题（共20题，每题2分，共40分）

1. 交通安全设施的中性盐雾试验时间分类为（　　）。
    A. 120h的有反光膜、交通标志及支撑件轮廓标
    B. 144h的有突起路标
    C. 168h的有波形梁钢护栏等其他交通安全设施钢构件金属涂层
    D. 200h的有隔离栅镀锌层、金属防眩板

2. 下图为逆反射器中α、β、γ、$ω_s$四个角组成固有系统，其分别为（　　）。
    A. α称观测角，为照明轴与观测轴之间的夹角
    B. β称入射角，为照明轴与逆反射体轴之间的夹角

C. γ 称显示角,为从光源观察点逆时针测量,从入射半平面到观测半平面的二面角

D. ω_s 称方位角,为位于垂直于逆反射体轴的平面内,从光源观察点逆时针测量,从入射半平面到基准轴之间的夹角

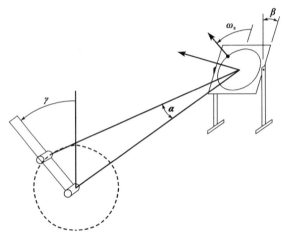

3. 公路供电系统的接地形式有( )。
   A. TN 系统　　　　B. TT 系统　　　　C. IT 系统　　　　D. TN-C-S 系统

4. 雷电侵入高速公路机电系统设备的路径主要有( )。
   A. 交流电源线引入　　　　　　　B. 视频及控制线引入
   C. 避雷针引入　　　　　　　　　D. 地电位反击

5. IP 防水等级和防尘等级共分为( )。
   A. IPX0～IPX9　　B. IP0X～IP6X　　C. IPX1～IPX9　　D. IP1X～IP6X

6. 抽样原则有( )。
   A. 科学　　　　　　　　　　　B. 使错判概率最小
   C. 经济　　　　　　　　　　　D. 使漏判概率最小

7. 用于制作标志底板的铝合金板材宜采用牌号为( )。
   A. 5A02-O　　　B. 5052-O　　　C. 3004-O　　　D. 3104-O

8. 轮廓标蓄能自发光材料亮度性能检测条件为( )。
   A. 用照度 1000lx 的标准激发光源激发 10min
   B. 停止激发以后 10min 的余辉亮度应大于 1500mcd/m²
   C. 1h 的余辉亮度应大于 300mcd/m²
   D. 3h 的余辉亮度应大于 60mcd/m²

9. 突起路标安装于路面用于标示( )。
   A. 车道分界、边缘　　　　　　　B. 分合流、弯道
   C. 危险路段、路宽变化　　　　　D. 路面障碍物位置

10. 防眩板通用理化性能分为( )。
    A. 抗风荷载(C 型和 W 型)　　　B. 抗变形量
    C. 疲劳荷载试验　　　　　　　　D. 抗冲击性

11. 需做标线湿膜厚度(WF)测试的标线有( )。
   A. 溶剂型涂料标线　　　　　　　　B. 双组分涂料标线
   C. 水性涂料标线　　　　　　　　　D. 突起(振动)标线
12. 波形梁钢护栏板制造通常采用连续碾压成型工艺,该工艺主要组成为( )。
   A. 成形　　　　B. 矫形　　　　C. 冲孔　　　　D. 剪切
13. 反光膜产品用于人工加速老化试验的试验箱,其监控的参数包括( )。
   A. 湿度　　　　B. 温度　　　　C. 辐照度　　　D. 时间
14. 《公路工程质量检验评定标准　第二册　机电工程》(JTG 2182—2020)中,气象检测器实测项目环境检测性能为( )。
   A. 温度检测器测量误差：±1.0℃　　B. 湿度检测器测量误差：±5%RH
   C. 能见度检测器测量误差：±10%　　D. 风速检测器测量误差：±5%
15. 光波分复用(WDM)基本原理是( )。
   A. 发送端将不同波长的光信号组合起来(复用)
   B. 组合光信号在同一根光纤中进行传输
   C. 在接收端再将组合波长的光信号分离(解复用)
   D. 处理后恢复出原来的信号
16. 车辆检测器实测项目中,要求车流量相对误差为( )。
   A. 线圈、地磁：≤2%　　　　　　　B. 微波：≤5%
   C. 视频：≤5%　　　　　　　　　　D. 超声波：≤8%
17. 汽车号牌视频自动识别补光装置按补光方式分为( )。
   A. 频闪方式　　B. 脉冲方式　　C. 持续点亮方式　　D. 间歇方式
18. 汽车号牌视频自动识别系统电磁兼容性能项目包括骚扰特性和( )。
   A. 静电放电抗扰度　　　　　　　　B. 射频电磁场辐射抗扰度
   C. 电快速瞬变脉冲群抗扰度　　　　D. 射频场感应的传导骚扰抗扰度
19. 公路隧道本地控制器通常包括( )。
   A. 处理器、存储器　　　　　　　　B. 输入/输出端口(I/O端口)
   C. 通信模块、电源　　　　　　　　D. 软件系统：操作系统与应用软件
20. 公路隧道火灾报警系统按探测原理主要分为( )。
   A. 点型火焰探测器　　　　　　　　B. 线型感温火灾探测器
   C. 面型感温火灾探测器　　　　　　D. 图像型火灾探测器

四、综合题(从7道大题中选答5道大题,每道大题10分,共50分。请考生按照小题题号的答题卡相应位置填涂答案,如7道大题均作答,则按前5道大题计算分数。下列各题备选项中,有1个或1个以上是符合题意的,选项全部正确得满分,选项部分正确按比例得分,出现错误选项该题不得分)

1. 试回答下列防腐涂层厚度检测的问题。
   (1)钢铁基底的防腐涂层厚度检测所用仪器一般是( )。

A. 磁感应测厚仪　　　　　　　　　　B. 磁吸力测厚仪
　　　C. 超声波测厚仪　　　　　　　　　　D. 电涡流测厚仪
（2）对于钢基底镀锌构件仲裁检验时，应采用的检测方法为（　　）。
　　　A. 磁感应测厚仪　　　　　　　　　　B. 磁吸力测厚仪
　　　C. 六次甲基四胺法　　　　　　　　　D. 电涡流测厚仪
（3）涂层测厚仪检测前应校准，校准方法为（　　）。
　　　A. 仪器自动校准　　　　　　　　　　B. 通过自检程序校准
　　　C. 激光校准　　　　　　　　　　　　D. 用探头测量校准试块校准
（4）常用的测厚仪及其测厚范围为（　　）。
　　　A. 磁性涂层测厚仪（1200μm）　　　　B. 电涡流涂层测厚仪（3000μm）
　　　C. 超声波测厚仪（50000μm）　　　　 D. 红外测厚仪（200000μm）
（5）根据《隔离栅　第1部分：通则》（GB/T 26941.1—2011）规定，涂塑层厚度可使用磁性测厚仪进行检测，对于电焊网隔离栅产品，能使用磁性测厚仪测试其涂塑层厚度的零配件为（　　）。
　　　A. 型钢　　　　　B. 网片边框　　　　C. 斜撑　　　　　D. 钢丝

2. 按《道路交通标线质量要求和检测方法》（GB/T 16311—2024），回答标线色度性能问题。

（6）标线的颜色包括（　　）。
　　　A. 白色、黄色　　　　　　　　　　　B. 橙色、灰色
　　　C. 红色、蓝色、绿色　　　　　　　　D. 紫色、棕色、黑色
（7）标线材料色测量依据（　　）。
　　　A.《安全色》（GB 2893—2008）
　　　B.《视觉信号表面色》（GB/T 8416—2003）
　　　C.《道路交通标线质量要求和检测方法》（GB/T 16311—2024）
　　　D.《逆反射材料色度性能测试方法　第1部分：逆反射体夜间色》（JT/T 692.1—2022）
（8）标线材料色测量核查区域选取为（　　）。
　　　A. 纵向标线测量范围小于10km时，以整个测量范围为一个检测单位，在标线的起点、终点及中间位置，选取三个100m为核查区域
　　　B. 纵向标线测量范围大于10km时，每10km为一个检测单位，选取三个100m为核查区域
　　　C. 横向标线及其他标线以每1500m²标线面积为一个检测单位，从每个检测单位中选取三个有代表性的图形、字符或人行横道线为核查区域
　　　D. 在每个核查区域内的车道中心线、车道分界线、车道边缘线等位置，以随机方式选取3个测试点取样，每个测试点测得3个数据
（9）标线材料色测量方法为（　　）。
　　　A. 采用标准照明体D65、45°/0°照明观测条件
　　　B. 用测色仪测量

C. 测量每个测试点的色品坐标,取其算术平均值

D. 测量每个测试点的亮度因数,取其算术平均值

(10)反光标线的逆反射色测量方法为(　　)。

　A. 采用观测角1.05°、入射角88.76°的照明观测条件

　B. 便携式标线逆反射测量仪

　C. 测量每个测试点的色品坐标,取其算术平均值

　D. 测量每个测试点的亮度因数,取其算术平均值

3. 试回答波形梁钢护栏工程质量检验评定标准的相关问题。

(11)波形梁钢护栏工程质量检验评定基本要求为(　　)。

　A. 波形梁钢护栏产品应符合现行《波形梁钢护栏》(GB/T 31439)的规定

　B. 护栏立柱、波形梁、防阻块及托架的安装应符合设计和施工要求

　C. 为保证护栏的整体强度,路肩和中央分隔带的土基压实度不应小于设计值的90%

　D. 波形梁护栏的端头处理及与桥梁护栏过渡段的处理应满足设计要求

(12)波形梁钢护栏工程质量检验评定实测项目有立柱竖直度、立柱埋置深度和(　　)。

　A. 波形梁板基底金属厚度、立柱基底金属厚度

　B. 横梁中心高度、立柱中距

　C. 镀(涂)层厚度

　D. 螺栓终拧扭矩

(13)波形梁钢护栏工程质量检验评定实测关键项目有(　　)。

　A. 波形梁板基底金属厚度　　　　B. 立柱基底金属厚度

　C. 横梁中心高度　　　　　　　　D. 镀(涂)层厚度

(14)波形梁钢护栏工程质量检验评定检测仪器有(　　)。

　A. 千分尺　　　B. 涂层测厚仪　　　C. 垂线、直尺　　　D. 扭力扳手

(15)波形梁钢护栏工程质量检验评定外观鉴定项目有(　　)。

　A. 护栏各构件表面应无漏镀、露铁、擦痕

　B. 护栏线形应无凹凸、起伏现象

　C. 梁板搭接正确,垫圈齐备,螺栓紧固,防阻块等安装到位

　D. 梁板和立柱不得现场焊割和钻孔,立柱及柱帽安装牢固

4. 依据《突起路标》(GB/T 24725—2024),回答突起路标机械性能试验相关问题。

(16)突起路标产品经整体抗冲击试验后,不应有任何形式的破损,检查方法为(　　)。

　A. 以冲击点为圆心　　　　　　　B. 直径12mm的区域外

　C. 直径30mm的区域内　　　　　D. 用30倍放大镜观察

(17)其逆反射体经逆反射体抗冲击试验后,不应有任何形式的破损,检查方法为(　　)。

　A. 以冲击点为圆心　　　　　　　B. 直径12mm的区域外

　C. 直径30mm的区域内　　　　　D. 用30倍放大镜观察

(18)突起路标抗压荷载为(　　)。

　A. A1类突起路标抗压荷载不应小于160kN

　B. A2类突起路标抗压荷载不应小于160kN

C. A3 类突起路标抗压荷载不应小于 245kN

D. A3 类突起路标抗压荷载不应小于 265kN

(19) 突起路标纵向弯曲强度为( )。

A. A1 类突起路标纵向弯曲强度不应小于 7kN

B. A1 类、A2 类突起路标纵向弯曲强度不应小于 9kN

C. A2 类突起路标纵向弯曲强度不应小于 11kN

D. A3 类突起路标纵向弯曲强度不应小于 15kN

(20) 经耐磨损性能测试后,带耐磨层的 A1 类、A2 类、A3 类突起路标的发光强度系数按颜色分类应分别不小于规定基值与颜色系数之乘积的( )。

A. A1 类不小于 50%   B. A2 类不小于 70%

C. A3 类不小于 80%   D. A3 类不小于 90%

5. 请根据《公路汽车号牌视频自动识别补光装置》(JT/T 1531—2024),回答补光装置工效性能问题。

(21) 可见光型补光装置的照度测量方法为( )。

A. 以额定电压为补光装置供电

B. 正常工作 30min 后

C. 在水平距离 25m 基准轴上,使用照度计测量车道中心线上光照度

D. 对于有调光功能的补光装置,测量其最高亮度等级下的光照度

(22) 红外型补光装置辐照度测量方法为( )。

A. 在实验室环境中测量

B. 以额定电压为补光装置供电,正常工作 30min 后

C. 使用照度计测量照度

D. 对于有调光功能的补光装置,测量其最高亮度等级下的辐照度

(23) 可见光型补光装置亮度测试方法为( )。

A. 以额定电压为补光装置供电,正常工作 30min 后

B. 水平距离 20m、离地高度 1.5m 处

C. 使用成像亮度计测量车道中心线上局部亮度和平均亮度

D. 若所测试补光装置为频闪模式,则成像亮度计采集周期为频闪周期的整数倍

(24) 可见光型补光装置补光区域测试要点为:以额定电压供电,正常工作 30min 后测量并( )。

A. 水平距离 20m 处,受光面与道路中线垂直,使用照度计测量车道中心线、车道边缘线位置照度,检查横向补光范围

B. 水平距离 28～33m 处,受光面与道路中线垂直,使用照度计,按照 1m 间隔,分别测量车道中心线位置照度,检查纵深补光范围

C. 水平距离 40m,离地高度 1.5m 处,受光面与道路中线垂直,使用照度计,测量车道中心线位置照度,检查纵深补光范围

D. 在实验室环境中,使用分布式光度计,采取远场方式测量,角度间隔设置为 0.1°,测量光强值,检查横向角度和纵深角度

(25)红外型补光装置测试要点为( )。
　　A.在实验室环境中　　　　　　　　B.以额定电压为补光装置供电
　　C.正常工作30min后　　　　　　　D.使用照度计测量照度,检查横向补光范围

6.结合电子不停车收费系统(ETC)门架系统硬件及软件标准化建设、高速公路收费站入口称重检测,依据《公路工程质量检验评定标准 第二册 机电工程》(JTG 2182—2020)回答以下问题。

(26)以下属于取消高速公路省界收费站工程实施后的收费系统主要变化有( )。
　　A.货车由计重收费改为按车型收费
　　B.货车入口称重,拒绝超限货车驶入高速
　　C.人工半自动车道改为 ETC/MTC 混合车道
　　D.道路主线建设 ETC 门架系统,实行分段计费

(27)ETC 门架系统工程质量检验的关键实测项目有( )。
　　A.车牌识别正确率　　　　　　　　B.RSU 车辆捕获率
　　C.RSU 占用带宽　　　　　　　　　D.时钟同步

(28)收费系统工程质量检验时,入口混合车道及软件的交易流程实测项目有( )。
　　A.正常 ETC 客车通行　　　　　　 B.特情车辆处理
　　C.正常 ETC 货车通行　　　　　　 D.跟车干扰

(29)超限检测系统功能实测项目中关键项目有( )。
　　A.闪光报警器　　　　　　　　　　B.计重控制处理器功能
　　C.计重精度　　　　　　　　　　　D.超限报警与处理功能

(30)ETC 专用车道设备及软件分项工程检验包含以下哪些功能( )。
　　A.承载 ETC 门架功能　　　　　　 B.查看特殊事件功能
　　C.具备拦截超限、超载车辆功能　　D.时钟同步

7.回答下列对称双绞电缆(UTP)布线系统检测的问题。

(31)测试仪器及计量性能要求为( )。
　　A.网络线缆分析仪
　　B.网络认证测试仪
　　C.光网络测试仪
　　D.其计量性能要求参考《网络线缆分析仪校准规范》(JJF 1494—2014)

(32)双绞电缆(UTP)布线系统检测项目(一)为( )。
　　A.接线图　　　　B.长度　　　　C.回波损耗　　　　D.插入损耗

(33)双绞电缆(UTP)布线系统检测项目(二)为( )。
　　A.近端串音　　　　　　　　　　　B.近端串音功率和
　　C.衰减远端串音比　　　　　　　　D.衰减远端串音比功率和

(34)双绞电缆(UTP)布线系统检测项目(三)为( )。
　　A.衰减近端串音比　　　　　　　　B.衰减近端串音比功率和
　　C.环路电阻　　　　　　　　　　　D.时延、时延偏差等

(35)测试仪器组成及测试连接方式为( )。

A. 主机

B. 副机

C. 专用标准测试电缆

D. 测试时主机用一根专用标准测试电缆与跳线架(近端)上UTP插座连接,副机用一根专用标准测试电缆与相对应的信息插座(远端)连接

模拟试卷参考答案及解析

一、单项选择题

1. D

【解析】《逆反射术语》(JT/T 688—2022)3.6。

2. C

【解析】《人造气氛腐蚀试验 盐雾试验》(GB/T 10125—2021)5.2.2。

3. D

【解析】《公路工程质量检验评定标准 第二册 机电工程》(JTG 2182—2020)1.0.3。

4. A

【解析】蓝色表示指令、遵循。《道路交通标志和标线 第2部分:道路交通标志》(GB 5768.2—2022)4.3.1。

5. A

【解析】额定工作保护电流为20kA,8μs为雷电波头时间,20μs为雷电波尾时间。

6. B

【解析】《公路机电系统设备通用技术要求及检测方法》(JT/T 817—2011)4.11.2。

7. C

【解析】发光效率定义为光源发出的总光通量与该光源消耗的电功率比值。

8. C

【解析】外设接口部件属于I/O的范围,不属于CPU中控制器的部件。

9. C

【解析】《道路交通标志和标线 第2部分:道路交通标志》(GB 5768.2—2022)4.3.1。

10. D

【解析】《道路交通标线质量要求和检测方法》(GB/T 16311—2024)5.6.2。

11. C

【解析】二甲苯的密度为0.86g/cm³。

12. D

【解析】《突起路标》(GB/T 24725—2024)5.1.3.2。

13. C

【解析】《路面标线涂料》(JT/T 280—2022)4。

14. B

【解析】《突起路标》(GB/T 24725—2024)4.1.3。

15. C

【解析】横隔梁通常用于中央分隔带。

16. C

【解析】《公路机电系统设备通用技术要求及检测方法》(JT/T 817—2011)4.8.3。

17. B

【解析】《轮廓标》(GB/T 24970—2020)5.11。

18. C

【解析】《公路交通安全设施设计规范》(JTG D81—2017)9.2.1。

19. D

【解析】原为 B、A、SB、SA、SS 五级。《公路交通安全设施设计规范》(JTG D81—2017)6.2 和 6.3。

20. D

【解析】《汽车号牌视频自动识别系统》(JT/T 604—2024)5.4.3。

21. B

【解析】《公路汽车号牌视频自动识别补光装置》(JT/T 1531—2024)5.3.1。

22. C

【解析】《公路工程质量检验评定标准 第二册 机电工程》(JTG 2182—2020)4.9.2。

23. D

【解析】《公路工程质量检验评定标准 第二册 机电工程》(JTG 2182—2020)5.4.2。

24. C

【解析】《公路工程质量检验评定标准 第二册 机电工程》(JTG 2182—2020)6.4.2。

25. D

【解析】《公路工程质量检验评定标准 第二册 机电工程》(JTG 2182—2020)4.2.2。

26. D

【解析】硅芯管耐落锤冲击性能试验含常温和低温两个耐落锤冲击性能试验,每个试验 10 个试件,故硅芯管耐落锤冲击性能试验总试件数应为 20 个。

27. A

【解析】《公路工程质量检验评定标准 第二册 机电工程》(JTG 2182—2020)表 7.3.2。

28. A

【解析】《公路工程质量检验评定标准 第二册 机电工程》(JTG 2182—2020)表 9.4.2。

29. C

【解析】《公路隧道本地控制器》(JT/T 608—2024)5.6。

30. C

【解析】《公路隧道火灾报警系统技术条件》(JT/T 610—2024)5.3.2.1。

二、判断题

1. √

    【解析】《人造气氛腐蚀试验 盐雾试验》(GB/T 10125—2021)5.2.2。

2. ×

    【解析】《逆反射术语》(JT/T 688—2022)3.1。

3. √

    【解析】《公路机电系统设备通用技术要求及检测方法》(JT/T 817—2011)5.2。

4. √

    【解析】因导体的电阻率随温度而变,规定测试温度20℃,便于各种电阻值的比较。

5. ×

    【解析】本题故意用摄氏度(℃)混淆绝对温度(K)。

6. √

    【解析】三者构成防直击雷系统。

7. √

    【解析】《公路机电系统设备通用技术要求及检测方法》(JT/T 817—2011)4.4.3。

8. ×

    【解析】《道路交通标志板及支撑件》(GB/T 23827—2021)5.5。规范仅对黑色亮度因数要求小于0.03外,对其他颜色的亮度因数均不作要求。

9. ×

    【解析】应为黑色,白色的逆反射系数值最高。《道路交通反光膜》(GB/T 18833—2012)5.3.2。

10. ×

    【解析】漏掉黑色涂料颜色。《路面标线涂料》(JT/T 280—2022)5.1.5.2。

11. ×

    【解析】分别为1.0、0.6、0.2、0.3、0.1。《突起路标》(GB/T 24725—2024)表2。

12. √

    【解析】《道路交通标线质量要求和检测方法》(GB/T 16311—2024)表2。

13. √

    【解析】《道路交通标线质量要求和检测方法》(GB/T 16311—2024)3.1。

14. ×

    【解析】漏掉:三波形梁背板。《波形梁钢护栏 第2部分:三波形梁钢护栏》(GB/T 31439.2—2015)3.2。

15. √

    【解析】《突起路标》(GB/T 24725—2024)4.1.3。

16. ×

    【解析】应为黄色逆反射材料。《公路交通安全设施设计规范》(JTG D81—2017)7.2.1。

17. √

【解析】《公路汽车号牌视频自动识别补光装置》(JT/T 1531—2024)3.5。

18. √

【解析】《汽车号牌视频自动识别系统》(JT/T 604—2024)3.8。

19. ×

【解析】应为720h。《防眩板》(GB/T 24718—2023)表4。

20. √

【解析】《综合布线系统电气特性通用测试方法》(YD/T 1013—2013)4。

21. ×

【解析】旧规范用设备联合接地电阻,新规范用设备共用接地电阻≤1Ω。《公路工程质量检验评定标准 第二册 机电工程》(JTG 2182—2020)。

22. √

【解析】《收费用栏杆》(GB/T 24973—2023)5.1.14。

23. √

【解析】它使光纤上单个波长(一个波长为一个光信道)的传输变为多个波长同时传输(多个光信道),从而大大提高了信息传输容量。

24. √

【解析】《公路机电系统设备通用技术要求及检测方法》(JT/T 817—2011)4.8.4。

25. ×

【解析】车道系统时钟与上级收费系统时钟同步一致。《公路工程质量检验评定标准 第二册 机电工程》(JTG 2182—2020)6.3.2。

26. √

【解析】《公路照明技术条件》(GB/T 24969—2010)5.3.2。

27. ×

【解析】亮度单位为cd/m^2。《公路工程质量检验评定标准 第二册 机电工程》(JTG 2182—2020)8.4.2。

28. ×

【解析】烟雾传感器测量误差为$\pm 0.0002 m^{-1}$。《公路工程质量检验评定标准 第二册 机电工程》(JTG 2182—2020)9.4.2。

29. √

【解析】《公路隧道火灾报警系统技术条件》(JT/T 610—2024)5.1.3。

30. ×

【解析】高温+70℃。《公路隧道本地控制器》(JT/T 608—2024)6.9.3。

三、多项选择题

1. ABCD

【解析】按交通安全设施的相关规范规定的中性盐雾试验时间而整理。

2. ABCD

【解析】《逆反射术语》(JT/T 688—2022)4.34。

3. ABD

【解析】公路供电系统的接地形式不用IT系统,该系统安全性较差;TN系统和TN-C-S系统常用于站内;外场设备通常用TT系统。

4. ABCD

【解析】用浪涌保护器防交流电源线引入雷;用金属氧化锌避雷器防视频及控制线引入雷;用小电阻的接地体(设备共用接地电阻≤1Ω)防避雷针引入雷和地电位反击。

5. AB

【解析】防尘等级:IP0X~IP6X(0级至6级);防水等级:IPX0~IPX9(0级至9级)。《外壳防护等级(IP代码)》(GB/T 4208—2017)。

6. AC

【解析】选项A已包含了选项B、D。

7. ABCD

【解析】《道路交通标志板及支撑件》(GB/T 23827—2021)5.4.1。

8. ACD

【解析】选项B:余辉亮度应大于1800mcd/m²。《轮廓标》(GB/T 24970—2020)5.6。

9. ABCD

【解析】《突起路标》(GB/T 24725—2024)3.7。

10. ABCD

【解析】《防眩板》(GB/T 24718—2023)5.2.1。

11. AC

【解析】《道路交通标线质量要求和检测方法》(GB/T 16311—2024)5.7。

12. ACD

【解析】连续碾压成型工艺主要由纵剪、成形、冲孔、剪切四部分组成。

13. ABCD

【解析】《道路交通反光膜》(GB/T 18833—2012)6.15.3。

14. ABCD

【解析】《公路工程质量检验评定标准 第二册 机电工程》(JTG 2182—2020)4.2.2。

15. ABCD

【解析】光波分复用(WDM)技术是在一根光纤中同时传输多个波长光信号,其基本原理是在发送端将不同波长的光信号组合起来(复用),并耦合到光缆线路上同一根光纤中进行传输,在接收端再将组合波长的光信号分离(解复用),进行处理后恢复出原来的信号。

16. ABC

【解析】超声波:≤5%。《公路工程质量检验评定标准 第二册 机电工程》(JTG 2182—2020)4.1.2。

17. ABC

【解析】《公路汽车号牌视频自动识别补光装置》(JT/T 1531—2024)4.2.3。

18. ABCD

【解析】《汽车号牌视频自动识别系统》(JT/T 604—2024)5.6。

19. ABCD

【解析】《公路隧道本地控制器》(JT/T 608—2024)4.1。

20. ABD

【解析】《公路隧道火灾报警系统技术条件》(JT/T 610—2024)4.2.1。

四、综合题

1. (1) ABC   (2) C   (3) D   (4) ABC   (5) ABC

【解析】(1) 磁感应测厚仪、磁吸力测厚仪均属于磁性测厚仪,电涡流测厚仪用于测量非磁性金属基体上的涂层厚度。超声波测厚仪用来测试标志构件的总厚度,使用该设备时应注意根据不同的材质进行声速设置,同时在仪器测头和被测构件间加入适量的耦合剂,以免产生测量误差。

(2) 对于镀锌构件,由于存在锌铁合金层,该设备存在一定的测量误差,当需要对镀锌层厚度进行仲裁检验时,不能采用该方法,而应采用六次甲基四胺法。

(3) 涂层测厚仪检测前必须用探头测量校准试块自校。

(5) 被测表面的曲率对测试结果有很大影响,钢丝表面的曲率过大,无法测量或结果不准。见《磁性基体上非磁性覆盖层 覆盖层厚度测量 磁性法》(GB/T 4956—2003)。

2. (6) ABCD   (7) ABCD   (8) ABD   (9) ABCD   (10) ABCD

【解析】(6)《道路交通标线质量要求和检测方法》(GB/T 16311—2024)5.8.1。

(7)《道路交通标线质量要求和检测方法》(GB/T 16311—2024)5.8。

(8)《道路交通标线质量要求和检测方法》(GB/T 16311—2024)6.1.4。

(9)《道路交通标线质量要求和检测方法》(GB/T 16311—2024)6.8.1。

(10)《道路交通标线质量要求和检测方法》(GB/T 16311—2024)6.8.2。

3. (11) ABD   (12) ABD   (13) ABC   (14) ABCD   (15) AB

【解析】(11)《公路工程质量检验评定标准 第一册 土建工程》(JTG F80/1—2017)11.4.1。

(12) 镀(涂)层厚度在 JTG F80/1—2017 中已被取消。(JTG F80/1—2017)11.4.2。

(13)《公路工程质量检验评定标准 第一册 土建工程》(JTG F80/1—2017)11.4.2。

(14)《公路工程质量检验评定标准 第一册 土建工程》(JTG F80/1—2017)11.4.2。

(15)《公路工程质量检验评定标准 第一册 土建工程》(JTG F80/1—2017)11.4.3。

4. (16) AB   (17) AB   (18) ABC   (19) B   (20) ABD

【解析】(16)《突起路标》(GB/T 24725—2024)5.1.5。

(17)《突起路标》(GB/T 24725—2024)5.1.6。

(18)《突起路标》(GB/T 24725—2024)5.1.7。

(19)《突起路标》(GB/T 24725—2024)5.1.8。

(20)《突起路标》(GB/T 24725—2024)5.1.9。

5. (21) ABD   (22) ABD   (23) ABCD   (24) ABCD   (25) ABC

【解析】(21) 选项 C:在水平距离 20m 基准轴上。《公路汽车号牌视频自动识别补光装置》(JT/T 1531—2024)6.5.1.1。

(22)选项C:使用辐照度计测量辐照度。《公路汽车号牌视频自动识别补光装置》(JT/T 1531—2024)6.5.1.2。

(23)《公路汽车号牌视频自动识别补光装置》(JT/T 1531—2024)6.5.2。

(24)《公路汽车号牌视频自动识别补光装置》(JT/T 1531—2024)6.5.3.1。

(25)选项D:使用辐照度计测量辐照度。《公路汽车号牌视频自动识别补光装置》(JT/T 1531—2024)6.5.3.2。

6.(26)BCD　　(27)CD　　(28)ABCD　　(29)ABCD　　(30)ACD

【解析】(26)选项C:MTC就是指人工半自动车道。《公路工程质量检验评定标准　第二册　机电工程》(JTG 2182—2020)表6.1.2第34项及表6.2.2第35项。

(27)JTG 2182—2020表6.4.2第17、23项。

(28)JTG 2182—2020表6.1.2。选项A:对应表中第46项;选项B:对应表中第44项;选项C:对应表中第47项;选项D:对应表中第52项。

(29)JTG 2182—2020表6.10.2。

(30)JTG 2182—2020表6.3.2。

7.(31)ABD　　(32)ABCD　　(33)ABCD　　(34)ABCD　　(35)ABCD

【解析】《公路机电工程测试规程》(JTG/T 3520—2021)T 8003—2021。